幼儿园课程研究丛书

丛书主编　黄小莲

XIAOXIAO NONGCHUANGKE

DIYU ZIRAN ZIYUAN YUANBEN
TESE KECHENG JIANJIN KAIFA DE
LILUN YU SHIJIAN

小小农创客

地域自然资源园本特色课程
渐进开发的理论与实践

孙利琴　张国萍　著

ZHEJIANG UNIVERSITY PRESS
浙江大学出版社
·杭州·

图书在版编目（CIP）数据

小小农创客：地域自然资源园本特色课程渐进开发
的理论与实践 / 孙利琴, 张国萍著. -- 杭州：浙江大
学出版社, 2023.3（2024.3重印）
ISBN 978-7-308-23480-1

Ⅰ.①小… Ⅱ.①孙… ②张… Ⅲ.①幼儿园—课程
—教学研究 Ⅳ.①G612

中国版本图书馆CIP数据核字（2023）第005913号

小小农创客：地域自然资源园本特色课程渐进开发的理论与实践

孙利琴　张国萍　　著

责任编辑	曲　静	
责任校对	戴　田	
封面设计	周　灵	
出版发行	浙江大学出版社	
	（杭州天目山路148号　　邮政编码：310007）	
	（网址：http://www.zjupress.com）	
排　　版	浙江大千时代文化传媒有限公司	
印　　刷	杭州钱江彩色印务有限公司	
开　　本	710mm×1000mm　1/16	
印　　张	21	
字　　数	320千	
版 印 次	2023年3月第1版　2024年3月第2次印刷	
书　　号	ISBN 978-7-308-23480-1	
定　　价	98.00元	

序

幼儿的灵性需要自然的滋养，需要自然来开发他们的感觉器官，培养他们的感受力和学习力，但网络世界的膨胀和城市化进程的推进，正在不断加剧幼儿与自然的疏离。幼儿宁愿宅在有网络的房间，也不愿走进自然玩耍，导致"去自然化"生活、"自然缺失症"成为人工智能时代人类共同的现代病。

萧山所前镇中心幼儿园是一所典型的乡镇中心幼儿园，所前镇原本是以农耕、茶果产业为主要经济来源的城郊镇。幼儿父母有相当一部分因房屋拆迁而由农村人口转为城镇人口，随之改变的还有生活方式和生存环境：从传统的世居农家、种地谋生转而以城市生活为导向，原本奔跑在山野、田间的幼儿被困在高楼林立的钢筋水泥空间里，对乡土田园的记忆和情感渐行渐远，这在一定层面上反映了农村城市化进程的"乡村困境"。城市思维取向带来乡村精神凋零、乡村文化没落和幼儿家园认同危机。如何破解这一困境？在国家和地方层面，已经出台了一系列旨在解决"三农"问题的乡村振兴行动计划；在幼儿园层面，以何种方式让幼儿不仅向下扎根，传承祖辈留下的农耕文明，而且向上生长，与时代接轨，拥有现代农业发展的创客素养，等待研究的空间还很大。

虽然认识所前镇中心幼儿园孙利琴园长是缘于一次在杭州师范大学培训中的"邂逅"，但与孙园长带领的团队一起探索"小小农创客"课程的开发与实施，却持续了三年多的时间。园本特色课程建设也经历了从顶层架构到落地实施，再到不断丰富完善的两个阶段。

第一个阶段"乡·亲"园本特色课程的开发与实施。基于幼儿园在2017年建园之初提出的"亲自然"教育思想，以及浙江省正在推进的《浙江省教育厅关于全面推进幼儿园课程改革的指导意见》政策精神，结合周边丰富的地域乡土自然资源，将课程建设定位在"乡·亲"特色课程的开发与实施。自然乡土对于每一个生活在这里的人们来说都有着不同的意义。课程中所承载的"乡"至少有四层含义。其一，乡是一个起点，是生命开始的地方。家乡是每一个人生长、生活的地方，家乡的每一座山、每一条小溪、每一方土地都孕育着我们的生命，再目送我们走向远方。其二，乡是一方乐土，是两小无猜的嬉耍，是小河里摸螺蛳，是大树上抓知了，是稻草堆里捉迷藏，是旷野上你追我赶，是乡村幼儿童年抹不去的野趣。其三，乡是一缕情愫，是萦绕心头的牵挂。走过再多的路，也不能忘记来时的地方。乡是无法割舍的记忆，乡情是心底柔软而绵长的寄托。其四，乡是一种味道，是打上烙印的乡音。乡亦是飨，是邻里围炉而坐，共食一簋；乡不仅仅是舌尖上的家乡，更是永记的初心，无法忘却的童年之味。亲近自然乡土的家园情怀就是让幼儿在自然中体悟生命的奥秘，品味家乡的风光与风味，拥抱家乡的风土与人情，认同家乡的民俗和文化，热爱生于斯长于斯的土地，拥有对家国乡土的文化自信。这也是《3—6岁儿童学习与发展指南》提出的"幼儿要具有初步的归属感""说出自己家乡的具体位置，知道家乡有代表性的物产或景观，并为家乡的发展感到高兴"。"乡·亲"课程从幼儿视角看，凸显的是一种"自然之子"的率性成长。幼儿以自然为友，回归生态，依循天性规律，率性成长；幼儿以乡土为师，从兴趣出发，按照自我成长的节奏，在喜好的活动中方能打开智慧的天窗，自如展示，发展潜能、个性和品格，突破生命的灵性润长。从教师视角看，凸显的是一种亲切热忱的春风化雨。乡亲乡情是教师的出发点和切入点，也是教师表现表达的侧面烘托。春风化雨，润物无声，培育的是亲力、亲智、亲善、亲艺的具有乡土情怀的亲亲宝贝。

第二个阶段"小小农创客"课程内涵的丰富与拓展。2021年6月，所前镇中心幼儿园邀请了我的博士导师——浙江大学教育学院刘力教授给幼儿园课程的进一步推进把脉,他指出幼儿园前期的课程建设还停留在传统的农耕时代,而新时代的乡土课程内容,既要有传统农耕内容的显现,也要有现代农耕特色的加成。在导师的指点下,"乡·亲"课程内涵拓展到幼儿创客精神的培养。创客是什么?创客是一种动手操作、探究体验式的学习方式,"做中学"是创客背后的核心理念。创客精神是以"DIY、创新、自组织、互联网+"为基础,其与新工匠精神的意蕴是一脉相承的,既内化吸收了新工匠精神中专注的态度、纯粹的意志、拼搏的动力、精雕细琢的品质、传承的敬意,重视创造创新等精髓要义,又突出了合作、开放、分享、挑战等时代内涵。创客精神既重视幼儿创新创意的意识和品质,又凸显其创作创造的行动与实践。幼儿们想做、敢做、会做,愿创、乐创、妙创,将对家乡土地的热爱承载于品质之中、体现于行动之上。只有合理连接自然和数字乡土资源,妥帖嫁接传统与现代农耕文化,才能形成既有传统力量之根,又有现代力量之魂的内容"砧木"。

基于几轮"自上而下"系统设计和"自下而上"开发实施,所前镇中心幼儿园基于地域自然资源的"乡·亲"园本特色课程形成了相对成熟的课程体系:"乡·亲"课程的"乡"是课程资源和基石,是向下扎的根,"·"是资源与发展目标之间的最佳融合点,"亲"是课程发展的目标,是向上生长的力量。"乡·亲"课程依循"在自然中释放天性,在实践中开拓创新,在乡味中传承超越"的课程理念,以培育"亲力、亲智、亲善、亲艺"具有乡土情怀和创新精神的"小小农创客"为课程目标,基于"一个→一群→一系列"渐进的园本主题开发模式,整合自然与数字、传统与现代的元素,形成"智慧六园"和"创客六节"的内容体系。"智慧六园"即葱茏草园、温馨花园、奇异菜园、神农果园、生机茶园和万象景园,是利用所前本土的一草一木、一花一景等自然植物和景观以及农业生态数字科技产业为主要资源开发而成。"创客六节"用来表现"智慧六园"的探究成果,是以时间为线索形成的六个节日,分别是4月花草节、5月乡果节、6月农创节、9月山水节、11月带货节和来年1月年味节。"创客六节"注重赋予幼儿仪式感,浓浓的节日气息和氛围让幼儿真切地感受到幸福、责任、专注和热情,使一件件看似普通的事情被赋予了特别的意义。

课程实施通过"处处可玩""时时可探"的自然环境,采用"以体验学习为中心"的实施方式,通过浸润学习、仪式学习、行走学习、创客学习四种实施路径,让幼儿在亲身体验与实践时,丈量家乡的每一寸土地,感知家乡别样的风情,品味家乡独特的味道,将家国情怀落实在自主体验的学习中。课程评价从幼儿、教师以及课程本身三方面入手,结合多个视角,形成多元、立体、真实、动态的评价。

尽管孙园长带领的幼儿园课程团队和我带领的由周丽、李天元为主的研究生团队脚踏实地地投入整个课程的开发和实施过程,但这一成果的稚嫩和不完美在所难免。书中留存诸多不妥之处,敬请批评指正。期待这一成果的问世对破解城市化进程中的乡村困境和幼儿的自然缺失症有所助益,也期待整个课程的开发和实施对推进幼儿园课程改革和质量提升有所助益。

杭州师范大学经亨颐教育学院学前课程研究中心　黄小莲

2022 年 4 月 8 日

目　录

CONTENTS

第一章

"乡·亲"园本特色课程实施纲要

在自然中释放天性！
在实践中开拓创新！
在乡味中传承超越！

本章参著者

孙利琴　黄小莲　李天元　周　丽　俞春云　张国萍
谢佳瑶　赵佳萍　赵婷婷

一个致敬传统的教育理念，是不忘初心，强基固本！

一场筑梦未来的课改衍变，是与时俱进，创新超越！

（三）人力资源

我园目前共有教师 27 人，其中入职 3 年内的教师 6 人，占比 22%；3—5 年的教师 4 人，占比 14.8%；5 年以上的教师 17 人，占比 63%；教师持证率 100%，是一支年轻、有朝气、好学的队伍。园所拥有骨干教师 6 人，占比 22%；区级教师新秀 6 人，占比 22%；市级优秀教师 2 人，占比 7%，初步形成园级、区级、市级骨干教师队伍。过去的一年，我园注重教师专业引领与培养，慢慢走向成熟，努力朝着"研究型"教师团队发展。

提升自身专业能力的同时，园所教职工还兼顾自身兴趣特长的发展，如取得茶艺师中级证书的沈老师、赵老师，研究植物种植养护的梁师傅，喜爱缝纫刺绣的丁阿姨。此外，还邀请园外精通刺绣、珠绣的花边非遗传人以及通晓立体栽培技术、拥有科协高级技师证的现代农业专家们助力课程的实施与发展。

鉴于园内外丰富的技术资源、自然资源和人力资源，我们着手架构"智慧六园"和"创客六节"的课程体系。六园六节共建，自然性与游戏性融于一体，开放性与参与性并存，为"乡·亲"课程建构打下坚实的基础。

四、基于家国情怀核心素养的落地

"幼儿要具有初步的归属感""说出自己家乡的具体位置，知道家乡的特产和景观，并为家乡的发展感到高兴"是《3—6 岁儿童学习与发展指南》中社会领域的目标之一。《中国学生发展核心素养》提出中国学生应具备适应社会发展需要的包括"国家认同"在内的 18 个核心素养基本要点，国家认同应从家园认同开始，而学生的发展应在幼儿时期便种下乡情的种子。由此可知，家园认同亦是幼儿成长的核心素养和必备品格之一，是国家认同的重要组成部分。幼儿只有对家园产生发自内心的认同，同时了解家乡的历史和发展，了解民族文化对家乡习俗和民风的巨大影响，才能激发对家乡乃至对国家深切的热爱和强烈的自信心。

也能让幼儿体会到大规模、工业化的生产技术，感受现代化农业的生产方式。

（二）自然资源

萧山区所前镇中心幼儿园地处茶果飘香的山水之间，是生态古镇的文化符号和经济品牌。所前镇坐落在三面环山的低山丘陵地区，沿山十八村茶果香飘全国，这里的杨梅名扬四海，素有"茶果之乡"的美誉，拥有茶山、杨梅山、桑葚基地等资源，为幼儿主动探究自然、体验实践提供重要场所。

幼儿园外，里士湖、生态园、娄家大院皆是游玩的好去处。幼儿园内，花草树木品种繁多，小溪江流、茶果仙踪、花溪梯田等小镇十景十馆皆是幼儿喜爱的游戏场所（见表1-1-1）。

表1-1-1　自然资源调查情况

种类	地方	
	所前或周边社区	幼儿园
景	里士湖游步道、生态园、天乐湖、四季花海、码头公园、蓝海小镇、杜家杨梅山、背街小巷、樱花园、金地农庄、梓童公园、娄家大院	小溪江流、茶果仙踪、花溪梯田、山水雅台、生态广场、亲亲农庄、藤蔓绿廊、水车方田、花池幽格、嬉乐沙海
草	狗尾草、鱼腥草、狼其草、艾草、牛筋草、薄荷、三叶草、忘忧草、发草、蒲公英、含羞草、爬山虎	狗尾草、三叶草、蒲公英、含羞草、狼其草、发草
茶	茶树基地、茶山	茶树
花	桃花、樱花、茶花、杜鹃花（映山红）、桂花、迎春花、梨花、石榴花、李子花	水葫芦花、凤仙花、波斯菊、黑心金光菊、矢车菊、满天星、梅花、睡莲、油菜花、向日葵、木棉花、宝石花（多肉）
果	杜家杨梅、桃子、李子、柿子、梅子、桑葚、草莓、樱桃、石榴、蓝莓、圣女果、葡萄、枇杷、胡柚、文旦、板栗	柿子、樱桃、杨梅、李子、柚子、甘蔗、草莓、桃子、西瓜、圣女果、甜瓜
菜	青菜、萝卜、番薯、笋、马兰头、大蒜、韭菜、青椒、红椒、辣椒、茄子、苋菜、芥菜、莴苣、菱角、荠菜、甘蓝、花菜、苦瓜、荸荠、莲藕、黄瓜、葫芦、冬瓜、南瓜、番茄、洋葱、秋葵、玉米、蚕豆、毛豆、芋艿、四季豆、土豆	大白菜、茼蒿、白萝卜、红萝卜、胡萝卜、洋葱、大蒜、生菜、油麦心、苏州青、秋葵、豌豆、蚕豆、芹菜、黄花菜、金秋红、玉米、茄子、番茄、葫芦、黄瓜、南瓜、菠菜、香菜

第一节 课程背景与条件

一、始于传统农业走向现代农业的时代特征

20世纪70年代以来，以现代信息技术革命为代表的高新技术及其产业的发展，打破了工业经济时代三大产业之间界限清晰、分立发展的产业格局，国际产业出现了融合化发展趋势。农业发展呈现出高新技术对农业的渗透融合以及农业与二、三产业融合发展的趋势，数字农业、生态农业、工厂农业、旅游农业等农业新形态日益兴起，经历了从传统农业向现代农业的变迁。[①] 从自然经济条件下，采用人力、畜力、手工工具、铁器等为主的手工劳动方式到广泛地与现代科学技术相融合，从依靠世代积累下来的传统经验到依靠科学，从自给自足的自然经济到高度发达的商品经济，农业随着时代的发展稳步前进，逐渐科学化、工业化、区域化、专业化、商品化、社会化。

幼儿作为未来社会的小小接班人，不仅要传承祖辈留下的农耕文化，还要与时代接轨，放眼未来，开拓创新。立足于传统农业向现代农业发展的新格局，继往开来，才能获得更加长远的发展。

二、源于幼儿的生存现状

大自然是上天赋予幼儿最好的礼物。幼儿在大自然中学习、游戏、探索，在亲近自然的同时获得最直接的感性体验才是他们最好的学习方式。

然而，随着城市化进程的加快，越来越多的幼儿园摒弃了自然环境、乡土资源，转而以城市生活为向导，纯真童年逐渐"消逝"。卢梭在《爱弥儿》一

[①] 梁伟军. 农业与相关产业融合发展研究 [D]. 武汉：华中农业大学，2010：1.

园所周边技术资源

书中说道："大自然希望儿童在成人以前就像儿童的样子。如果我们打乱次序，他们就成了一些早熟的果实，既不丰满也不甜美，而且很快会腐烂，我们就会造就一些年轻的博士和老态龙钟的儿童。"① 基于此，园所积极构建"乡·亲"特色课程，旨在归还"自然之子"纯真快乐的童年！

三、鉴于园内外的课程资源

（一）技术资源

幼儿园附近的萧山区所前镇山联村设有蓝海小镇数字农业大棚，是浙江省现代农业园区之一。蓝海小镇数字农业大棚将智能化控制系统应用在大棚种植上，借助最先进的生物模拟技术，计算出棚内最适合农作物生长的环境参数，并设有大棚种植生产环境检测、空气环境监测、土壤环境监测、病虫害监测系统，充分利用棚内空间以及新兴技术栽培农作物。除此之外，杜家杨梅山、明良樱桃园等

---

① 让-雅克·卢梭.爱弥儿：精选本 [M].檀传宝，傅淳华，陈国清，译.北京：中国轻工业出版社，2016：47.

第二节 课程理念和理论基础

一、课程内涵解读

（一）对"创客"的解读 [1]

创客是一群喜欢或享受创新的人。创客们想法多、爱动手、敢冒险，是一批有强烈内在动机和兴趣的创意设计者与实现者。创客跨越了年龄、性别和种族，人人皆可参与。只要你有创意，愿意通过不断尝试、协作、交流的方式将创意变成现实并乐于分享，就是创客。

创客是一种动手操作、探究体验式的学习方式。"做中学"是创客背后的核心理念，创造即学习。一件作品的创造往往需要跨越多个学科，综合应用多种知识和技能，不断探究、体验、实验和检验。创客在解决问题的过程中不断学习新知识，并通过实践应用将知识内化、巩固和提升。

创客是一种自由、开放、民主的社会文化。创客营造的是一种无拘无束、自由发挥、开放交流、全民参与的社会文化，鼓励更多喜欢创造、探索、分享的民众，通过亲自动手设计、制作、修改、完善，进而创造出独一无二的产品和服务，让社会产生源源不断的创新动力。

创客是一种创意无限、不走寻常路的人生态度。创客是一群快乐的游玩者，身上散发着坚持自我、寻求突破、不走寻常路的态度。正是这种态度，才使得创客们"披荆斩棘"，创造出更多的创意作品，也给社会带来积极向上的正能量。

---

[1] 杨现民，李冀红. 创客教育的价值潜能及其争议 [J]. 现代远程教育研究，2015(2)：23-34.

（二）对"乡"的解读

乡是水土浸润。家乡是每一个人生长、生活的地方，家乡每一座山、每一条小溪和每一方土地，都孕育着生命，承载童年的欢声笑语。

乡是茶果飘香。春天山头茶树上的嫩芽，初夏果园里的杨梅、樱桃和枇杷，秋天的团红和板栗，冬天竹林的青笋，都饱含家乡独特的味道。

乡是民俗传承。乡是人们世代繁衍的地方，对于物质、精神乃至社会，乡都有自己独特的生活形式，民俗的传承是生活也是一种寄托。

乡是文化滋养。文化是一种艺术，也是对历史的记载，非遗珠绣以其浓郁的乡土气息和淳厚的艺术内涵彰显着家乡的历史痕迹，滋养一批批新生代。

（三）对"·"的解读

"·"是目标点。是基于幼儿发展的，以幼儿成长需要而设定的生长点。

"·"是生发点。是基于幼儿生活的，以幼儿兴趣为导向的生发点。

"·"是互动点。是基于幼儿行动的，以幼儿独特的学习方式为根本，以实践、体验为主的互动点。

"·"是培育点。是基于幼儿内在的，以幼儿自主建构为核心的认知经验架构点。

（四）对"亲"的解读

"亲"是亲力。是在自然实践中，锻炼幼儿亲近劳动、生活自理、喜欢运动、身心健康的体魄。

"亲"是亲智。是在探索发现中，培养幼儿亲近科探、乐于思考、善于表达、创新创客的能力。

"亲"是亲善。是在社会交往中，发展幼儿亲近家乡、热爱生命、乐观自信、诚实友善的品质。

"亲"是亲艺。是在艺术创造中，激发幼儿亲近艺术、想象创造、多元表征、追求创意的本领。

（五）"乡·亲"课程的解读

"乡·亲"课程倡导以幼儿、生活、活动为中心，立足于家乡，充分利用其独特的自然资源和独有的人文传统，返璞归真，是顺应自然规律的绿色生态教育。"乡"是课程资源和基石，是向下扎的根；"·"是资源与发展目标之间的最佳融合点；"亲"是课程发展的目标，是向上生长的力量。"乡·亲"课程最终要培育的是"亲力、亲智、亲善、亲艺"且具有乡土情怀和创新精神的"小小农创客"。

我们从幼儿和教师的两种视角来透视"乡·亲"课程。

从幼儿视角看，凸显的是一种"自然之子"的率性成长。幼儿以自然为友，回归生态，依循天性规律，率性成长；幼儿以乡土为师，从兴趣出发，按照自我成长的节奏，在喜好的活动中方能打开智慧的天窗，发展潜能与个性品格，突破生命的灵性润长。

从教师视角看，凸显的是一种亲切热忱的春风化雨。乡亲乡情是教师的出发点和切入点，是教师表现表达的侧面烘托。教师在实践中遵循幼儿天性，基于幼儿的兴趣爱好构建活动，实现幼儿能力、智慧、体质、品格、人格、文化多方面的发展。

二、课程理念

根植"乡"元素这一载体，围绕"亲"的四个目标，贯穿"亲自然"这一条主线。"乡·亲"课程站在回归自然、传承文化与赋予教育全新价值的交汇点，提出"在自然中释放天性，在实践中开拓创新，在乡味中传承超越！"的课程理念。

（一）在自然中释放天性

课程的主题与活动都力求顺应幼儿天性，依托幼儿身心发展规律，遵循幼儿学习方式和特点。幼儿在自然中亲近乡土、返璞归真，积蓄向下扎根的力量和向上生长的勇气，在释放天性的同时获得发展创造的灵感。

（二）在实践中开拓创新

针对幼儿的年龄特点，整合五大领域开展活动，深入了解动植物的特点及成长规律，满足幼儿好奇心，并结合现代农业的新兴科技，开阔眼界，激发幼儿创造创新的精神。

（三）在乡味中传承超越

课程的情感目标着眼于幼儿了解家乡独特的自然风光，感受独有的人文情怀，品味独特的家乡风味！幼儿在传承家乡文明，守护乡土文化精粹的同时，也能够利用家乡资源，结合现代化科技，发展家乡的特色优势，开拓家乡发展的未来道路。

三、课程理论基础

（一）新时代的工匠精神

2016 年国务院总理李克强作政府工作报告时指出，"要鼓励企业开展个性化定制、柔性化生产，培育精益求精的工匠精神"。工匠精神首次被写入政府工作报告，是其在神州大地强势回归的宣言。新时代的工匠精神既保留了原有工匠精神中永恒不变的内容——专注的态度、纯粹的意志、拼搏的动力、精雕细琢的品质、传承的敬意、对工作的热爱以及在这一过程中所达成的审美和精神境界，又赋予其新兴的时代价值意义——重视创造创新、凸显个体自主性和人的价值、强调现实统一。[1][2] 新工匠精神背后折射的是这个时代实践精神的复兴。它是一种真实的时代气质，它代表现在的现实，更是一种未来的趋势。

（二）自然主义教育理论

以卢梭为代表的自然主义教育主张"顺应人天性发展，保持幼儿自然状态，亲近大自然"。自然主义教育主张向"自然"学习，顺应幼儿天性发展的自然历程，遵循幼儿身心发展的规律，培养自然天性得到充分发展的"自然人"。

（三）情感教育理论

美国思想家爱默生说过"培养好人的秘诀就是让他在大自然中生活"。如何遵从幼儿的天性，如何建立区域优势下美好生活和教育的方式，如何使幼儿与自然和谐相处，是我们构建课程体系的主要旨意。这需要我们重建幼儿与自然的联系；需要让幼儿亲近自然；需要把美好教育变得更加趣味盎然。

---

① 王振华.匠人精神：激活生命价值的源动力 [M].北京：北京时代华文书局，2017：前言3.
② 张培培.互联网时代工匠精神回归的内在逻辑 [J].浙江社会科学，2017(1)：75-81+113+157.

美国教育心理学家加德纳在提出七个智能，即语言智能、逻辑数学智能、空间智能、身体运动智能、音乐智能、人际智能和自省智能之外，又补充第八个智能"自然探索智能"。自然探索智能是指具有较强的好奇心、求知欲，以及敏锐的观察力，善于观察自然界中的事物，了解各种事物的细微差别，对事物进行辨析分类的能力。

（四）陈鹤琴"活教育"理论

陈鹤琴先生提出的"活教育"的三大纲领：目的论——做人、做中国人、做现代中国人；课程论——大自然、大社会都是活教材；方法论——做中教、做中学、做中求进步。"活教育"的课程论"大自然、大社会都是活教材"，是从大自然、大社会出发，让幼儿在与自然、社会的直接接触中，在亲身观察和活动中获取经验、知识和技能。

（五）现代生态学理念

随着生态学与意识形态领域的密切结合，其范围逐渐突破了自然环境，扩大到与人发展相联系的社会环境。而"教育"是以人为直接对象的社会活动，因此教育生态化也是一种必然走向。

由滕守尧先生提出的生态课程是教育学和生态学相互渗透的结果，具有开放性、目的性、整体关联性和动态平衡性、可持续发展性以及教育群体生态具有竞争性、合作性和互补性等特征。幼儿园课程生态应以促进幼儿健康成长的一切要素有机融合为导向，让幼儿在互生互长的多个关联系统中获得多方面的发展。

（六）怀特海的智慧教育思想

数学家怀特海认为教育的全部目的就是使人具有活跃的智慧。他主张在五彩缤纷的生活中，在智力的开发和智慧的启迪中，在简约朴素的风格中去获取知识、开启智慧、创造新思想，[①]从而让幼儿能够学会生活，自发探索知识，自如运用知识，提升自我的境界。

---

① 廖晓翔. 智慧教育：怀特海教育思想解读 [J]. 教育导刊，2004(5)：50-52.

第三节 课程结构

　　"乡·亲"课程立足于幼儿发展水平与生活经验，以"乡"元素为载体，旨在培养"亲力、亲智、亲善、亲艺"的"小小农创客"。根据"乡·亲"课程理念和特点，结合《幼儿园教育指导纲要（试行）实施细则》（以下简称《纲要》和《3—6 岁儿童学习与发展指南》（以下简称《指南》）的基本精神，形成以下课程框架。

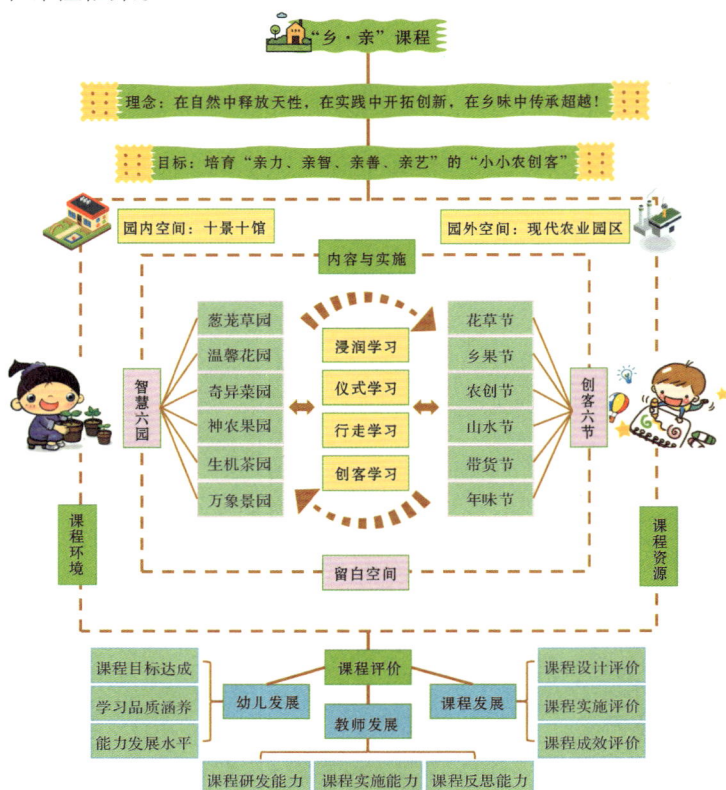

"乡·亲"课程

理念：在自然中释放天性，在实践中开拓创新，在乡味中传承超越！

目标：培育"亲力、亲智、亲善、亲艺"的"小小农创客"

园内空间：十景十馆　　　　　　园外空间：现代农业园区

内容与实施

智慧六园
葱茏草园
温馨花园
奇异菜园
神农果园
生机茶园
万象景园

浸润学习
仪式学习
行走学习
创客学习

创客六节
花草节
乡果节
农创节
山水节
带货节
年味节

课程环境　　　　留白空间　　　　课程资源

课程评价

幼儿发展
课程目标达成
学习品质涵养
能力发展水平

教师发展
课程研发能力　课程实施能力　课程反思能力

课程发展
课程设计评价
课程实施评价
课程成效评价

"乡·亲"课程框架

第四节　课程目标

结合"乡·亲"特色课程理念，从"科学、社会、艺术、语言、健康"五大领域出发，对总目标进行设定，明确目标的内涵，并根据幼儿发展特点以及《指南》的具体要求制定各年龄段的学年目标。

一、课程总目标

通过"乡·亲"课程的实施，培育"亲力、亲智、亲善、亲艺"的"小小农创客"。

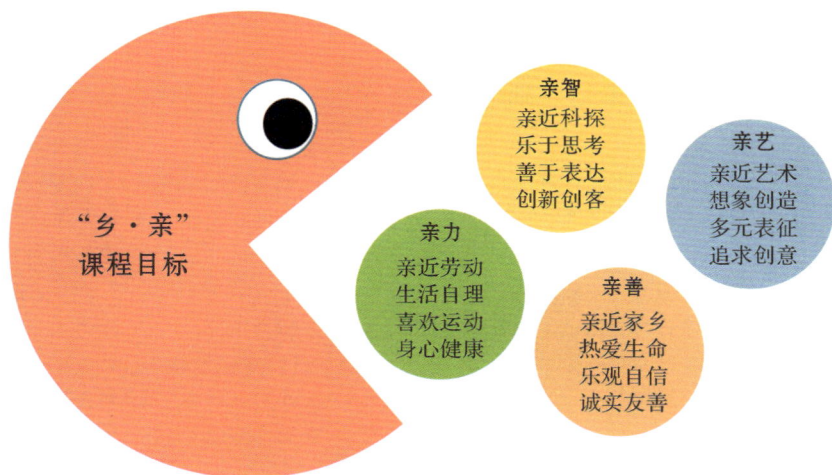

亲智
亲近科探
乐于思考
善于表达
创新创客

亲艺
亲近艺术
想象创造
多元表征
追求创意

"乡·亲"
课程目标

亲力
亲近劳动
生活自理
喜欢运动
身心健康

亲善
亲近家乡
热爱生命
乐观自信
诚实友善

"乡·亲"课程目标

幼儿的发展具有整合性，在推进某一领域发展的同时，其他领域的能力也相应提高。

二、课程年龄段目标

以"四亲"总目标的架构为基础，以《指南》中对各年龄段幼儿目标设定为依据，制定"乡·亲"课程各年龄段的目标（见表1-4-1）。

表1-4-1　"乡·亲"课程年龄段目标

年龄段	目标			
	亲力	亲智	亲善	亲艺
3—4岁	1. 愿意参加各种"亲自然"运动，锻炼身体协调性。 2. 能在较热或较冷的户外环境中愉快地活动。	1. 知道并关注本地特有动植物的生长情况，有照顾动植物的意识。 2. 仔细观察感兴趣的自然事物，发现事物间明显的差异和特征。 3. 口齿清楚地用词语或简单的句子表达自己的想法。	1. 喜欢与同伴进行各项"亲自然"活动，体验共同参与活动的快乐。 2. 活动中能与他人交流，愿意与他人共同完成一件作品或进行游戏。 3. 爱父母、爱同伴。	1. 喜欢收集一些生态材料，并利用这些材料进行涂画和粘贴。 2. 乐于发现自然界美的事物，能用涂涂画画表达自己对自然现象的理解和认识，并为自己的表达感到喜悦。
4—5岁	1. 喜欢参加"亲自然"运动，锻炼身体灵活性及手臂、腿部肌肉力量。 2. 能在高温或低温下进行户外活动，初步培养勇敢的品质。	1. 有目的地照顾动植物，感知和发现动植物的生长变化和其生长所需基本条件，并能对自然事物与人们生活的关系提出疑问。 2. 基本完整地讲述自己在参与"亲自然"活动中的所见所闻。	1. 主动参与各项亲自然活动，有自信心。 2. 乐意与人交往，能合作互助完成一件事。 3. 在活动中大胆与人沟通交流，表述自己的想法与愿望。 4. 爱父母长辈、爱老师、爱同伴、爱集体。	1. 在欣赏自然界美的事物时能关注其色彩、形态等特征。 2. 发现自然中的生态现象和材料的美，并进行大胆的创作表达。 3. 尝试用图画、符号进行简单的调查和记录。

续表

年龄段	目标			
	亲力	亲智	亲善	亲艺
5—6岁	1.积极主动参加"亲自然"运动，提升综合动作的协调性和灵活性。 2.形成坚强的意志品质和竞争意识，挑战富有野性的运动。	1.初步了解人们的生活与自然环境的密切关系，知道保护环境的重要性。 2.通过观察、比较、分析等方法，探究发现动植物的特征和变化。 3.对自己感兴趣的自然问题进一步探索，积极寻找答案。 4.能有序、连贯、清楚地讲述活动的过程和成果。	1.积极主动参与各项"亲自然"活动，有竞争意识。 2.乐于并主动与人交往，具备一定的交往技能，能协商、合作完成某一件事。 3.活动中积极主动，大胆诉说自己的想法。 4.爱父母长辈、爱老师、爱同伴、爱集体、爱家乡、爱祖国。	1.能察觉到动植物的外形特征、习性与生存环境的适应关系，知道尊重和珍惜生命。 2.对生态材料进行再利用和创造，通过绘画、编制、粘贴等表现方式，表达自己的感受与想象。 3.愿意结合自然情境，大胆地运用图画、符号或以图文并茂的形式表现事物并记录过程、成果。

第五节　课程内容

　　"乡·亲"课程内容基于本土生活和幼儿已有经验，以"五大领域"为基础，从幼儿的兴趣和问题出发，对本土资源进行整合与分析，将课程内容分为"智慧六园"和"创客六节"两大板块，并设有"留白空间"，在此基础上创设和丰富"乡·亲"课程内容，以多样的途径组织实施，让幼儿在活动中体验、探索和交往，在行动中获得知识、能力和情感的发展。

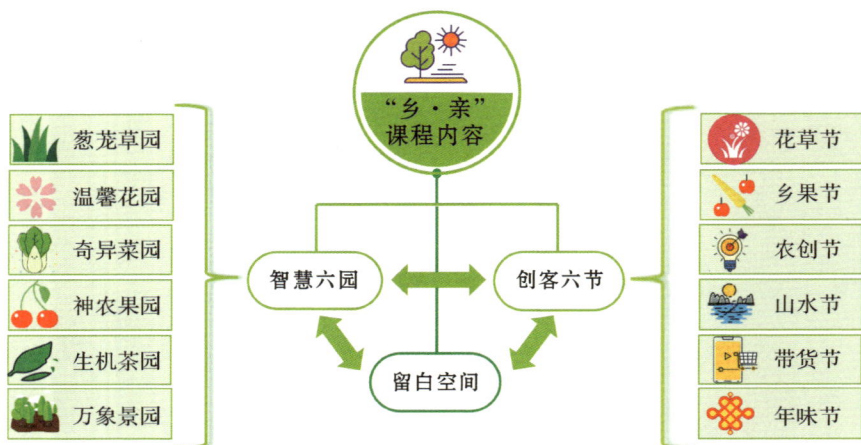

"乡·亲"课程内容

一、智慧六园

"智慧六园"即葱茏草园、温馨花园、奇异菜园、神农果园、生机茶园和万象景园，是利用所前本土的植物景观和农业生态数字科技产业为主要资源设置而成的课程。

（一）葱茏草园

葱茏草园选择薄荷、含羞草、狗尾草等草本植物，进行与草有关的活动。幼儿在寻草、识草、用草等过程中，感受其强韧的生命力，明白渺小的事物也能有大用处的道理，萌发护草、惜草的情感。

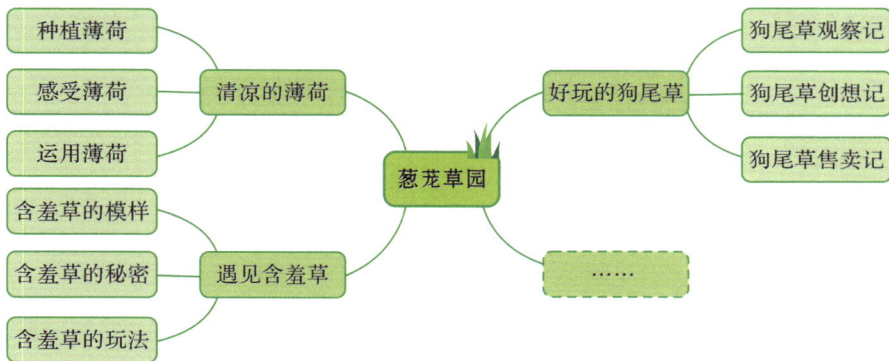

"葱茏草园"主题内容

（二）温馨花园

温馨花园聚焦花园神秘、美丽的特点，让幼儿在花园中发现花的不同种类、探寻花背后的意义；在花园中寻觅花间的精灵、成为小小园丁；在花园中感受花带来的温馨与甜蜜，体会花的温情，并在此基础上争做花园小创客，发挥花的价值。

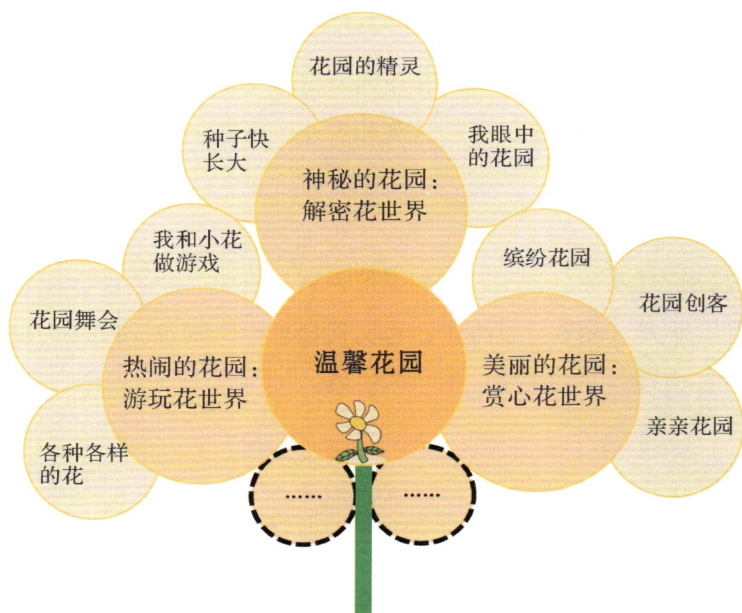

"温馨花园"主题内容

（三）奇异菜园

奇异菜园利用园内油菜、番茄、水培设施等资源，除了让幼儿参与蔬菜种植，走进制油工厂体验收菜籽、榨菜籽油等传统农业技术外，还设置"番茄的种植""水

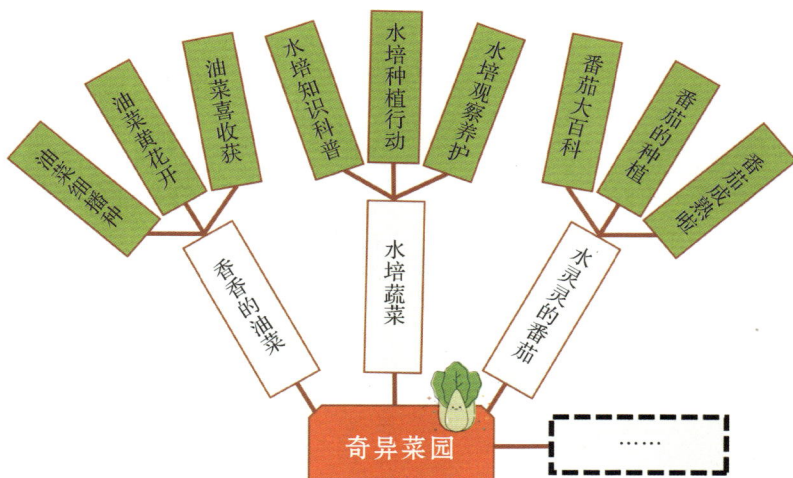

"奇异菜园"主题内容

培种植行动"等特色板块。"番茄的种植"是让幼儿体会现代番茄嫁接技术,"水培种植行动"则是通过带领幼儿参观数字农庄和农科院,在感受现代新兴农业技术的基础上,自主尝试水培蔬菜的种植养护,体验无土栽培技术。

(四)神农果园

神农果园基于所前杨梅、樱桃等水果特产,引导幼儿在认识水果、采摘水果、品尝水果、加工水果等的基础上,发现它们一个共同的特点,即水果的大规模、产业化培育。幼儿走出幼儿园参观杜家杨梅山和明良樱桃园,了解水果新兴的养护、采摘技术以及现代化水果培育的趋势。

"神农果园"主题内容

(五)生机茶园

生机茶园依循"访—探—饮"等线索,幼儿走进茶山、茶厂,在寻访中认识家乡的茶叶,在探索中了解茶叶的秘密,在饮茶中深入了解茶文化的底蕴。茶园中既有古代茶学问、茶树种植、茶具等茶文化的传承,又有现代茶工厂以及制茶技术的体验。同时,"创意果茶"这一板块既发挥了幼儿的想象力与创造力,又将神农果园和生机茶园相链接,体现了园与园之间相互贯通的特点。

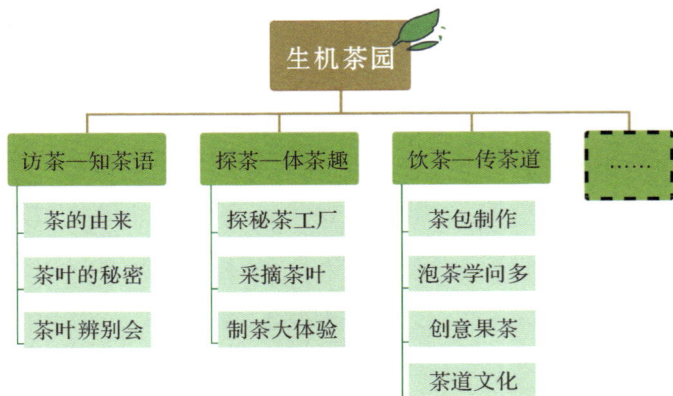

生机茶园

访茶—知茶语	探茶—体茶趣	饮茶—传茶道	......
茶的由来	探秘茶工厂	茶包制作	
茶叶的秘密	采摘茶叶	泡茶学问多	
茶叶辨别会	制茶大体验	创意果茶	
		茶道文化	

"生机茶园"主题内容

（六）万象景园

万象景园包括娄家大院、里士湖等地域景观。娄家大院是所前镇本土的一个由 6 幢主体建筑和 1 个西花园组成的江南庭园式建筑群，被世人称为"娄元丰墙门"。幼儿在聆听大院历史、游玩大院的过程中感受古代的建筑文化，并在此基础上创新创客，在建构活动中争做小小设计师。里士湖不仅有美丽的湖水景色，里士湖村内还有打锡箔、纺织等传统手工业和水产养殖业，幼儿在感受美景的同时也能体会传统技艺的智慧。万象景园通过与家乡生态风景有关的活动，让幼儿了解家乡，体会家乡的风土人情，并在此基础上热爱家乡、守护家乡、发展家乡。

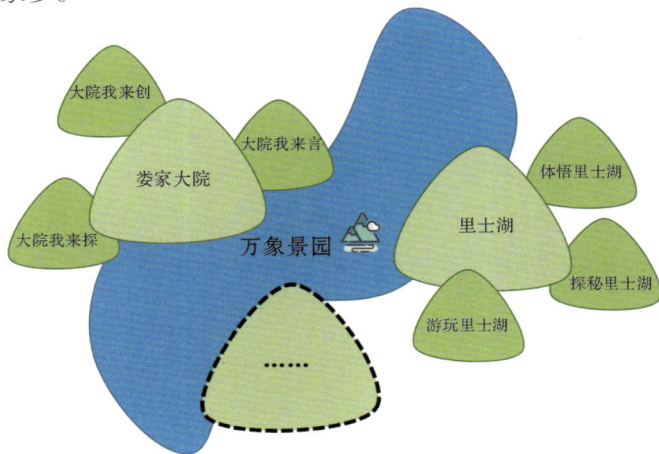

"万象景园"主题内容

二、创客六节

"创客六节"是以适宜幼儿发展为中心，结合所前本土较为注重的节日，以时间为线索形成的 6 个节日，分别是花草节、乡果节、农创节、山水节、带货节、年味节。"创客六节"主要以项目活动的形式组织和呈现，通过师幼共同学习和策划来实施。六节的开展为幼儿主动学习创造了机会，为幼儿实现自我成长搭建了平台。通过活动的开展，引导幼儿亲近自然，热爱生命；主动观察，智慧探究；灵动表达，多元创造。

"创客六节"的开展分别是 4 月花草节、5 月乡果节、6 月农创节、9 月山水节、11 月带货节、来年 1 月年味节。全园性的参与调动了整个幼儿园的活动氛围，幼儿在具有仪式感的节日活动中，体验活动的愉悦，进一步丰富对家乡的认知，产生对家乡眷恋和自豪的情感。

（一）花草节

时间：4 月中旬，为期一周。

内容：以班级为单位，在节日开展前做好花草节的经验唤醒；在开展中准备花草店铺的各种事宜，制定购买计划并尝试创意销售；在开展后自行统筹售卖金额并进行规划，回顾、总结活动过程，自行选定和设计花草节下一阶段的活动内容。通过节日的开展充分发挥园内多余花草的价值，增进幼儿与花草的互动。幼儿在活动中形成对花草新的认识，丰富销售和购买的相关经验，获得种植收获和制作售卖的成就感。

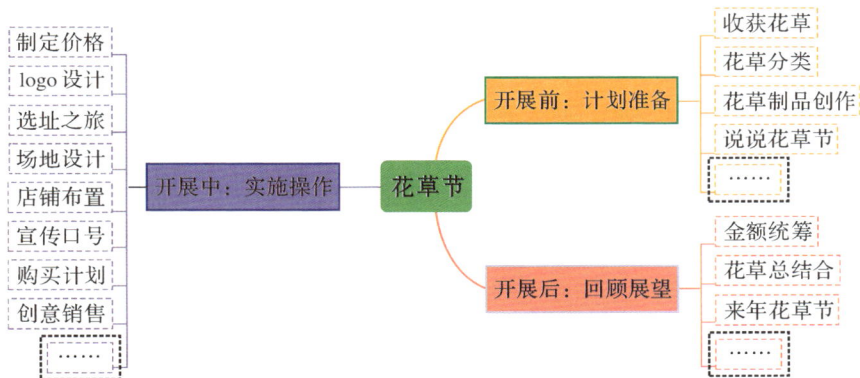

"花草节"脉络

（二）乡果节

时间： 5—6 月，为期约一个月。

内容： 活动采取从园内到园外再到园内的形式。首先，在园内调查、了解、收集乡果资料，初步认识乡果；其次，园外联系果农，组织幼儿共同参与采果、运果、售果的社会实践活动；最后，在园内幼儿围绕杨梅、樱桃等乡果，自己设计独具园所特色的"乡果节"，通过采果、享果、制果等环节全方位发展幼儿的能力。

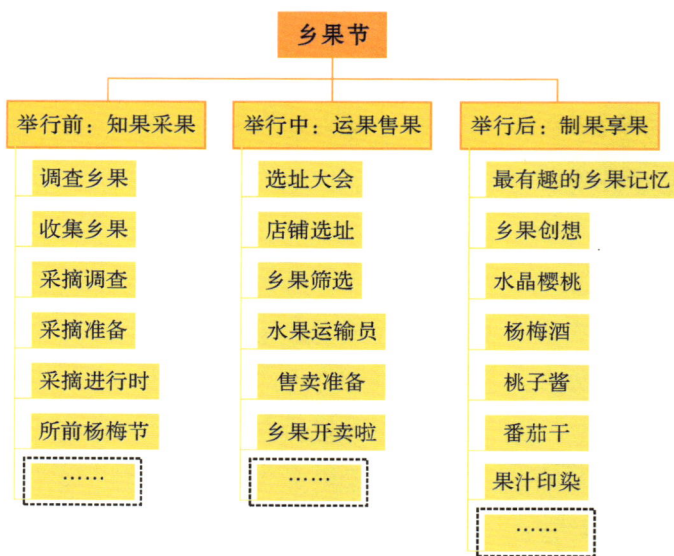

```
                        ┌─────────────┐
                        │    乡果节    │
                        └─────────────┘
      ┌──────────────────────┼──────────────────────┐
┌──────────────┐      ┌──────────────┐      ┌──────────────┐
│ 举行前：知果采果 │      │ 举行中：运果售果 │      │ 举行后：制果享果 │
└──────────────┘      └──────────────┘      └──────────────┘
   │ 调查乡果 │           │ 选址大会 │           │最有趣的乡果记忆│
   │ 收集乡果 │           │ 店铺选址 │           │ 乡果创想 │
   │ 采摘调查 │           │ 乡果筛选 │           │ 水晶樱桃 │
   │ 采摘准备 │           │ 水果运输员 │          │ 杨梅酒 │
   │ 采摘进行时 │          │ 售卖准备 │           │ 桃子酱 │
   │ 所前杨梅节 │          │ 乡果开卖啦 │          │ 番茄干 │
   │ …… │                │ …… │                │ 果汁印染 │
                                                │ …… │
```

"乡果节"脉络

（三）农创节

时间： 6 月底，为期一周。

内容： 农创节的开展在暑假前夕，是对一年以来"乡·亲"课程创造性与总结性的节日。创造性是基于幼儿而言，在农创节中，幼儿可以发挥自己的想象力与创造力，对农作物进行大改造，设想新的种植、养护、制作、售卖等方式。总结性是基于教师而言，教师通过观察幼儿的设想，对其一年以来的收获进行总结并观察幼儿新的兴趣点与课程主题的生成点，收集"小小农创客"故事，助力"乡·亲"课程。

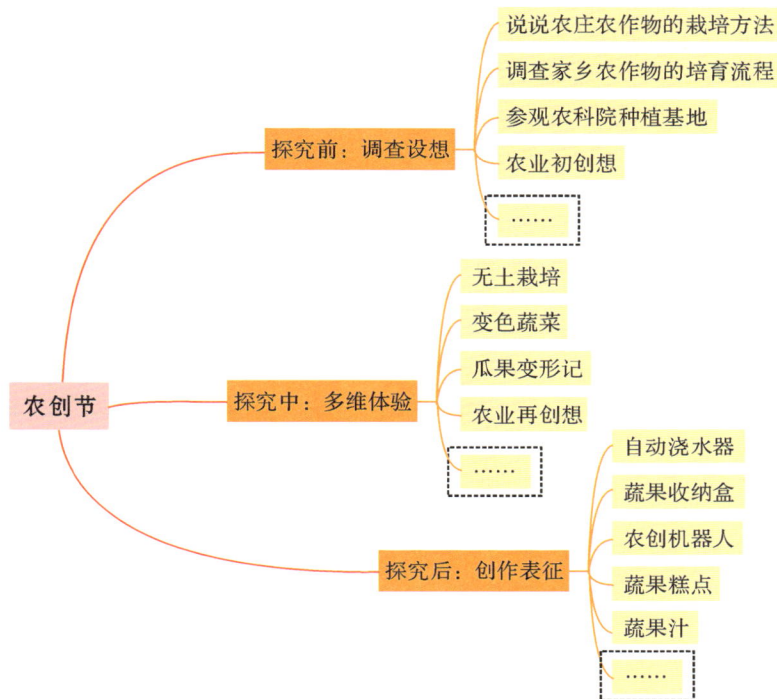

说说农庄农作物的栽培方法

调查家乡农作物的培育流程

参观农科院种植基地

农业初创想

探究前：调查设想

......

无土栽培

变色蔬菜

瓜果变形记

农业再创想

探究中：多维体验

......

农创节

自动浇水器

蔬果收纳盒

农创机器人

蔬果糕点

蔬果汁

探究后：创作表征

......

"农创节"脉络

（四）山水节

时间： 9月底—10月中旬，为期半个月。

内容： 山水节主要包括游山活动和玩水活动两个板块。在游山活动中，幼儿走进大山，自主制定游戏计划、准备游戏材料、开展游戏活动并进行游戏总结，深刻体会家乡山林的美丽和好玩，产生对家乡和祖国的自豪之情。玩水活动从园外和园内两方面开展，园外幼儿走进大山，寻找大山深处的溪流，体验玩水的乐趣；园内幼儿自主设计活动，利用小溪江流玩水嬉戏，全园性师生水枪大战，感受师生共同游戏的乐趣。

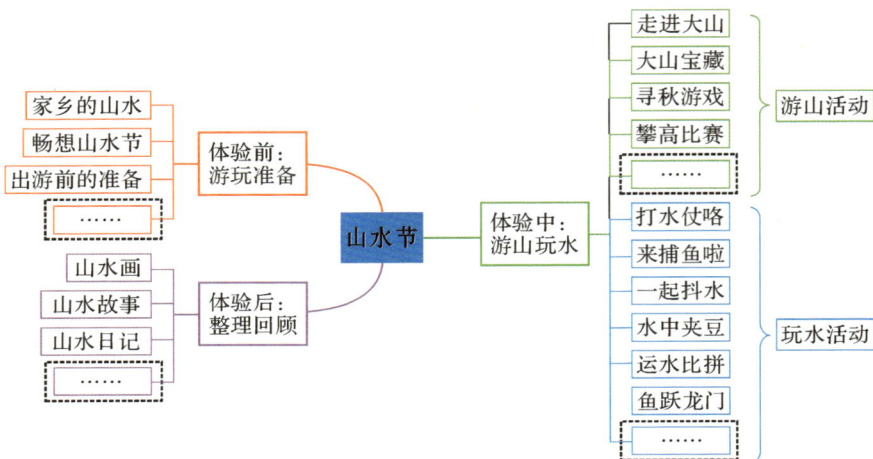

"山水节"脉络

（五）带货节

时间： 11月11日前后，为期一周。

内容： 带货节借助"双11购物狂欢节"，旨在开辟农产品销售以及家乡发展的新渠道。在带货节中，幼儿以班级为单位，自行制定带货计划，选择店铺地址、布置场地、宣传销售，并结合组合式带货、加工式带货、体验式带货、线上带货、直播带货等新型带货方式销售产品。售卖结束后，根据所赚收益，制定消费计划，培育幼儿一定的财商素养。

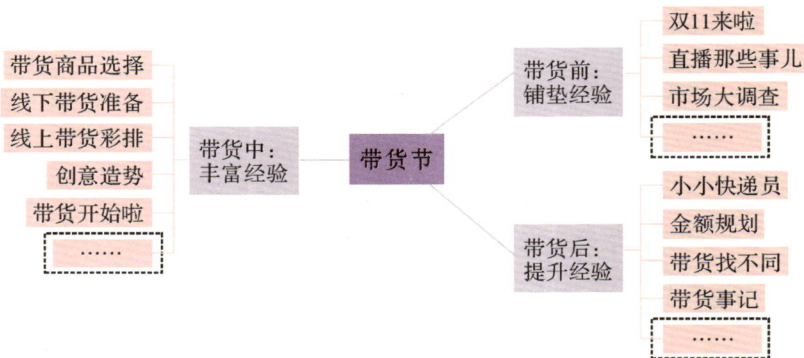

"带货节"脉络

（六）年味节

时间： 1—2月间，为期一周。

内容： 幼儿自主收集新年习俗，策划过年方案。在熟知"年"文化的同时，也能利用园内蔬菜和瓜果，通过炒、晒、腌、泡等方式制作年味，感受家乡热闹的过年氛围，体会乡情，传承文化。

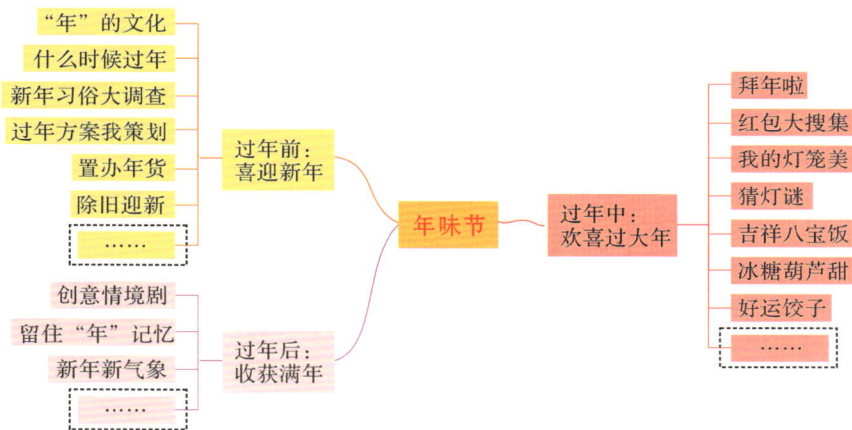

"年味节"脉络

三、留白空间

"乡·亲"课程内容是不断开放的，是在实践探索中不断生成的，幼儿的新兴趣、园所内外的新资源、农业的新科技、社会所需的新素养、时代的新精神都可以作为课程后续开发的主题或依据。课程内容的"留白空间"既是对之前课程内容的补充和丰富，也是幼儿和教师想象力、创造力的不断涌现。

第六节　课程实施

　　"乡·亲"课程以教育整体观来指导课程实践，在课程实施中遵循主体互动、目标递进、发展均衡、情境适宜、审议先行等原则，通过观察、倾听、讨论了解幼儿，利用实践反思、团队研讨、同伴互助等方式理解、实施课程。同时教师作为课程实施的组织者，关注幼儿的兴趣需要及其发展潜力，努力为幼儿提供适宜的、真实的、自然的并富有挑战性的教育环境，鼓励幼儿自主探究，促进幼儿在最近发展区内和谐发展。

一、实施空间

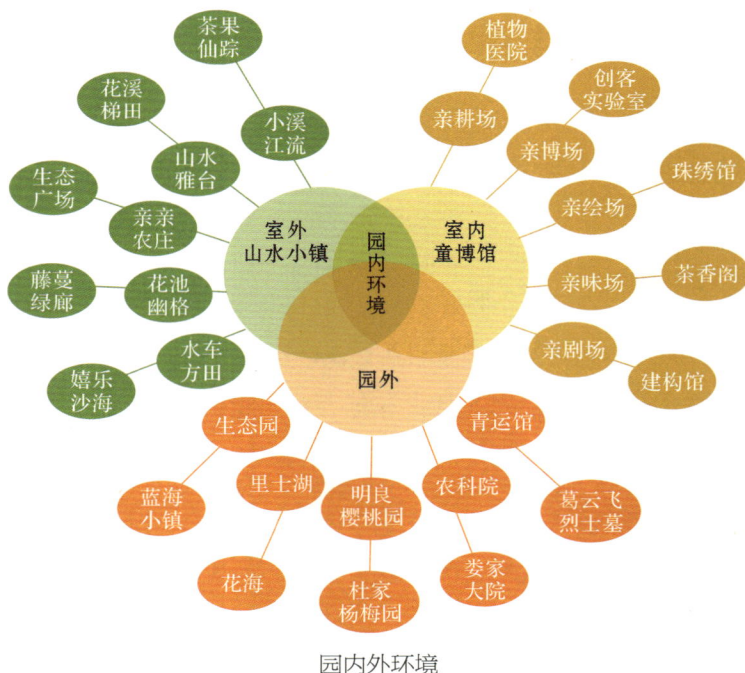

园内外环境

（一）园内环境创设

1. 从硬件设施入手，创设一个"处处可玩"的自然乐园

我园正在极力打造园本课程场域资源，利用园内可开发的空间，根据幼儿开展活动的需要，将园内空间划分为室内童博园、室外山水小镇两大区块。

室内童博园十大场馆的划分围绕向幼儿提供"知识、教育、欣赏、体验、探究"的功能，是"乡·亲"课程内容"六园＋六节"的实习、实践场所，能够满足幼儿开展五大领域活动的学习需求。童博园活动场地的运行机制，根据幼儿需要，可以单独使用，也可以两个或多个场地之间相互联动使用，以有效促进幼儿领域间的整合发展。

室外"山水儿童小镇"的十大景观，是"山水所前"的缩影，是十大幼儿体验游戏区，为幼儿开展实践活动提供了保障。幼儿通过实践感知、实际操作、亲身体验等方式，获得最大限度的直接经验。

"山水儿童小镇"立体导视地图

2. 从心理氛围入手，创设一个"时时可探"的自然乐园

通过营造宽松和谐的心理氛围，做到"开放与互动——随时玩""宽松与自主——大胆玩"，为幼儿营造一个宽松和谐、安全自主，能大胆尝试探索、亲近自然的心理环境。

（二）园外环境开发

从现代化的蓝海小镇数字农业大棚，到金地农业采摘园、明良樱桃园、杜家杨梅山，再到茶山茶厂，园外农业新兴技术的普及反映了现代农业发展的时代潮流。利用园外环境资源，让幼儿感受相关农业技术的传承与发展，在时代的进步中畅想未来。

金地农业采摘园、明良樱桃园、杜家杨梅山（左-中-右）

二、实施路径

"乡·亲"课程实施路径以幼儿学习为中心，主要包括浸润学习、仪式学习、行走学习、创客学习四部分。

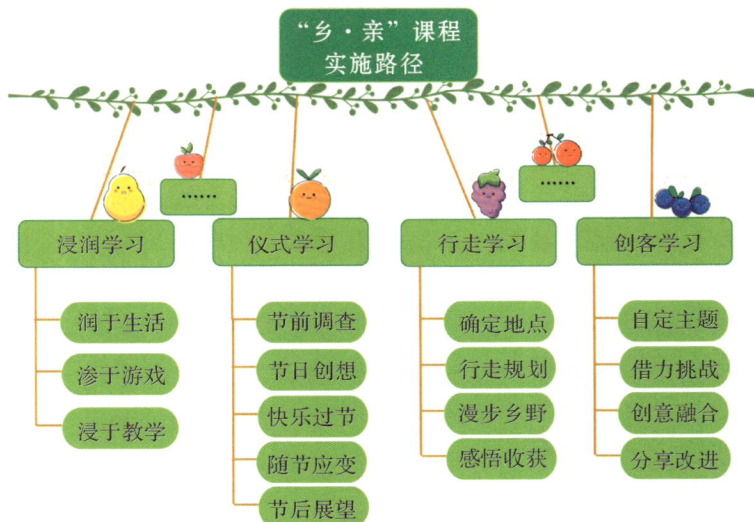

"乡·亲"课程实施路径

（一）浸润学习

浸润学习是将"乡·亲"课程的实施融入幼儿园的基本教育活动中。利用传统且经典的生活活动、游戏活动、教学活动，借助三大活动的特点和优势，有机渗透"乡·亲"课程理念、目标和内容，将课程润于生活、渗于游戏、浸于教学。

1. 润于生活

生活活动贯穿幼儿一日生活的始终，既是"乡·亲"课程内容灵感的部分来源，也是课程实施的铺垫，以此调动幼儿的好奇心和求知欲，为课程后续开展打下坚实的基础。

2. 渗于游戏

《纲要》明确指出，幼儿园要"以游戏为基本活动"，要"寓教育于各项活动之中"。《指南》中提到要珍视"游戏和生活带给幼儿的教育价值"。幼儿身心发展的规律和年龄特征让他们对游戏抱有极大的兴趣，幼儿在游戏中展现出专注力、想象力、创造力等学习品质。"乡·亲"课程中游戏活动的主要载体是乡土自然资源，依托"山水所前"的本土自然景观精心打造园内的"山水儿童小镇"和园外的生态游戏场。所前生态园、里士湖、花海等资源，为幼儿开展自然、自由、自主的游戏活动提供了充分的保障。

（1）游戏活动场地

目前，园内的"山水儿童小镇"包括十大室外游戏场地和十大室内游戏场地。室外游戏场地分别为小溪江流、茶果仙踪、花溪梯田、山水雅台、生态广场、亲亲农庄、藤蔓绿廊、水车方田、花池幽格、嬉乐沙海；室内游戏场地分别为亲博场、亲绘场、亲剧场、培育坊、香茶阁、珠绣馆、植物医院、亲亲速递、亲味场、建构馆。创设符合幼儿年龄特点，凸显本土自然、人文的游戏环境，融体能锻炼、野趣游戏、劳作体验、创意创美、社会实践、智慧探究为一体。

（2）游戏活动方式

在班级场地安排和活动设置上，我们根据活动内容的不同，分别采用了班级承包、年段联动、混龄联动、班级轮换和定期调换等形式。

室外游戏活动采用班级轮换和混龄联动的形式开展。周一至周四采用班级轮换的形式，周五则采用混龄联动的形式。此外，由于小农场里的植物生长具有季节性和长期性的特点，在游戏场地安排上相对比较固定地采用班级承包的形式。

室内游戏活动采用年段联动、混龄联动和定期调换的形式开展。周一、三、五以混龄联动的形式开展，周二、四分别以中、大班段的年段联动开展，每月月末进行场地调换，给幼儿重新自主选择游戏场地的机会。

室内外游戏场地的活动安排，总体上遵循自然、自主、自由的基本原则。2020 年由于疫情影响，我们在开展室内外游戏的过程中取消了联动形式，室外游戏场地实行班班轮换和天天轮换的形式来满足幼儿全面发展的需要；室内场地的使用，采取班级定点和定期调换的形式，各班每月换一个游戏场地开展活动。

3. 浸于教学

"乡·亲"课程中的教学活动包括两大内容：一是常规的、以预设为主的教学活动；二是以生成为主的，在种植游戏和远足活动中自然生成的教学活动。

（1）预设教学活动

"乡·亲"课程中的主题教学活动从季节性植物种植出发，分为春夏和秋冬两条线，上学期为秋冬主题，下学期为春夏主题，在中、大班实施，一般在 1—3 周的时间内开展，或单独穿插在审定教程中开展。"乡·亲"课程的教学活

预设教学活动

动包含大量的室外实践体验，在实施的过程中会影响中、大班的固定课时，因此需要根据幼儿学习、操作、探究的实际情况适当延长或缩短课时。同时由于植物生长具有不可预测性，活动开展的时间也由教师灵活安排。例如，含羞草的种子要一个月才开始发芽，教师则需要将后期的活动延后一个月开展。期间幼儿还通过网络查询，尝试了水培、温室培育等方法，虽然都没能提前把种子培育出来，但也给幼儿留下深刻的印象，掌握了多种培育方法，磨炼了幼儿探究的坚持性。

"乡·亲"课程中的四大主题教学活动分别为：葱茏草园、温馨花园、奇异菜园和神农果园，内容主要来源于幼儿的兴趣、素材本身以及现有的环境资源。活动内容涵盖五大领域，在健康领域中，以种植、管理、收获植物为主；在语言领域中，以自然故事、自然绘本故事和自然童话剧创编为主；在社会领域中，以合作种植、管理、采摘为主；在科学领域中，以动植物基本特征及其生长的探索发现为主；在艺术领域中，以自然美的感受欣赏、自然物艺术创造的发现探索、"亲自然"生活的表达表现为主。

大班幼儿的探究欲望、探究能力、记录能力已经达到了一定的水平，适合聚焦于对特定蔬菜的深入探究。基于此，大班幼儿开展了"香香的油菜"和"神奇的菌菇"两个主题活动。幼儿参与播种、养护、收获的全过程，并用数字、图画、图标或其他符号记录菌菇的不同生长阶段和其他类似蔬菜之间的差异。

（2）生成教学活动

生成教学活动是幼儿在开展"乡·亲"课程活动过程中，在预设活动以外，根据幼儿的兴趣和探究欲望形成的活动。例如，在一次观察、养护油菜时，大班的幼儿发现油菜地里有一只蜗牛，于是他们把蜗牛带了回去。这引发了一系列关于蜗牛的信息大搜索，他们知道蜗牛拥有的牙齿数量是所有动物之最，知道四条触角里有两只眼睛……当发现蜗牛是以菜叶等植物为食时，大家发起了捕捉、饲养蜗牛等一系列活动。生成教学活动遵循幼儿当下的兴趣与需要，比常规课堂鲜活、生动、有趣，当然也更容易为幼儿所接受、内化。

生成教学活动

（二）仪式学习

仪式学习最主要的实施形式就是"创客六节"活动。花草节、乡果节、农创节、山水节、带货节、年味节每一个节日都是"乡·亲"课程实施的一个重要节点，也是课程文化的象征。六节中每一个节日都有幼儿自我发挥的部分，比如花草节植物的选择、乡果节场景的布置、农创节的创意农作物、山水节的游玩方式、带货节的产品选定以及年味节的食品制作，给予幼儿强烈的参与感。

"创客六节"的仪式学习，给幼儿平淡的生活以起伏，浓浓的节日气息和氛围

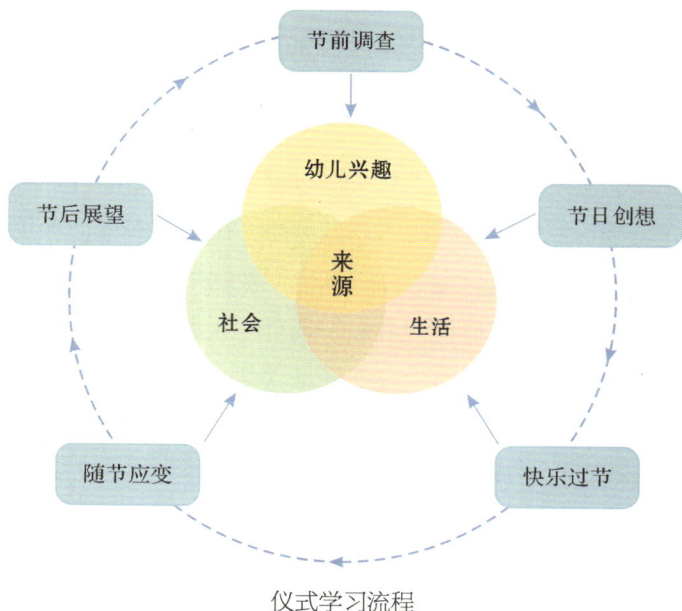

仪式学习流程

让幼儿真切感受到幸福、责任、专注和热情。[1] 仪式学习将"乡·亲"课程以六节的形式记录下来，使一些看似普通的事情被赋予一种特别的意义，成为幼儿成长之路上的深刻记忆。

1. 节前调查：做好经验准备

在开展节日活动前，教师基于调查，分析幼儿的"主题兴趣点""已有相关经验""需要铺垫的经验"。在铺垫经验的过程中，师幼要共同收集资料、共同讨论，使幼儿关于该主题的经验能够达到基本一致，确保主题能够顺利地开展实施。

例如，在年味节的主题活动中，教师为了解幼儿有关"年"的已有经验和兴趣点，围绕"关于年，我知道的"和"关于年，我想知道的"两个问题展开讨论。通过讨论发现，幼儿对于过年的部分习俗已经非常清楚，并对"年"的隐性信息感到好奇，比如"如何确定是几几年""年的节日是谁定的"等。针对提出的问题，幼儿先进行调查，并通过询问家长与教师、同伴间讨论等方式铺垫经验。同时教师为了支持幼儿年经验的铺垫，创设了"好奇桌"，让幼儿尝试通过讨论达成经验的一致（见表1-6-1）。

表1-6-1　年味节调查汇总

关于"年"，我知道……	关节"年"，我想知道……
过年的时候，我家里会挂红灯笼，还要贴窗花。	为什么每年都是一个动物年？
过年的时候，我们会吃团圆饭，会有很多很多好吃的食物。	为什么就一定是2021年，不是别的年？
过年之前，家里会进行一次大扫除。	为什么一定是牛年，不可以是别的动物年？
家里做了许多酱鸭腿，这是在为过年做准备。	为什么过年就会长大一岁？
给爷爷奶奶拜年后，就会有红包	"年"是怎么来的呢？

---

[1]　杨龙.以学习为中心的课程实施[M].上海：华东师范大学出版社,2018：80

2. 节日创想：做好实施计划

活动方案的制定基于幼儿对主题已有的经验积累，在节日创想、实施计划制定等过程中，教师从"想做什么""怎么去做""谁来做"三个角度出发引导幼儿梳理和制定活动方案，并将幼儿的想法进行记录和整理，使幼儿表述的计划可视化，激发活动积极性。

例如，在乡果节的节日创想中，幼儿以家乡杨梅节为参照，表述自己认为乡果节要做、想做、可以做的事情，并由教师将幼儿表述的内容进行整合、梳理，形成调查成熟果实、讨论果实采摘、创意食果玩果售果这三部分内容，完整架构出属于自己的活动计划。幼儿在这样的活动中不仅认识和了解了家乡杨梅节的价值和意义，还可以根据自己想要做的和好奇的事情，自主选择参加相应的行动小组开展活动。

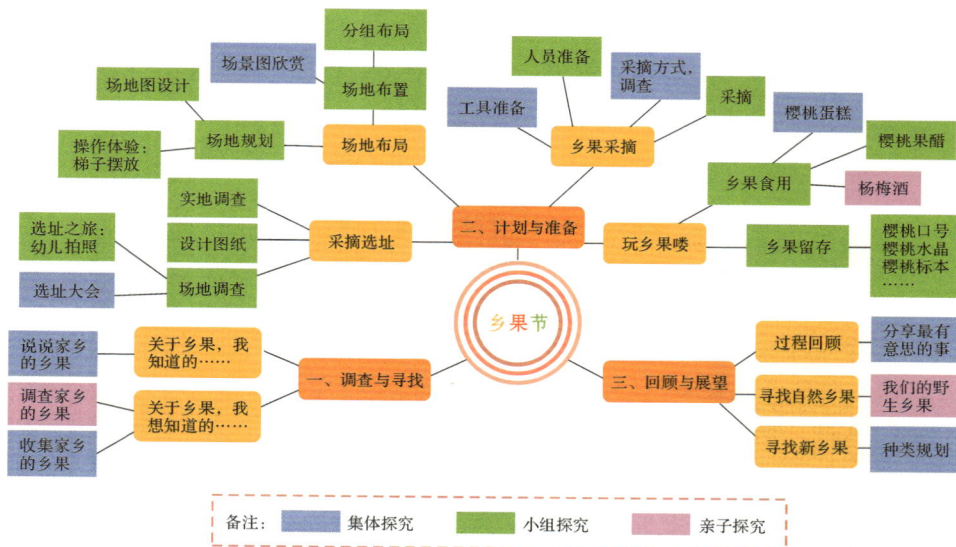

"乡果节"节日创想

3. 快乐过节：全面铺开行动

快乐过节是幼儿主动开展积极探究的阶段,幼儿根据自己制定的行动计划,通过自主探究、合作学习、调查访问等形式开展活动。教师在倾听和关注幼儿的探究过程中,不仅在环境、材料上给予足够的支持,当幼儿遇到困难或活动可以进一步推进时,还要抓准时机给予恰当的引导,以启发幼儿下一阶段的思考和实践。

例如,在年味节"做灯笼"活动中,幼儿第一次设计和制作灯笼时,选择红色的纸,剪成圆形、牛的图形,并用黏土或黄色的纸用作流苏的装饰,最后做出的大多为扁扁的灯笼。幼儿对于这样的灯笼并不满意,于是教师组织幼儿围绕"如何让灯笼立体起来?"举行了圆桌会议。在整个过程中,教师根据幼儿的需要,提供了相关的灯笼制作视频(经验上的支持),丰富了制作材料(材料上的支持),并将幼儿的成功经验制成流程图布置在区域内(环境上的支持)。最终,幼儿们都完成了自己想要做的灯笼。

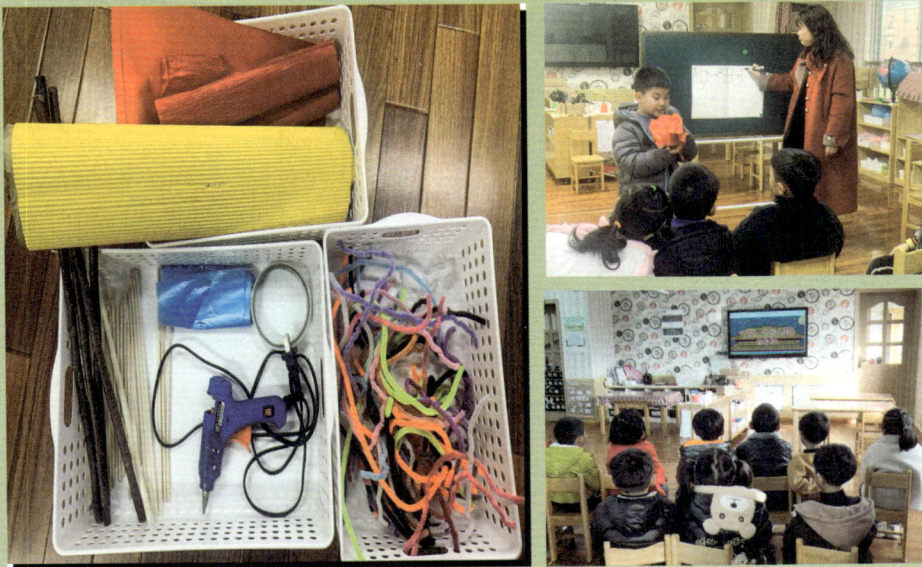

年味节"做灯笼"活动

4.随节应变：关注活动走向

教师要及时关注幼儿的想法，分析生成性活动的教育价值，明确节日活动的开展是否支持或助推活动的进一步延伸，基于幼儿的兴趣点和生长点及时调整主题开展的内容和进度，满足幼儿的学习需要和兴趣，支持主题的拓展性生发。

例如，在年味节"什么时候过年"活动中，大一班的幼儿借助日历和月历两种不同工具来查找过年时间。使用月历的幼儿发现每个月的时间是不一样的；使用日历的幼儿发现每一本日历上都有许多除日期以外的信息，并发出疑问"这些信息是用来干什么的？"大一班教师对幼儿的兴趣信号进行了分析，认为其能够促进当前幼儿数学思维和语言表达能力的发展，进而以分组的形式开展活动，最后小组分享，达到经验共享。

幼儿关注日历和月历

5.节后展望：梳理活动经验

活动结束后，以个人、小组或班级的形式对主题中开展的活动内容、探索过程和结果在班级内、年段内或园所内进行分享。在这一过程中，对活动经验的再次回忆和梳理，不仅能够提升幼儿的成功感和自信心，同时也能够促进幼儿经验的提升与再运用。

（三）行走学习

"乡·亲"课程立足于"家乡"。行走学习利用所前山水田园的自然优势，让幼儿玩在家乡、笑在家乡，感受家乡山水带给自己的乐趣，享受家乡的自然风光，寻找家乡丰收的记忆，发现家乡物资的丰富，和乡民一起体验丰收的喜悦，增进家乡邻里间的亲情。

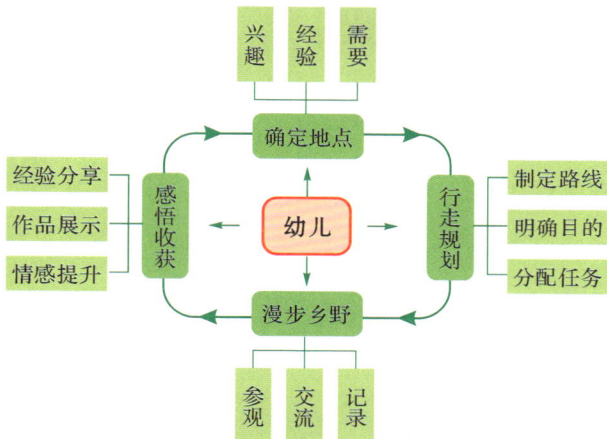

行走学习流程

1. 确定地点

行走学习的实践地点主要根据幼儿的学习兴趣、经验和需要来确定。在确定地点前，幼儿会外出对家乡的自然景观进行考察，考察主要分为以下两种情况：一种是根据已定主题的需要外出考察，这类考察地点由教师确定，根据幼儿学习的需要有目的地进行选择（详见实例一）；另一种是根据未定主题的需要外出考察，这一类考察地点的选择权在幼儿，幼儿根据自身的兴趣和经验来选择活动地点（详见实例二）。

实例一。在开展中班幼儿"家乡的秋天"主题活动时，教师要提前选择能够体现家乡秋天变化的场地，以便做好幼儿对秋天经验的铺垫。在活动场地的选择中，教师对家乡的秋天与其他地方的秋天进行了对比，发现家乡的秋天除了落叶以外，还有许多特色的果子，如板栗和柿子。于是，教师选择了生态园作为活动场地。生态园不仅拥有丰富的植被，能够体现秋天的"多彩"，而且还有许多果树，可以帮助幼儿认识到家乡秋天的独特。

幼儿走进生态园

实例二。春末夏初，幼儿渴望能够与水为伴，开展玩水游戏，于是"哪里玩水好"成了活动开启的首要问题。最后基于活动需要和生活经验，教师将活动场地定为两个地方：一个是园外的杜家山边小溪流，另一个是园内的绕园小溪。

园内外玩水游戏的开展

2. 行走规划

在明确场地后，幼儿需要根据场地的位置进行行走规划，确定外出的方式和路线，在必要的情况下，还需要体验、考察。同时还要明确活动目的以及活动任务，帮助幼儿进行针对性的学习。

例如，在玩水节中，幼儿根据其玩水经验，想出不同的玩水游戏，并分设多个玩水小分队。每个小分队根据自己设计的玩水游戏，有目的地给各个小组分配任务，并在园内调查、选择适合开展玩水游戏的场地，同时进行布置，有序开展组内游戏。

布置玩水场地　　　　　　　　　　　　设计玩水游戏

　　此外，在玩水活动开展的过程中，小组之间的游戏是打通的。幼儿事先对各小组设计的游戏进行了解，然后选择自己感兴趣的游戏内容并加入其中。最后，幼儿将当天玩过的最好玩的游戏进行记录，促进自身游戏经验的内化吸收。

小组玩水游戏

3. 漫步乡野

只有完成以上活动，幼儿才能顺利到达漫步乡野这一阶段，正式进行行走学习。漫步乡野阶段主要包括活动现场参观、与活动人物交流、对活动内容进行记录三部分内容。

例如，在大班"参观数字农庄"活动中，幼儿到达数字农庄后，首先参观数字农庄的整体环境，然后用绘画或拍照的方式对数字农庄中自己认为最好看的部分进行记录，最后将记录的内容与现场技术人员进行交流，获得想要的信息。

"参观数字农庄"活动

4. 感悟收获

最后，幼儿梳理交流自己的活动经验、活动过程和活动感想，以此提升自己的经验，构建完整、系统的活动经验网络，为后续的活动积蓄力量。感悟收获主要包含三种分享交流方式，即作品分享、经验分享、情感分享。

（四）创客学习

创客学习秉承"开放创新、探究体验"的教育理念，以"创造中学"为主要学习方式，契合幼儿的好奇心、想象力和创造力，将幼儿的创意变为现实。"乡·亲"课程的创客学习包含自定主题、借力挑战、创意融合、分享改进四个部分，幼儿在活动前丰富经验、在活动时收获经验、在活动后积累经验，构成一个完整的创客学习生态链，促进课程的有效开展，让幼儿获得最大化的丰富体验和认知增量。

验证　诊断　反馈　改进

实践

活动后
（运用经验）

自定主题

借力挑战

实践

活动中
（获取经验）

创意融合

活动前
（丰富经验）

分享改进

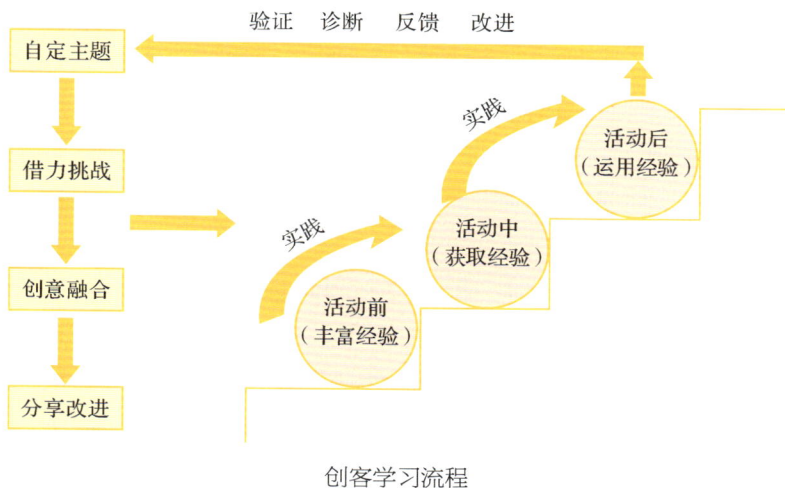

创客学习流程

1. 自定主题

自定主题给予幼儿一定的自主空间，幼儿间相互讨论，根据自己的兴趣和需要，选择活动的主题和内容。

2. 借力挑战

幼儿身心发展的程度有限，在自定主题后，幼儿可以借助同伴的力量、教师的力量、家长的力量，甚至是所选主题的相关技术人员的力量，帮助自己完成挑战。

3. 创意融合

在创意融合中，幼儿可以发挥想象力和创造力，将课程中的农作物与各种形式融合。从小的方面来说，可以将农作物融于绘画、舞蹈、手工作品中；从大的方面来说，可以将农作物与商业和信息业相融合，把农作物变成农产品通过网络线上平台出售等。

4. 分享改进

在创意完成后，可以在班级内、年段内甚至是园所内进行展示分享，可以选择一些优秀的作品作为课程活动的一部分，成为课程的创意主题。除此以外，教师还可以发表建议，帮助幼儿更好地改善作品。

第七节　课程评价

"乡·亲"课程评价从幼儿、教师以及课程本身入手，结合多个视角，形成对课程多元的、立体的、真实的、有效的评价。

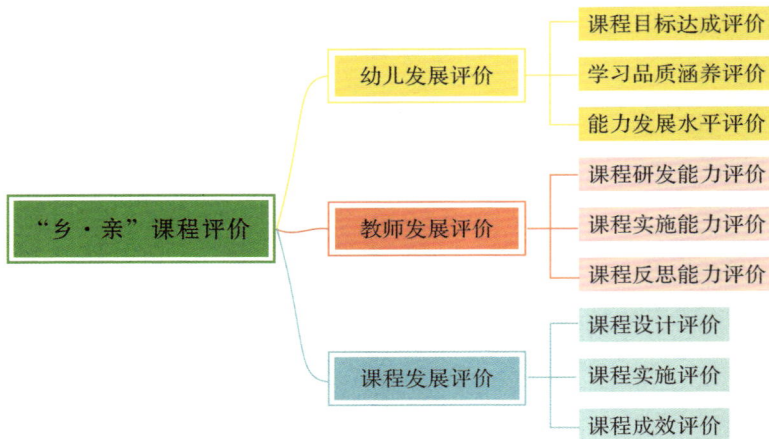

"乡·亲"课程评价

一、幼儿发展评价

（一）课程目标达成评价

根据小小农创客的课程目标，结合六园六节的课程内容和具体的组织实施形式，选择合适的评价方法和评价形式，以《纲要》和《指南》为指导，从质、量两个方面针对幼儿在课程中的表现，对幼儿发展进行全面评价，以考查幼儿课程目标的达成效果（见表1-7-1）。

表1-7-1 幼儿课程目标达成评价

评价内容		质性评价	量化评价	评价方法
亲力	亲近劳动	幼儿自我评价 幼儿同伴互评 幼儿成长档案 徒步行走故事 乡亲课程故事 幼儿自理视频 农创作品展示 幼儿毕业汇演 创客儿童剧场 教师、家长评语	学期幼儿班级测评 学期幼儿体检 学年幼儿发展评价	观察法 访谈法 个案分析法 作品分析法
	生活自理			
	喜欢运动			
	身心健康			
亲智	亲近科探			
	乐于思考			
	善于表达			
	创新创客			
亲善	亲近家乡			
	热爱生命			
	乐观自信			
	诚实友善			
亲艺	亲近艺术			
	想象创造			
	多元表征			
	追求创意			

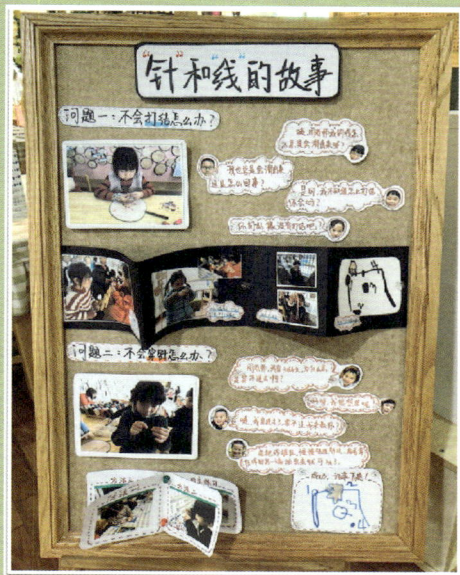

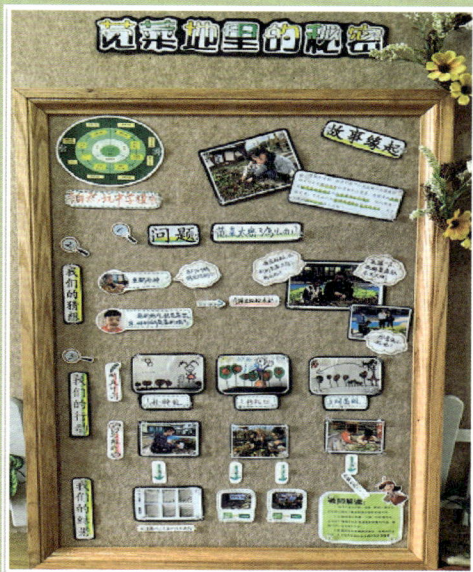

幼儿活动故事

（二）学习品质涵养评价

"乡·亲"课程培养的"小小农创客"不仅要掌握创客们工作学习的技能与方法，还要领悟创客们工作学习的品质与精神。以教师的观察记录为依据，分析、解读幼儿在活动过程中的学习品质，对幼儿开展个性化的活动，提升已经具备的良好的学习品质，培养幼儿缺失的优良的学习品质。

（三）能力发展水平评价

在幼儿能力发展评价方面，尝试多阶段、多主题的表现性评价小工具，开发并形成了影像素材库、日记跟踪卡、生成学习册这三种评价小工具，把幼儿在真实情境中的表现反馈给每一位幼儿，评价课程前后幼儿的成长发展。

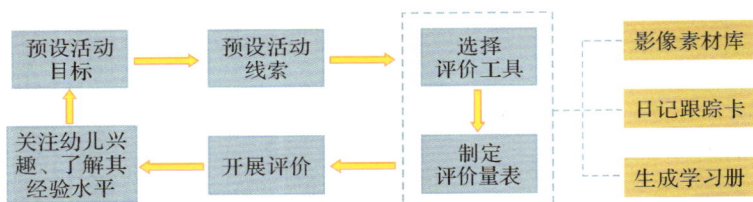

表现性评价小工具操作流程

1.影像素材库

通过收集、整理主题前、中、后的录像资料形成资源库，教师在"美丽小家"分享对影像素材中幼儿行为表现的评价，为教师掌握主题中幼儿真实的经验、水平、兴趣等信息提供途径，同时以教研的形式进行调整和改进。

录像素材库操作流程

2. 日记跟踪卡

结合"每天一小步"记录和评价幼儿的成长轨迹，对幼儿思维能力的发展进行评价。

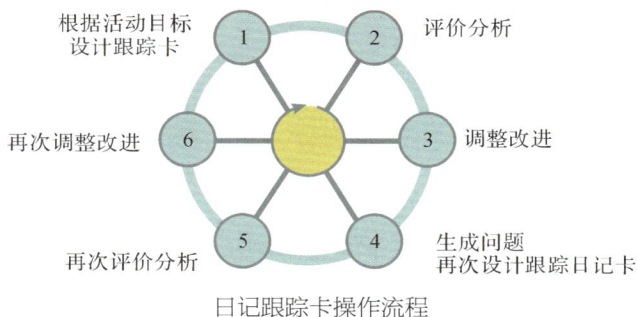

日记跟踪卡操作流程

3. 生成学习册

主题结束后，基于幼儿在活动时的行动路径，通过照片、图示对幼儿在主题活动中每个阶段产生的作品进行分析、判断，制作生成学习册，并引导幼儿进行回顾和学习，对幼儿实践能力的发展进行评价。

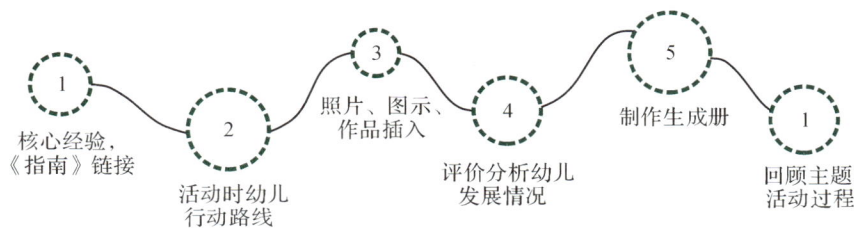

生成学习册操作流程

二、教师发展评价

教师发展评价从课程研发能力、课程实施能力和课程反思能力评价入手，结合教师自评和他人评价，运用观察法、访谈法、展示法等评价方法，考查教师的能力发展（见表1-7-2）。

表1-7-2　教师发展评价

评价内容		教师自评	他人评价	评价方法
课程研发能力	课程资源开发	教师日记 教师教研手册 环境材料统计 课程方案编写 游戏观察记录 学习故事撰写 教学反思回顾 主题回顾梳理 主题档案记录 个人学期总结 教师成长档案	主题方案评比 月末环境监察 定期材料巡检 定期主题指导 教学观摩指导 课程审议 教师月考核 基本功展评 教师科研评比 幼儿评语 家长寄语	观察法 访谈法 展示法 问卷法 比较法
	课程方案设计			
课程实施能力	课程环境创设			
	师幼互动情况			
	课程内容生成			
课程反思能力	个人自主反思			
	教师交流反思			

（一）课程研发能力评价

课程研发能力评价主要从教师课程资源开发、课程方案设计入手，考查教师能否利用所前周边资源提供"乡·亲"课程开发的新思路，形成创造性的"乡·亲"课程形式；能否根据幼儿兴趣和身心发展的特点编制出适宜的、有特色的"乡·亲"课程方案，促进幼儿多方面能力的整合与发展。

（二）课程实施能力评价

课程实施能力评价主要包括课程环境创设、师幼互动情况以及课程内容生成等方面。在课程环境创设时，教师利用课程资源创设出适宜幼儿活动的环境，尊重幼儿的主体地位；在幼儿探索自然、亲历劳动、戏耍游玩的过程中和幼儿保持适当的距离，进行适当的互动；在课程实施中发挥自身的教育经验，解决幼儿的疑惑。此外，教师面对幼儿的问题要有新的生成，让幼儿拥有更好的活动体验，促进课程的实施与发展。

（三）课程反思能力评价

课程反思能力评价主要包括教师个人反思以及教师间的交流思考。教师在课程实施结束后自主对课程进行反思，并根据幼儿在课程中的表现进行新的预设，对于课程中生成的新问题也要有所思考。活动结束后，组织教师开展交流讨论，说出自己的疑问和建议，汇聚集体智慧，完善课程方案。

三、课程发展评价

课程实施后，重新对课程开展的全过程进行发展性评价，主要包括以目标和内容为中心的课程设计评价、以过程为中心的课程实施评价以及以结果为中心的课程成效评价。[①] 课程发展评价旨在借助一轮课程的实施，重新审视课程的各个方面，从而促进课程的不断改进与提高。

（一）课程设计评价

课程设计评价主要是对课程最初设计的目标进行再定位，对内容进行再调整。课程的目标和内容最初是基于幼儿的兴趣需要、《指南》《纲要》或社会生活的某些方面制定的，有一定的理论与实践支撑，也是课程开展的基石。园所根据具体情况不断调整课程的目标和内容，同时，园所还邀请学者专家、农业技术人员和行政人员对其进行评价，从更专业的角度审视课程设计。只有对课程设计进行持续性的评价，才能使其不断反映新情况，并在此基础上调整，使课程设计发挥其应有的作用。

（二）课程实施评价

课程实施评价包括对课程实施空间的再规划以及课程实施路径的再改善，它是连接课程设计和课程结果的桥梁，也是联系课程预期结果与实际结果的中介。课程实施过程涉及的因素很多，包括课程实施的时间、空间、方式，以及教师、幼儿、家长等课程实施的参与者，所以对其进行评价也包括多方面的内容。在课程实施过程中，要根据实施时间、天气和园内外环境的变化规划课程实施的空间，也要根据幼儿对课程内容的熟悉度、参与度和收获水平适时调整

---

① 刘志军.发展性课程评价体系初探[J].课程·教材·教法，2004(8)：5.

课程实施的路径，通过对课程实施多方面因素的调整，拉近课程预期与实际的距离。

（三）课程成效评价

课程成效评价主要从幼儿发展、教师发展以及课程推广度三个方面展开。全面了解课程效果是进行课程改革的关键一环，也是课程评价必须回答和解决的问题。作为课程最主要参与者的幼儿和教师，他们的能力发展是对课程实施效果最直接的回答。同时，幼儿、教师、家长也可以通过自己最直观的感受对课程效果进行评价：借助马赛克方法让幼儿对"乡·亲"课程发声，以问卷和访谈的形式了解教师和家长对课程的看法。考查课程推广度则是从更客观的视角衡量课程的被认可程度，被认可程度高也就从侧面反映出良好的课程实施效果。课程成效评价可以说是课程评价的大集合，它既考查了幼儿和教师的能力发展，又反映了课程设计与实施的效果，它是每一个课程改革相关人员都很关注的问题，也是决定课程改革能否推广的关键问题。

家长评价

第八节　课程管理和保障

　　幼儿园的课程管理和保障是为幼儿的发展而存在的，这就要求幼儿园的课程内容必须贴近幼儿的现实生活，课程实施必须尊重幼儿的发展规律与学习兴趣。

　　课程管理和保障的愿景：从生活环节的优化，到园内外资源的充分利用，再到主题课程园本化的实践，逐步走向园本课程。

一、课程管理

　　"理解、顺应、统一"是"乡·亲"课程的管理愿景，即将幼儿的发展需要、教师的发展需要以及幼儿园的资源利用相互交融共通，并通过课程实施扎根到我们的思想与行动中。

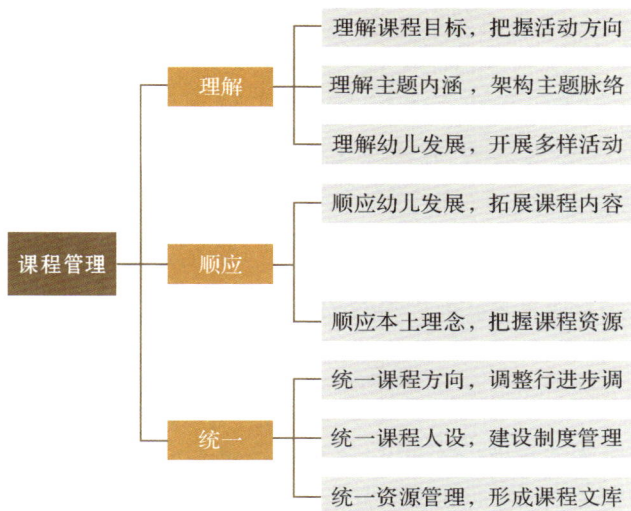

"乡·亲"课程管理

（一）理解——实际发展之势

1.理解课程目标，把握活动方向

　　设定"亲力、亲智、亲善、亲艺"的总目标以及各年龄段目标，把握幼儿的培养方向，明确课程设计的初衷。

2. 理解主题内涵，架构主题脉络

教师通过对主题内涵的解读，划分幼儿每个阶段的学习内容，架构每一次课程实施的脉络。

3. 理解幼儿发展，开展多样活动

选择适宜幼儿学习的方式与策略，组织幼儿开展多样化的活动，促进幼儿深度学习，体会五彩缤纷的生活。

（二）顺应——幼儿本土之学

1. 顺应幼儿发展，拓展课程内容

在活动时，幼儿时常根据自身需求表现出对新知识的渴望，教师通过解读幼儿的语言和行为，顺应幼儿的学习需要，创生新的课程内容。

2. 顺应本土理念，挖掘课程资源

通过调查，分析筛选可利用的乡土资源。幼儿在活动中认识、利用资源，丰富对家乡的认识，烙下乡情。

（三）统一——课程管理之行

1. 统一课程方向，调整行进步调

全体教师在确定课程方向后，根据专业水平和课程需求，朝着同一个方向前行。

2. 统一课程人设，建设管理制度

根据教师的专业水平和能力将教师分成多个小组，促进课程人员的规范化管理。

3. 统一资源管理，形成课程文库

每期课程实施后对相应资源进行梳理，包括环境资源、文本资源、人力资源等，并将其整合到课程文库中，为后期活动开展提供参考。

课程资源的管理分为"亲自然"学习室与课程档案库两部分。

（1）"亲自然"学习室

主要包括图书馆布局、图书馆开放时间安排、图书馆馆藏书目管理、图书馆管理员职责等。

（2）课程档案库

主要包括课程产品、幼儿学习成果、课程研究项目及成果、重要决策及制度建设和园内外交流成果。其中，课程产品包括基础课程、课堂教学实录、优秀教案、教师观察记录、叙事类案例等。幼儿学习成果包括幼儿观察记录、"亲自然"生长墙、"亲自然"学习卡、"亲自然"活动录像等。

二、课程保障

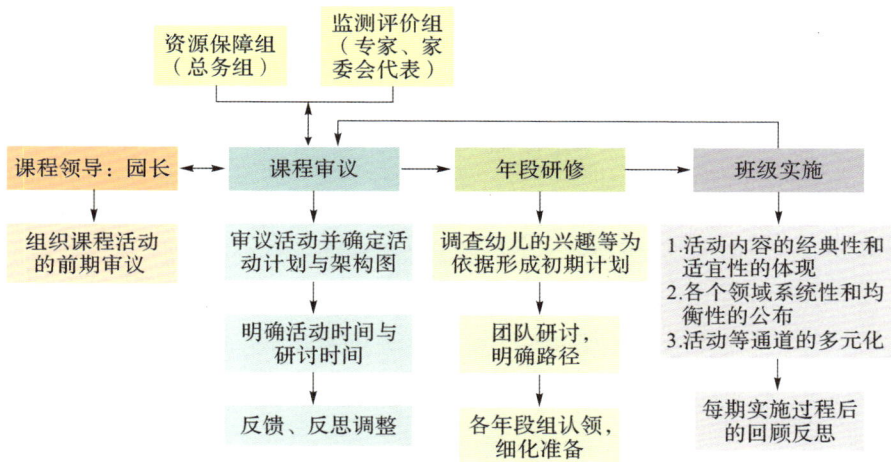

"乡·亲"课程保障

（一）团队研修保障

课程领导——园长。从宏观上提出课程设置、开发与实施的总体思路，制定园本课程实施的方案，组织课程活动的前期审议，监控和管理课程实施的过程。

课程审议。由园本课程领导小组组成审议小组，在每学期开学前对幼儿园课程实施进行审议并确定活动计划与架构图。在学期中，针对实施环节中出现的主要问题开展专题研讨，对幼儿园课程实施情况进行双向沟通、反馈、调整，确保课程实施的质量。

主题研修。在开学的第一、二周根据课程先行组提出的活动方案,基于幼儿的兴趣和需要展开调查,形成初步的年龄段活动计划。在主题开展前,教研组要确保对每个主题进行一次前审议,在主题开展过程中要做好每周一次的中审议和每日一次的日审议,此外在主题结束后对主题实施的成效进行后审议,以此发现幼儿的真正需要,为后续本主题的开展提供相应的参考。双周的周四汇报活动开展情况,组织教师研讨,明确课程实施方式的跟进。通过对各个年龄段活动的交流探讨,重新思考符合班级特色的活动,形成更细致、更精确、更适宜的活动内容。

班级实施。以课程班本化为基点,在开展活动时体现选择内容的适宜性和经典性,教师对每个领域的内容要做到均衡和系统,注重领域间的整合,呈现形式也要多样化。同时,教师在每个阶段的活动中应及时整理相关资料,自主反思,并通过一月两次的"美丽小家"进行交流和反馈。

资源保障。在教学实践、后勤保障、环境创设等方面提供比较完整的教材配套设备,保障幼儿园课程的全面实施。

监测评价。汇聚多方人员参与课程资源的开发与课程评价监督,分别在学期前、学期中、学期末对课程的规划、管理、实施等进行评价并提出相应建议,定期对课程实施中的环节进行监控并据此进行分析和调整,促进课程不断完善。

通过集体协商、多方参与、专业培训、专题研讨等方式落实课程管理,展现课程团队对课程的认识和理解。在体现"乡·亲"课程是行动的、生长的同时,也给师幼实践的自主权、开发权。

（二）课程实施时间保障

1. 课程时间占比

幼儿园课程内容主要由浙江省编课程内容和园本"乡·亲"课程组成,两部分课程内容所占比例如下:园本"乡·亲"课程占幼儿园课程的30%~40%,浙江省编课程占幼儿园课程的60%~70%,既符合浙江省编课程占幼儿园课程时间比例的规定,也保障了"乡·亲"课程的实施。

2. 园本课程教研时间的保障

在"乡·亲"主题活动开展阶段，建立园本"乡·亲"课程集体备课日，引导教师分别以领域教学和课程研究为专题进行集体备课和专题交流，通过评教评学和集体研讨交流活动，不断提升教师的教育教学能力，扎实幼儿园园本"乡·亲"课程的教学质量。

（三）课程考核保障

园本课程的开发使教师进入一个需要不断自我反思、自我否定、自我提升的过程，通过教学评优和反思成长两个课程考核方式，促进教师自主学习与反思，建设更为优秀的教师队伍。

1. 教学评优

针对园本"乡·亲"课程，幼儿园每学年组织一次"教学比武"活动，通过评教评学为教师的专业成长搭建平台，每次评比产生的教学能手将是教坛新秀和学科带头人的优先人选。搭建平台让有思想、有策略、有进步的教师在县、市级教学观摩与研讨活动中进行展示和交流。

2. 反思成长

针对"乡·亲"课程主题，园所要求每位教师撰写一篇教育教学观察记录或教育心得体会，每学年至少撰写一篇教育教学专题论文或科研论文。幼儿园每学年组织一次教师教育教学专题论文评比活动，鼓励教师给学前教育核心期刊投稿，不断提升教师教育教学论文撰写能力，培养教师的反思意识和研究能力。在园级及以上论文评比中获奖或在县市级及以上正规刊物发表论文或经验材料的教师，园所将按考核奖励条例给予奖励。

第二章

"智慧六园"内容架构

葱茏草园

温馨花园

智慧
六园

万象景园

奇异菜园

生机茶园

神农果园

本章参著者

周智慧　胡开玲　倪燕婷　何书宁　黄磊鸿　沈姿宇

许凌晓　沈国燕　张　瑜　沈　燕　陈　佳　周利君

第一节 葱茏草园

一、主题说明

草作为幼儿生活中常见的事物，以其自然清爽、形态各异、种类多样等特点深受人们喜爱。然而幼儿对草的接触大多是一种自然的感知，是一种模糊的、混沌的认知，这就需要我们引导幼儿进行有意义的学习，在满足幼儿现实需求的基础上致力于其长远的发展。因此，我们为幼儿创设了探索和学习草的环境，开展"葱茏草园"主题活动，并与实践操作相结合，探究各种奇妙的草本植物，和幼儿一起种一种、看一看、闻一闻、探一探、尝一尝，做一做，将自然的感知转变为有意义的学习体验（见表2-1-1）。

二、主题目标

（一）4—5岁

1. 认识生活中常见的草本植物，尝试运用感官感知草的形、色、香，并能用多种方式表达对草的感受。

2. 能用数字、图画、标记或其他符号记录草的不同生长阶段，学习用小组合作的方式养护草。

3. 对各种各样的草感兴趣并乐意探索其奥秘，发现草的美，愿意与他人分享自己对草的喜爱之情。

（二）5—6岁

1. 运用多种感官了解草在形、色、味上的特征，观察草的生长情况，体验亲自种植、养护草的喜悦。

2. 能用数字、图画、标记或其他符号记录自己在种植、养护草的过程中，发现、分析和解决问题的方法。

3. 乐于了解草与人类的关系，主动观察、探索不同草本植物的栽培方式，感受科学技术给草本植物带来的影响；知道一些草的营养价值及其对健康的重要性，萌发护草、惜草的情感。

三、主题网络

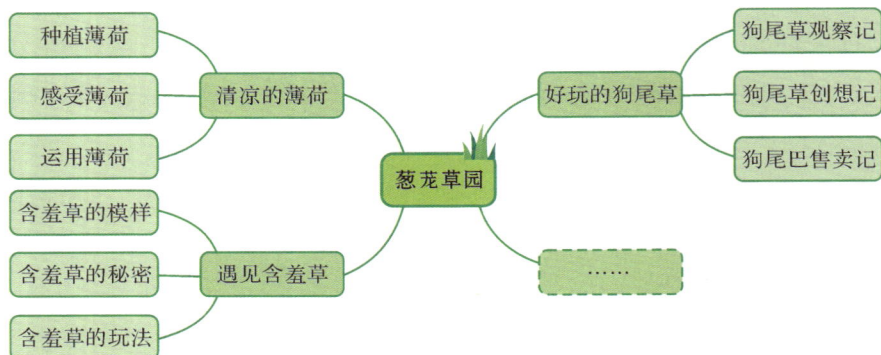

"葱茏草园"主题网络

四、资源保障

亲博馆

亲绘馆

培育坊

植物医院

班级农庄1

班级农庄2

"葱茏草园"资源保障

五、活动导航

表2-1-1　"葱茏草园"活动导航

活动主题	活动方向	活动内容	活动目标	实施途径		
				集体探究	小组探究	亲子探究
清凉的薄荷	种植薄荷	认识薄荷	1.了解薄荷的样子以及它的生活环境。 2.能用语言描述薄荷的特征，锻炼语言表达能力。	√	—	—
		种植薄荷	1.了解种植薄荷的过程与薄荷生长所需的基本条件。 2.能独自种植薄荷，掌握正确的种植方法，大胆发表自己的见解。 3.感受种子生长的神奇，体验劳动带来的快乐。	√	√	—
	感受薄荷	薄荷的香气	1.通过闻、嗅等方式感受薄荷独特的香气。 2.发挥想象，尝试用比喻的修辞手法描述薄荷的气味，并学会利用动作、绘画辅助自己的表达。 3.在表现表达中体会与同伴分享的快乐。	√	—	—
		好吃的薄荷糖	1.借助看、闻、摸、尝等方式感受薄荷糖的颜色、气味、形状、味道等特征。 2.以品尝薄荷糖的形式再次加深对薄荷的感受，并建立保护牙齿的意识。	√	√	—
	运用薄荷	薄荷真有用	1.了解薄荷的不同作用，知道生活中常见的薄荷分类方法。 2.自主操作，探索不同薄荷的特征，能根据薄荷的不同作用进行分类。	—	√	—
		制作花露水	1.了解花露水的用处，知道什么时候需要使用花露水。 2.能够正确使用花露水，尝试制作花露水。	√	√	—
		薄荷茶	1.利用不同感官探索新鲜薄荷和干薄荷的特征，比较它们的不同。 2.了解沏薄荷茶的过程，品尝茶水并用多种方式表达对薄荷茶的感受。	—	√	—
		薄荷肥皂	1.初步了解肥皂的外形特征及用途。 2.能大胆说出自己对薄荷肥皂的发现，并乐于和同伴交流。	√	√	—

续表

活动主题	活动方向	活动内容	活动目标	实施途径 集体探究	小组探究	亲子探究
遇见含羞草	含羞草的模样	种植含羞草	1. 了解含羞草的种植过程及其种子生长所需要的基本条件。 2. 能独自种植含羞草,掌握正确的种植方法,并积极参与种植讨论,大胆发表自己的见解。	—	√	—
		含羞草拓印画	1. 使用含羞草的根、茎、叶等部分拓印,再根据想象添画,合理搭配色彩。 2. 在拓印时初步感受含羞草的外形特征,体验拓印带来的成功感。	√	—	—
		这是含羞草吗?	1. 了解含羞草的特征和习性,学会辨别含羞草。 2. 小组讨论,观察含羞草和"似含羞草"的区别,提高自身观察分析事物的能力。	√	√	—
	含羞草的秘密	含羞草缩起来了	1. 认识自然界中一些具有独特特征的植物,了解含羞草一碰就缩起来的特点。 2. 能把收集到的有趣信息大胆地用语言表达出来,感受与同伴分享交流的乐趣。	√	—	—
		含羞草有毒?	1. 了解含羞草的特性,知道身边常见的有毒植物。 2. 通过各种媒介查询含羞草的小知识,分享讨论含羞草的危害和好处。	√	—	√
		含羞草会开花	1. 了解含羞草的生长情况,知道含羞草会开花,认识、讨论含羞草的花朵和花期。 2. 欣赏含羞草的花,提高自身审美的意识和能力。	√	—	—
	含羞草的玩法	变身的含羞草	1. 听信号做各种动作,尝试用身体动作表现含羞草收缩、张开的样子。 2. 积极参加游戏,培养敏捷的反应能力。	√	—	—
		舞动的含羞草	1. 感受乐曲A、B段的不同风格和ABA的三段体结构。 2. 尝试在A段音乐中创编收缩的动作,表现含羞草的形象。 3. 充分发挥想象力和创造力,体验韵律活动带来的乐趣。	√	—	—
		水晶含羞草标本	1. 了解水晶含羞草标本的制作过程,感受水晶标本的魅力。 2. 通过实践操作,感受团队合作的力量。	—	√	—
		爱心义卖含羞草	1. 通过义卖活动,丰富自身角色体验,养成良好的生活习惯,积极参与建设节约型和谐幼儿园。 2. 拥有乐于助人、乐于奉献的品质,体验奉献带来的快乐。	—	√	√

活动主题	活动方向	活动内容	活动目标	实施途径		
				集体探究	小组探究	亲子探究
好玩的狗尾草	狗尾草观察记	狗尾草的样子	1. 观察欣赏狗尾草，并运用语言描述狗尾草的外形特点，提高观察能力和语言表达能力。 2. 利用狗尾草进行大胆想象和创造，培养动手操作能力和创造能力。	√	—	—
		狗尾草生长记录	1. 观察狗尾草，能运用不同的符号记录狗尾草的生长情况。 2. 在观察记录中，尝试运用不同的方式提出自己的疑问。	—	√	—
		狗尾草的旅行	1. 知道狗尾草通过种子传播，初步了解狗尾草种子不同的传播方式。 2. 对探索狗尾草种子产生兴趣，乐于交流分享自己的发现。	√	—	—
	狗尾草创想记	狗尾草花束	1. 运用捆、绑等方式制作狗尾草花束，大胆选择自己喜欢的颜色为狗尾草花束染色。 2. 能够欣赏同伴的花束作品，感受不同颜色组合的美丽。	√	—	—
		狗尾草装饰画	1. 尝试用狗尾草在不同材料上进行装饰。 2. 与同伴合作绘画，体验合作绘画的乐趣。	√	—	—
		百变狗尾草	1. 能运用狗尾草创作指环、手环、花环等作品。 2. 大胆想象，体验创作的乐趣。	—	√	—
	狗尾草售卖记	狗尾草产品大定价	1. 学习 5 以内的加法运算，感知和发现情境中的数字运算概念并进行表征。 2. 通过商量狗尾草产品的价格，制作相应的价格牌，体验与同伴合作和定价的乐趣。	√	—	—
		狗尾草产品推销比拼	1. 探索不同的狗尾草产品的销售方法和策略。 2. 愿意在集体面前分享自己的想法，积极参与产品推销比赛。	√	√	—

六、活动案例

(一)清凉的薄荷

1. 活动总说明

在幼儿养护草的过程中,有的幼儿闻到了薄荷淡淡的、独特的香气。通过寻找,他们找到了一株绿色的植物。"这是什么?""我闻到了薄荷糖的味道""我们家沐浴露也是这个味道"……这时,有一位幼儿摘下了一片叶子,薄荷的味道就更加浓厚了。基于此,大班幼儿开展了一场薄荷的探究之旅。

围绕园内发现的野生薄荷,幼儿通过看、闻、尝等方式认识薄荷,主动探索薄荷的价值和用途,制作薄荷产品,形成对薄荷的全新认识。

2. 活动总目标

(1)运用看、闻、摸、尝等方式感知和认识薄荷的外形、味道等特征,知道薄荷在日常生活中可以作为食物和药物,同时还具有护理和美化的作用。

(2)学会种植薄荷,并能够有意识地进行养护,简单记录种植、养护的过程,尝试利用薄荷制作相关的食物或生活用品。

(3)愿意与同伴合作,乐于分享自己的想法和劳动成果。

3. 活动网络

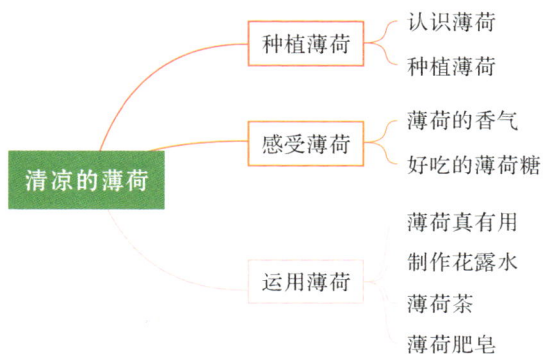

"清凉的薄荷"活动网络

4.具体实例

实例一：认识薄荷

活动目标：

1.了解薄荷的样子以及它的生活环境。

2.能用语言描述薄荷的特征，锻炼语言表达能力。

活动准备：

1.多媒体课件。

2.小农庄中的薄荷。

活动过程：

一、认识薄荷

教师根据幼儿的表述，引入今天的主题——薄荷。

二、实物观察

1.先带领幼儿去室外亲自观察、探索薄荷，然后回到室内播放幻灯片。教师根据幻灯片，与幼儿一起讨论薄荷的相关信息。

2.教师总结、点评幼儿的发言，并归纳薄荷的主要特征。

三、说说味道

师："小朋友们在生活中有没有吃过薄荷味的食物，你们能说说它的味道吗？"

"认识薄荷"活动过程

实例二：制作花露水

活动目标：

1. 了解花露水的用处，知道什么时候需要使用花露水。

2. 能够正确使用花露水，尝试制作花露水。

活动准备：

1. 花露水、一瓶酒精浓度为 75% 的溶液、一个瓶子、一个喷壶。

2. 少量新鲜薄荷。

活动过程：

一、认识花露水

1. 什么时候需要使用花露水。

（1）教师出示花露水，并请幼儿说说自己在什么时候需要使用花露水。

（2）总结："花露水一般适量涂抹在手臂、大腿等蚊虫常叮咬的地方。"

2. 使用花露水的感受。

师："小朋友们，你们用了花露水之后有什么感受吗？让我们先通过一首花露水儿歌一起感受一下！"

3. 使用花露水的方法。

（1）教师出示相应的图片、视频，与幼儿一起讨论如何正确、安全地使用花露水，并总结在哪些情况下不宜使用花露水。

①靠近火源的地方——花露水含有高浓度的酒精，容易引发火灾。

②特殊部位，如唇周、眼周、外阴周围——这些部位较为敏感，容易受到刺激而感觉不适。

③有伤口的部位——容易刺激伤口而感觉疼痛，还不利于肌肤愈合。

二、观察教师制作花露水

1. 师："小朋友们知道怎么制作花露水吗？需要用到哪些材料呢？这些材料的作用分别是什么呢？其中，薄荷的作用又是什么呢？"

2. 具体步骤：

（1）把准备好的新鲜薄荷清洗干净并晾干，放在可密封的瓶中。

（2）往瓶中倒入酒精浓度为75%的溶液，溶液在瓶中的高度没过薄荷即可。

（3）将瓶子密封放置阴凉处，一周后待用。

（4）从瓶中取出若干液体，按照1:10的比例把液体和纯净水进行配比，然后倒入喷壶中，即可作为花露水使用。

三、尝试制作花露水

师："看来小朋友们都想尝试制作一下呢，现在就请大家利用篮子里的材料，亲自动手做一做，做完后，一定要注意安全使用花露水哦。"

"制作花露水"活动过程

（二）遇见含羞草

1. 活动总说明

在一次野外踏青时，一位中班幼儿惊喜地说道："老师老师，你看这个植物它会自己动！"其他幼儿闻声而来。这时，一位大班幼儿告诉大家："这是含羞草，只要你一碰它，它就会缩起来。""它为什么会缩起来呢？""缩起来之后还会张开吗？"……既然大家都对含羞草这么感兴趣，那我们就一起来探一探这位害羞的姑娘吧。

含羞草具有医药、观赏和预测价值。含羞草对土壤的要求不高，特别适合播种繁殖，这为幼儿亲自种植打下了基础。它的叶子会对光和热产生反应，一旦受到外力触碰便会立即闭合，这也是幼儿最感兴趣的地方。

2. 活动总目标

（1）收集含羞草的相关知识，了解含羞草的特性，感知其叶子一碰就会合并的特点，学会辨别含羞草。

（2）了解含羞草的种植过程与种子生长所需要的基本条件，感受含羞草种子生长的神奇，体验劳动带来的快乐。

（3）初步认识含羞草的危害和好处，学习含羞草礼貌的品格，在模仿含羞草一张一合的动作中，锻炼自己的身体。

3. 活动网络

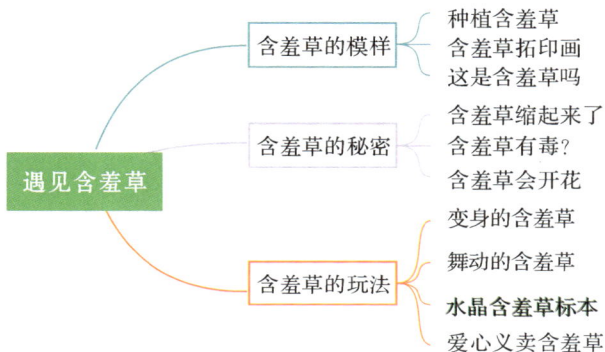

"遇见含羞草"活动网络

4.具体实例

实例一：含羞草拓印画

活动目标：

1.使用含羞草的根、茎、叶等部分进行拓印，再根据想象绘画，合理搭配色彩。

2.在拓印时初步感受含羞草的外形特征，体验拓印带来的成功感。

活动准备：

1.含羞草。

2.长方形宣纸、水粉颜料。

活动过程：

一、观察介绍含羞草

1.谈论各自收集的含羞草（实物）。

2.展示并归类幼儿带来的含羞草，总结含羞草的特征，如大小、形状、花纹等。

二、含羞草拓印

1.与幼儿一起将含羞草拓印在宣纸上，并请幼儿观察不同的材料蘸上颜料后，在宣纸上拓印显示出的肌理效果。

2.总结："拓印时要选择面积较大的叶片或者果实，宣纸要完全覆盖叶子，这样才能完整地呈现含羞草叶片的模样。"

三、晾干宣纸并借形绘画

在晾干宣纸的过程中与幼儿探讨拓印出的含羞草的形状，在宣纸上添加人物或动物，让画面变得更加丰富多彩。

"含羞草拓印画"活动过程

实例二：水晶含羞草标本

活动目标：

1.了解水晶含羞草标本的制作过程，感受水晶标本的魅力。

2.通过实践操作，感受团队合作的力量。

活动准备：

1.水晶制作的相关材料。

2.制作水晶植物标本的经验。

活动过程：

一、活动导入

师："在前面的课程中大家已经制作过一些水晶植物标本，有了相关的经验，那话不多说让我们一起动手吧！"

二、动手制作

具体步骤：

1.量取 A 胶水，搅拌成水样，静置消泡。

2.加入 B 胶水，继续搅拌均匀，静置消泡。

3.往模具中加入少量调配好的胶水，等待固化。

4.待底胶固化或黏稠后放入含羞草。

5.重新配备滴胶，滴入模具后，等待固化（一般 24 小时左右）。

6.固化后脱模，水晶含羞草标本即可完成。

"水晶含羞草标本"活动过程

（三）好玩的狗尾草

1. 活动总说明

幼儿园的"山水儿童小镇"里生长着多种草本植物，而狗尾草是幼儿喜爱的游戏伙伴。看着狗尾草，幼儿们纷纷感叹："狗尾草好可爱啊！""好像小狗的尾巴。""它的毛好刺呀。"……狗尾草如此"受欢迎"，于是有关狗尾草的创想之旅就此启程啦！

狗尾草激发了幼儿的探究欲望。在观察记录中，幼儿了解了狗尾草的生长过程和传播方式，感受了狗尾草顽强的生命力。同时，幼儿利用颜料、彩纸、扭扭棒等材料将狗尾草化身为一个个精美的艺术品。戒指、花束等都是他们的得意之作。

2. 活动总目标

（1）运用看、摸等方式感知和认识狗尾草的外形，了解其生长过程和传播方式。

（2）利用狗尾草进行大胆想象和创造，探索多种玩法，大胆选择自己喜欢的颜色进行染色、作画，感受狗尾草的好玩和有趣。

（3）愿意与同伴交流合作，利用狗尾草制作手工作品，乐于和同伴分享自己的想法及劳动成果。

3. 活动网络

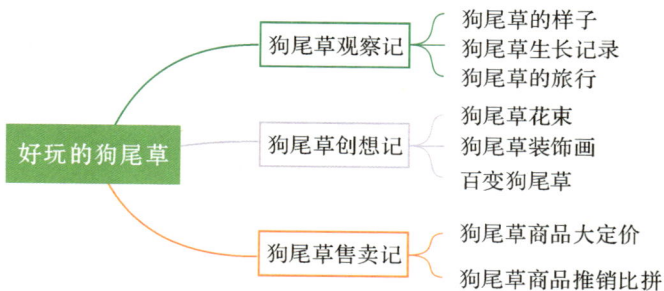

"好玩的狗尾草"活动网络

4.具体实例

实例一：狗尾草装饰画

活动目标：

1.尝试用狗尾草在不同材料上进行装饰。

2.与同伴合作绘画，体验合作绘画的乐趣。

活动准备：

1.狗尾草、双面胶、记号笔、油画棒、卡纸。

2.幼儿对狗尾草已有一定的了解。

活动过程：

一、活动导入

1.欣赏作品，激发幼儿创作欲望。

师："你们有没有发现今天教室里有什么不同？这幅作品是用什么材料制作的呢？"

2.讲解演示，了解装饰的方法。

师："先选择绘画材料，把简单的轮廓画出来，再用狗尾草在上面摆出自己喜欢的形状，最后用图画装饰就可以啦。"

二、幼儿创作

1.引导幼儿按照自己的意愿选择材料进行设计及装饰，充分发挥自己的想象力。

2.教师观察幼儿的创作情况，适时给予指导和鼓励。

三、交流分享

幼儿分组展示并介绍作品。

四、结束并延伸

师："狗尾草除了作为装饰外，还能用来做什么呢？可以在生活中再细细观察一下哦。"

"狗尾草装饰画"活动过程

实例二：狗尾草产品大定价

活动目标：

1.学习 5 以内的加法运算，能感知和发现情境中的数字运算概念并进行表征。

2.通过商量狗尾草产品的价格，制作相应的价格牌，体验与同伴合作定价的乐趣。

活动准备：

1.硬币若干（保证每人 5 个），空白价格牌，各种狗尾草产品图片（戒指、花束、中药……），空白算式卡若干。

2.幼儿已认识面值为 1 元的硬币。

活动过程：

一、任务布置，共商对策

1.师："在智慧村里，有一位尾巴老板，他以种植狗尾草为生。这天他的狗尾草杂货铺开业了，但粗心的尾巴老板发现他还没有制定好产品的价格，你们能帮帮他吗？"

2.每个小组两张产品图片，初次讨论产品的价格。

二、发现问题，修改价格

1.师："小朋友们已经初步定好了产品的价格，那我们的杂货铺就正式营业啦。现在每位小朋友都拿到了 5 个硬币，要拿这 5 个硬币去购买产品，你会买什么？"

2.师："什么都没买？为什么？太贵了，怎么办？定多少价格合适呢？"

3.引导幼儿调整价格，制作产品价格表。

三、购买产品，组合搭配

1.与幼儿一起按照产品的价格，列出算式，并进行表达。

师："我用5个硬币买了两样东西，请你猜猜我买了哪两样东西？"

2.出示空白算式卡，教师根据幼儿的讲述用算式表示出来。

师："这位小朋友想买2元的狗尾草戒指和3元的狗尾草帽子，2和3合起来是5，所以'2+3=5'。"

3.引导幼儿用类推的方式，熟悉各种5以内的加法运算。

四、组合售卖，制定套餐

1.幼儿根据产品的价格，进行组合搭配，制作5元套餐单。

2.幼儿互相讨论，每组制作一份不重复的5元套餐单。

3.将不一样的套餐贴在展板上，练习5以内的加法运算。

"狗尾草产品大定价"活动过程

第二节　温馨花园

一、主题说明

在园所周边，一年四季都有美丽的鲜花盛开。花身上充满了未知的奥秘，花的形态、组成、分类、花期、花语等都是幼儿可以探索的世界。花园也是幼儿的乐园，这里既是幼儿游玩休息的场所，也是他们表达创造的空间。

在花园中，幼儿感受温暖，体会家园的温情。园所开展"温馨花园"主题活动，让幼儿在花园中与同伴一起探寻发现、种植养护，并在此基础上争做花园小创客，发挥花的价值。在温馨花园中，我们培育的不仅是祖国的花朵，更是祖国花园中乐于探索、踏实肯干、勇于创造的小小园丁（见表2-2-1）。

二、主题目标

（一）4—5岁

1.通过观察、寻找、统计等方式了解幼儿园里各种各样的花。

2.了解有关花的名称、花期、用途，知道花与日常生活的关系。

3.喜欢花，尝试用花创意作画、装点环境，感受各个季节中花朵的美丽，萌发对大自然的喜爱之情。

（二）5—6岁

1.感知花的形态及其生长变化的过程，能用观察、比较等方式发现不同的花的形态、颜色、气味等差异。

2.尝试用语言、绘画、手工、图表等方式表达对花生长的理解，并利用多余的花朵制作标本、干花天然皂等手工作品。

3.感受花积极向上的生命姿态，萌发对花的热爱，主动表达对花的喜爱。

三、主题网络

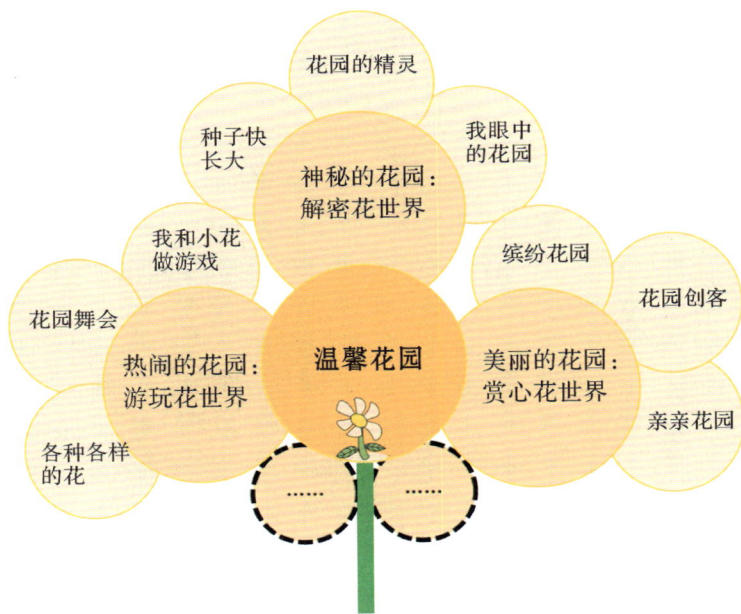

"温馨花园"主题网络

四、资源保障

园内向日葵

园内月季花

园内樱桃花

园外李子花

园外桃花

园外樱花

"温馨花园"资源保障

五、活动导航

表2-2-1 "温馨花园"活动导航

活动主题	活动方向	活动内容	活动目标	实施途径		
				集体探究	小组探究	亲子探究
热闹的花园	游玩花世界	各种各样的花	1. 通过调查，了解花的种类、花期、花语。 2. 运用记录、交流、分享等方法，探索各种花的颜色和特征，产生喜欢花的情感。	√	√	—
		花园舞会	1. 能较合拍地小碎步行进，模仿花朵轻盈的姿态。 2. 根据节奏与同伴拍手，并尝试根据手势变换队形，体验合作舞蹈的乐趣	√	√	—
		我和小花做游戏	1. 锻炼手眼协调能力和腿部运动能力。 2. 能够与同伴合作，愿意参加有关花的游戏活动。	√	√	—
神秘的花园	解密花世界	种子快长大	1. 了解园丁的日常工作，增长管理花卉的知识。 2. 体验劳动的快乐。	—	√	—
		花园的精灵	1. 实地探寻、观察花园中的各种小动物，对小动物的生活环境感兴趣。 2. 感受寻找、观察小动物的乐趣。	√	—	—
		我眼中的花园	1. 合理使用各种建构材料，尝试与同伴分工合作建构花园。 2. 利用多种方法对花园进行装饰。	√	—	—
美丽的花园	赏心花世界	缤纷花园	1. 利用花园美景写生，提高观察事物、模仿再现的能力。 2. 体验表现表达与创造的乐趣，形成热爱大自然的情感。	—	√	—
		花园创客	1. 通过观察、探索，发现融化、凝固等物理现象。 2. 尝试制作"再生皂"和花朵标本，大胆操作、创造和表现。	√	—	—
		亲亲花园	1. 通过剪一剪、插一插，发展创新求异思维和动手能力，形成对大自然的喜爱之情。 2. 欣赏插花艺术，感受插花艺术的色彩、高低错落、大小对比的美，并对插花艺术感兴趣。	—	√	—

六、活动案例

（一）热闹的花园：游玩花世界

1. 活动总说明

花园中的"热闹"既指多样的花朵和有趣的事物，同时也指在花园中嬉戏玩耍的幼儿，正是因为有了幼儿的存在，花园才无时无刻充满生机、热闹非凡。幼儿在花园中感受自然四季的变化，尽情体验万物生长的美好，缤纷的色彩、鲜活的生命让幼儿在得到审美体验的同时，也为幼儿开启了一扇探究之门。

2. 活动总目标

（1）通过调查，认识四季中常见的花，了解花的颜色、形状、习性等特征，初步认识不同的花所代表的寓意。

（2）能通过寻花、触花、赠花、画花、用花等方式，探索花的意义，发挥花的价值，主动表达对花的喜爱。

（3）感受百花盛开的春天，知晓四季都有不同的花开放，萌发对大自然的喜爱之情。

3. 活动网络图

```
                              各种各样的花 —— 调查搜集花的种类、花期、花语

热闹的花园：游玩花世界        花园舞会 —— 模仿花的动作起舞

                              我和小花做游戏 —— 荷花荷花儿时开、套花、花儿与大风
```

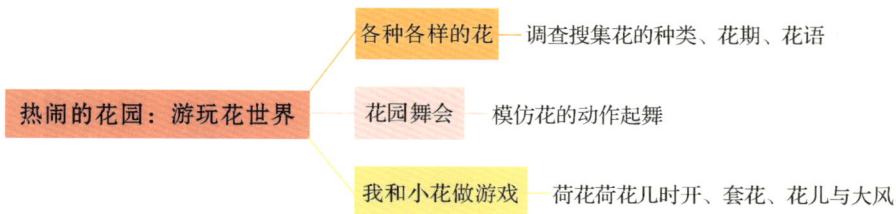

"热闹的花园"主题网络

4.具体实例

实例一：各种各样的花

活动目标：

1.通过调查，了解花的种类、花期、花语。

2.运用记录、交流、分享等方法,探索各种花的颜色和特征,产生喜欢花的情感。

活动准备：

1.带有各种花的信息的PPT。

2.调查表、笔、拍照工具。

活动过程：

一、导入部分

师："小朋友们,你们在幼儿园里玩的时候有没有看到过各种各样的花呢?现在让我们一起来探索它们的秘密吧!"

二、展开部分

1.指导幼儿观察第一页PPT中各种各样的花,探索发现花的特征。

师："小朋友们,有谁知道这朵花的名字?"

2.引导幼儿分别观察四季中各种花的形状和颜色。

(1)师："这朵花是什么颜色?它有几朵花瓣?像什么?"

(2)小组讨论结束,请幼儿围绕颜色、大小、形状等方面的问题进行交流。

三、结束部分

1.请幼儿依次说出这几种花的名字、颜色及盛开的季节,了解花语的含义。

2.提供调查表让幼儿探索园内外的花,并根据幼儿的兴趣进一步探讨。

"各种各样的花"活动过程

实例二：我和小花做游戏

活动目标：

1.锻炼手眼协调能力和腿部运动能力。

2.能够和同伴合作，愿意参加有关花的游戏活动。

活动准备：

1.儿歌《荷花荷花几月开》。

2.饮料瓶、套圈若干，纱巾、花儿头饰。

活动过程：

一、游戏：荷花荷花几月开

1.游戏准备。

学念儿歌《荷花荷花几月开》。

2.游戏玩法。

一名幼儿扮"荷花"蹲在中间，其余幼儿手拉手围成一圈，围绕"荷花"边走边问："荷花荷花几月开？""荷花"回答"1月开"。如此反复被问至回答"7月荷花全部开"时，拉手的幼儿立即放手四散跑，扮演"荷花"的幼儿马上站起来去追。

3.游戏提示。

（1）鼓励幼儿遵守游戏规则。如，儿歌念完才可以追与逃，跑的时候要在规定的范围内，同时注意不要撞到别的幼儿。

（2）第一次扮"荷花"的幼儿可以由教师指定或幼儿猜拳产生，后面的"荷花"就由游戏产生，即由被抓到的那名幼儿来扮演。

二、游戏：套花

1.游戏准备。

将几个被装饰成小花的饮料瓶放置在场地一端，在地面上布置起跑线和投掷线，幼儿每人一个圈。

2.游戏玩法。

（1）幼儿手持圈，分成两组。听口令，队首的幼儿从起跑线出发，在一定距离处扔圈，进行套花游戏。

（2）将套得的花摆放在各自队伍旁边，最后以得花最多的一队为胜。

3.游戏提示。

（1）游戏有助于锻炼幼儿的手眼协调能力。

（2）中班下学期的幼儿已经有了一定的竞争意识，可能为了获胜而违反游戏规则，因此要强调在投掷线后投圈等规则。

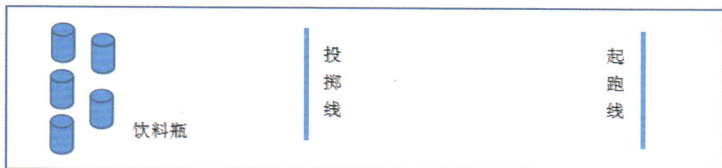

"套花"游戏场地布置

三、游戏：花儿和大风

1.游戏准备。

纱巾、花儿头饰若干。

2.游戏玩法。

一名幼儿扮演"大风爷爷"，身披纱巾，其他幼儿扮演"花"，戴花儿头饰蹲下。听到"起风了"，"花儿们"在场地上四散走；听到"刮大风了"，"花儿们"四散跑；听到"风小了"，"花儿们"就由跑改为走；听到"风停了"，"花儿们"原地站立。

3.游戏提示。

刚开始游戏时，"大风爷爷"的角色可以由教师扮演，熟练后再由幼儿扮演。

"我和小花做游戏"活动过程

（二）神秘的花园：解密花世界

1. 活动总说明

花园中蕴藏着很多幼儿未知的秘密。比如，在一次谈话活动中，幼儿疑惑道："花园中的花要怎么种呀，和小草一样吗？""花园里的小动物都是住在哪里的呀？""到底有多少花才能叫花园？""花园要怎么建呢？"基于此，"神秘的花园"活动为幼儿解密，揭开一个个有关花园的秘密。

"神秘的花园"活动首先由"园丁种植"活动开启，教师与幼儿一起了解园丁的日常工作；接着，借助绘本《埃瑞克的秘密花园》引发幼儿对花园里的小动物的兴趣，教师和幼儿一起探索热闹的蚂蚁王国，发现神秘花园的地下宫殿，了解这些神秘的小动物和植物的生长与日常生活的关系；最后，利用建构游戏，呈现前期经验，展现幼儿心中多样的花园图景。幼儿在神秘的花园中，探究、思索、发现、表达，体会自然的神奇与生命的奇妙。

2. 活动总目标

（1）喜欢种植花，乐于参加种植活动，对植物产生探究的好奇心和兴趣。

（2）观察花园里常见的小动物和植物，初步了解小动物和植物的生长与日常生活的关系。

（3）产生主动关心、保护动植物的意识，爱护种植资源，珍惜种植成果。

3. 活动网络

```
                              种子快长大 —— 我是小园丁

神秘的花园：解秘花世界         花园的精灵 —— 可爱的蚂蚁、美丽的蝴蝶、弯曲的蚯蚓

                              我眼中的花园 —— "拼"花园、"搭"花园、"绘"花园
```

"神秘的花园"活动网络

4.具体实例

实例一：种子快长大——我是小园丁

活动目标：

1.了解园丁的日常工作，增长管理花卉的知识。

2.体验劳动的快乐。

活动准备：

1.小铲子、洒水壶、自然角里的花、花牌（将其中一块放大或制成PPT）。

2.幼儿事先想好有关种花的问题，并用自己的方式把问题记录下来。

活动过程：

一、园丁伯伯来做客

1.师："你们知道幼儿园中的花为什么长得这么美吗？是谁在照顾它们呢？"

2.师："原来这些漂亮的花都是花房里的园丁伯伯照顾的，今天我们请他来班上做客好不好呀？"

二、能干的园丁伯伯

1.与园丁伯伯对话，了解他的工作。

师："上次我们收集了好多关于花的问题，现在让我们一起来问问园丁伯伯吧！"（如，怎么把花种在土里？怎么照顾花？）

2.总结："原来要把花照顾好，是很辛苦的，让我们一起谢谢园丁伯伯，有了他，幼儿园才会变得这么美丽。"

三、学做小园丁

1.向园丁伯伯学习养花的基本方法。

（1）师："请大家仔细看一看，园丁伯伯在做什么？"

（2）师："现在园丁伯伯在做什么呢？他是怎么做的？"

（3）总结："花儿生长需要水、阳光和空气，但有的花儿喜欢多晒太阳，有的不太喜欢；有的需要每天浇很多的水，有的只需要浇一点点水。"

2.了解花牌的作用，学会看花牌的指示照顾花。

（1）师："园丁伯伯为什么要插上花牌？花牌上的记号表示什么意思？"

（出示放大的花牌或 PPT，引导幼儿讨论。）

（2）师："我们也来为自然角的花儿做些事吧，让我们认一认花牌上的记号，看看花儿需要什么样的照顾。"

"种子快长大——我是小园丁"活动过程

实例二：我眼中的花园

区域活动一："拼"花园

活动材料：

1.花园中各种花的照片。

2.雪花片、乐高等。

活动建议：

1.利用乐高、雪花片等材料与同伴分工合作建构花园。

2.喜欢参加建构活动，体验成功的快乐。

"'拼'花园"活动过程

区域活动二："搭"花园

活动材料：

1.花园中各种花的照片，

2.各种拼搭积木、纸砖等。

活动建议：

1.体验共同游戏的乐趣，感受成功的喜悦。

2.能围绕主题，运用多种材料，提高自身围合拼搭、拼摆、延长的技能。

3.尝试与同伴分工合作，并能在游戏中友好相处。

"'搭'花园"活动过程

区域活动三："绘"花园

活动材料：

1.花园中各种花的照片。

2.不同色彩的画笔、颜料、剪刀、彩纸、固体胶等。

活动建议：

1.利用画笔、彩纸等对"'拼'花园"和"'搭'花园"活动中建构的花园进行装饰。

2.喜欢动手操作，收获花园逐渐变美的快乐。

"'绘'花园"活动过程

（三）美丽的花园：赏心花世界

1. 活动总说明

在美丽的花园中，幼儿将用自己的方式尽情地表达对花园之美的喜爱和赞美之情。他们倾听发生在花园里的童话故事，感受人与自然交融的美妙；拿起画笔画出心中最美的花朵，让鲜花在笔尖开放；散发智慧留住花朵的美丽，尽情发挥花的价值，守护花的美好。

在花园中，插花、绘画、写生、创作，花园给了幼儿灵感和激情，也给了他们自在和快乐。幼儿带着探究的心、发现的眼、灵巧的手，走进花园，与大自然融为一体。赏心悦目的景色不仅滋养了幼儿的心灵，而且让幼儿感受到花园的美好。

2. 活动总目标

（1）了解花与日常生活的关系，观察春天常见的花。

（2）尝试用自己喜欢的方式，利用花来美化教室。

（3）通过制作、讨论，找寻花的意义和价值，探究留住花的各种方法，萌发对花的热爱之情，感受花的美丽。

3. 活动网络

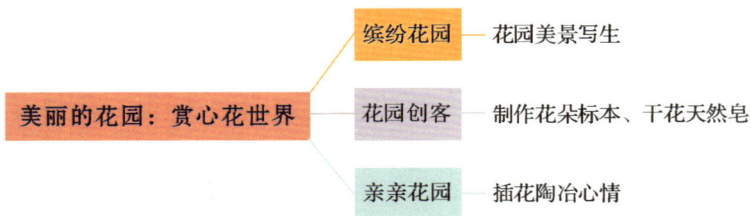

"美丽的花园"活动网络

4. 具体实例

实例一：缤纷花园——花园写生

活动目标：

1. 利用花园美景写生，提高观察事物、模仿再现的能力。

2.体验表现与创造的乐趣,培养幼儿热爱大自然的情感。

活动准备:

1.画板、画笔、颜料、毛巾等。

2.幼儿观察过各种各样的花,有写生的经验。

活动过程:

一、谈话交流,引起兴趣

1.与幼儿交谈花园里的美景,激发幼儿观察花园的兴趣。

2.师:"在你们的记忆中,咱们花园里最美丽的景色是什么呢?"

二、实地参观,交流讨论

1.与幼儿一起参观幼儿园内的花园美景,并主动与同伴交流自己的发现。

2.师:"现在我们一起去参观花园吧!同时每个小朋友都要找到花园里一处你最喜欢的景色,并能够说出你的理由。"

三、自主选择,创造表现

1.师:"现在有一只小蝴蝶不高兴了,为什么呢?因为这只小蝴蝶住得比较远,不能亲自来花园里看一看,所以想请小朋友们帮忙,将花园画出来,让它也瞧一瞧咱们花园的美景。"

2.引导幼儿根据自己的兴趣,选择自己喜欢的角度写生,并在写生完成后与同伴交流分享自己的创作。

"缤纷花园——花园写生"活动过程

实例二：花园创客——花瓣贴画

活动目标：

1.利用花瓣作画、装饰，锻炼粘贴、穿线等动作技能。

2.大胆想象创造，愿意与同伴分享自己的作品。

活动准备：

1.针线、胶水、小树枝、铅画纸。

2.装有花瓣的小篮子。

活动过程：

一、观察花瓣，谈话激趣

1.与幼儿一起观看飘落的花瓣，讨论花瓣飘落的原因。

2.师："花瓣飘落的景色可真美啊，小朋友们，你们知道花瓣为什么会落下来吗？"

二、利用花瓣，大胆创作

1.师："花瓣这么美丽，落在地上好可惜呀，我们可不可以用它来做点什么？"（幼儿自由回答。）

2.幼儿根据自己的创想自行操作，教师巡回指导。完成后展示，请幼儿互相欣赏。

"花园创客——花瓣贴画"活动过程

第三节 奇异菜园

一、主题说明

所前镇是一个城郊相接的地方，农村资源颇为丰富。园所幼儿的祖辈基本都是农民，农田、菜地、蔬菜对于幼儿来说不仅不是陌生的事物，反倒是一种乡味，尤其是蔬菜，它们是幼儿每天都会品尝的食物。虽然幼儿每天见着蔬菜、吃着蔬菜，进园之前也在爷爷奶奶的熏陶下收获了相关种植和烹饪的经验，但这些知识相对来说较为零散，并没有形成一套完整系统的蔬菜经验链。因此，我们为幼儿创设了探索和学习"菜"的环境，开展"奇异菜园"主题活动，利用园内小农庄和家长资源，结合园外现代农业数字园区和农业科研人员，运用现代农业技术，与幼儿一起种、看、闻、探、尝、做、创，收获有关蔬菜的奇异体验（见表2-3-1）。

二、主题目标

（一）4—5岁

1. 认识生活中常见的蔬菜，尝试运用多种感官感知蔬菜的形状和颜色，乐于品尝蔬菜，并能用多种方式表达自己对蔬菜的感受。

2. 能用数字、图画、标记或其他符号记录蔬菜的不同生长阶段，学习用小组合作的方式养护蔬菜。

3. 对运用现代科学技术栽培的蔬菜感兴趣并乐意探索其奥秘，发现菜园的美，愿意与同伴分享自己对蔬菜的喜爱之情。

（二）5—6岁

1. 运用多种方式表达表征蔬菜在形、色、味上的特征，观察蔬菜的生长情况，了解蔬菜的营养价值以及对身体健康的重要性，体验收获蔬菜、烹饪蔬菜的喜悦。

2. 能用数字、图画、标记、符号等方式记录自己的养护过程，并尝试总结归纳在蔬菜养护过程中发现、分析、解决问题的方法。

3. 乐于了解现代农业技术给蔬菜栽培带来的影响，感受科学技术的魅力和意义。

三、主题网络

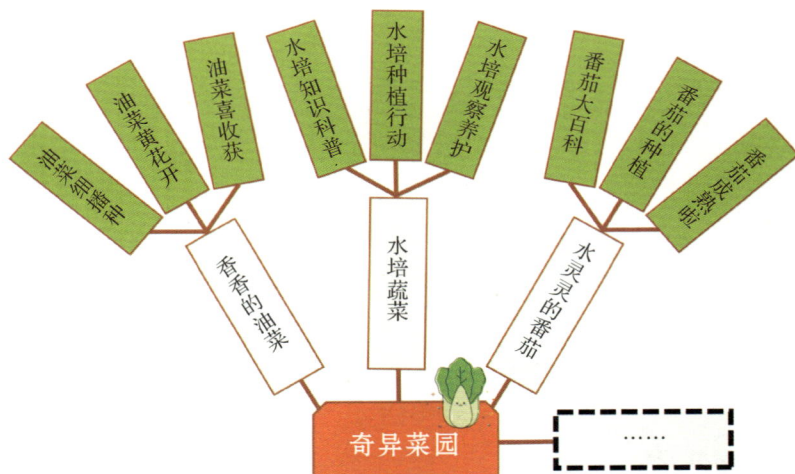

"奇异菜园"主题网络

四、资源保障

培育坊

园内农庄资源

周边资源

榨油场所

蔬菜苗资源

家长资源

"奇异菜园"资源保障

五、活动导航

表2-3-1 "奇异菜园"活动导航

活动主题	活动方向	活动内容	活动目标	实施途径		
				集体探究	小组探究	亲子探究
香香的油菜	油菜细播种	种植油菜	1. 通过种植活动，了解种植油菜的步骤和方法，并愿意进一步探究油菜。 2. 有寻找、学习油菜种植信息的欲望，愿意表达、交流、分享种植活动的快乐。	√	—	—
		养护油菜	1. 了解油菜生长需要的条件，知道养护油菜的简单方法和步骤。 2. 有一定的责任心，能爱护身边的种植环境和资源。	—	√	—
	油菜黄花开	菜花朵朵	1. 能不受空间排列形式、空间距离等因素的影响，明确油菜花的数量。 2. 在探究油菜的过程中积极思考和尝试，体验合作的乐趣。	√	√	—
		油菜花写生	1. 观察了解油菜花的主要特征。 2. 学习用线条和色彩表现春天油菜花金灿灿的美景，乐于发现生活中的美。	—	—	—
		菜荚创想	1. 尝试运用自己喜欢的方法，进行油菜荚创意制作。 2. 乐于参加创意菜荚活动，对油菜荚产生探究的好奇心和兴趣。	√	√	—
	油菜喜收获	收油菜籽	1. 掌握收油菜籽的技巧，能用自己的方法收菜籽。 2. 愿意与同伴合作收油菜籽，体验收油菜籽的快乐。	—	√	—
		油菜籽的作用	1. 认识油菜籽的外形特征，了解它的用处 2. 锻炼语言表达、认识事物以及观察事物的能力。	√	√	—
		榨菜籽油	1. 了解菜籽油的来历，体验整个榨油过程，知道菜籽油的作用。 2. 在观察体验中感受油菜籽变为菜籽油的有趣和神奇。	—	√	—
		有用的菜籽饼	1. 了解菜籽饼是油菜籽榨油后的副产品。 2. 知道菜籽饼是菜园之宝，可以用作肥料，愿意跟同伴合作用菜籽饼施肥。	√	√	—

活动主题	活动方向	活动内容	活动目标	实施途径		
				集体探究	小组探究	亲子探究
水培蔬菜	水培知识科普	参观蓝海数字农庄	1. 了解常见蔬菜的不同种植和护理方式，会用符号、图像、简单文字等方法进行记录。 2. 乐于了解现代科学种植技术，能主动观察探索蔬菜的不同栽培方式，感受科学技术给蔬菜种植带来的影响。	–	√	–
		走进农科院	1. 了解水培蔬菜的种植养护方式，会用符号、图像、简单文字等方法进行记录。 2. 愿意向农科院的技术人员请教问题，了解养护水培蔬菜的要领。	√	–	–
		认识水培设施	1. 通过观察、询问、倾听等，了解水培设施的名称。 2. 对水培设施产生浓厚的兴趣，有继续探究水培种植的欲望。	√	–	–
	水培种植行动	水培种植的方法	1. 初步掌握水培种植的方法，能用自己喜欢的方式记录。 2. 了解有哪些蔬菜适合水培，对水培种植产生兴趣。	√	–	–
		水培种植的实践	1. 乐于参加水培蔬菜种植活动，体验劳动的快乐。 2. 萌发照顾水培蔬菜，观察其生长过程的兴趣。	√	–	√
	水培观察养护	养护水培蔬菜	1. 通过水培种植养护实践，大胆尝试探究和解决问题。 2. 能够充分探究和操作，形成尊重事实的科学态度与精神。	√	–	–
		水培蔬菜大创想	1. 通过多个角度观察水培蔬菜的生长，提升认真细致观察及捕捉事物特征的能力。 2. 大胆运用绘画表征自己对水培蔬菜的创想。	√	–	√

续表

活动主题	活动方向	活动内容	活动目标	实施途径		
				集体探究	小组探究	亲子探究
水灵灵的番茄	番茄大百科	小番茄大用途	1. 运用多种感官感知番茄的特征，大胆讲述自己在观察中的发现。 2. 知道吃番茄对身体有好处，体验并享受科学观察活动带来的乐趣。	√	—	—
		番茄红彤彤	1. 通过看、摸等方式感受番茄的颜色、形状。 2. 给番茄涂上漂亮的颜色，喜欢番茄，感受番茄的色彩美。	—	√	—
	番茄的种植	种番茄	1. 知道番茄的种植方法，关注番茄的生长，了解番茄的生长过程。 2. 乐于参加番茄种植活动，对劳动感兴趣。	√	—	—
		搭支架	1. 了解番茄生长过程中可能遇到的问题，知道用搭支架等方法助力番茄生长。 2. 尝试搭支架，体会动手操作帮助番茄健康生长的成就感。	—	√	—
	番茄成熟啦	番茄红了	1. 理解番茄诗歌的内容，感受诗歌的童趣和优美的意境。 2. 推测番茄果子变色的原因，感受番茄从未成熟到成熟的颜色变化。	√	—	—
		浇糖水的番茄	1. 学会糖水番茄的制作方法，了解番茄的营养价值以及番茄的各种吃法。 2. 学会与同伴分享、交流，积极参与团体合作。	—	√	—
		番茄歌	1. 愿意和同伴一起参加番茄歌唱活动，感受歌曲活泼欢快的特点。 2. 学习仿编简单的水果歌并乐于演唱分享。	√	—	—

六、活动案例

（一）香香的油菜

1. 活动总说明

在一次探索春天的活动中，幼儿们七嘴八舌地谈论着自己想要种的植物，

"我想种向日葵。""我想种芹菜。"……这时，突然有位幼儿说："我们去年种的油菜没有成功，都死掉了，要不今年我们再种一次吧！"于是幼儿们达成了共识，都想再种一次油菜。

我们抓住幼儿想种油菜的教育契机，根据幼儿的兴趣和需要有针对性地设计了本次主题活动。与幼儿一起走进园内小农庄和园外油菜工厂，亲身劳动、收获，体验发现、分享的乐趣。"香香的油菜"活动包括观察、种植、养护、采摘、收籽、榨油等内容，帮助幼儿认识油菜的营养价值，幼儿运用多种感官感知油菜的色彩、形状、味道，记录其生长过程。同时，活动还设置了多种油菜创意项目，充分发挥幼儿的想象力和创造力，丰富幼儿对油菜的认识和体验。

2.活动总目标

（1）能够用语言表达种植油菜的过程，乐于交流、分享种植活动的经验，了解油菜的主要特征和生长变化的情况。

（2）有关心、照顾油菜的意识，尝试运用几种比较常见的方法进行油菜养护，获得相关养护经验。

（3）知道油菜的价值，乐于运用各种小工具参加收获油菜的活动，积累收获的经验，体验丰收的喜悦。

3.活动网络

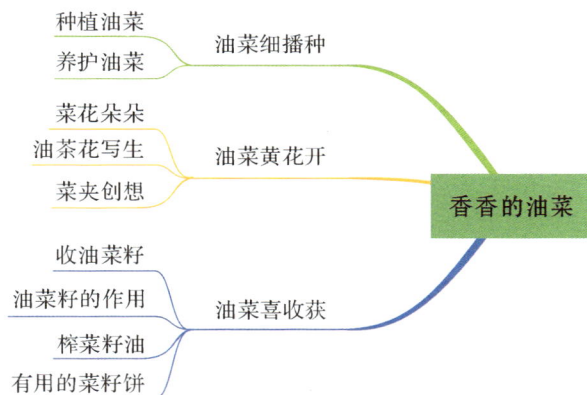

"香香的油菜"活动网络

4.具体实例

实例一：菜花朵朵

活动目标：

1.能不受空间排列形式、空间距离等因素的影响，明确油菜花的数量。

2.在探究油菜的过程中，积极思考和尝试，体验合作的乐趣。

活动准备：

1.油菜花。

2.记录纸、水彩笔。

活动过程：

一、初步认识油菜花

师："小朋友们，你们认识这和花吗？知道它叫什么名字吗？"

二、观察油菜花的外形

1.师："仔细看看它有几片花瓣？花瓣是什么形状的？是什么颜色的？"

2.师："油菜花是怎么排列在枝干上的？你还见过什么花？油菜花和那些花一样吗？"

3.总结："油菜花是金黄色的，每朵都有4片花瓣，花瓣是椭圆形的。"

三、观察枝干上的花朵排列

师："油菜花的枝干是一根还是有很多根？它们是怎样排列的？叶子是什么形状的？它们是怎样排列生长在枝干上的？"

四、记录菜花的数量

1.幼儿先观察后回答，并根据自己组的油菜花数量进行记录。

2.幼儿分享、交流自己在油菜枝干上数的花朵数量。

3.师："今天我们就把油菜花有几朵记录下来吧！"

"菜花朵朵"活动过程

实例二：榨菜籽油

活动目标：

1.了解菜籽油的来历，体验整个产油过程，知道菜籽油的作用。

2.在观察体验中感受油菜籽变为菜籽油的有趣和神奇。

活动准备：

1.自己收的油菜籽。

2.放大镜、榨油店铺。

活动过程：

一、观察油菜籽

1.师："看！这是我们前几天一起收获的油菜籽，请你们看一看、摸一摸、闻一闻，说说油菜籽是什么样的。"

2.师："小小的油菜籽经过加工就可以变身菜籽油啦，小朋友们想去现场看一看吗？"

二、观看榨油过程。

1.幼儿观看榨油过程，并尝试用语言描述。

2.总结："清洗—炒籽—磨碾—蒸坯—包饼—上榨—压榨。"

三、分组观察菜籽油

师："菜籽油俗称菜油，是用油菜籽榨出来的一种食用油，色泽呈金黄或棕黄色。"

四、说说菜籽油的作用

师："你们知道菜籽油有哪些作用吗？"

"榨油菜籽"活动过程

（二）水培蔬菜

1.活动总说明

在一次交流活动中，我们认识到不仅要让幼儿了解传统农业的耕种方式，同时还要与幼儿一起认识现代农业的耕种技术。于是，我们开拓了园所周边的现代农业资源，带领幼儿参观了蓝海数字农庄。在参观时，我们发现大班幼儿对水培蔬菜产生了浓厚的兴趣和探究欲望。于是，我们对水培蔬菜进行了分析调查。

我们发现水培蔬菜是一种无土栽培的蔬菜,只通过营养液为植物提供水分、养分、氧气。水培蔬菜品种也较为丰富，且这类蔬菜生长周期短，富含多种人体所需的维生素和矿物质。基于尊重和满足幼儿的需求和兴趣，在考虑其可行性的基础上，我们在园内打造了"农创实验区"，配备了水培设施，从而开展了解水培蔬菜、种植水培蔬菜、观察水培蔬菜等一系列活动。

2.活动总目标

（1）乐于了解现代农业技术，能主动观察、探索蔬菜的不同栽培方式，感受科学技术给蔬菜种植带来的影响。

（2）通过调查、采访和实践等途径，多渠道、多方式获取水培的知识和经验，会运用图像、符号、简单的文字等记录种植养护水培蔬菜的过程。

（3）有一定的责任感，能主动关心照顾蔬菜，并能够持久地参与水培种植活动。

3.活动网络

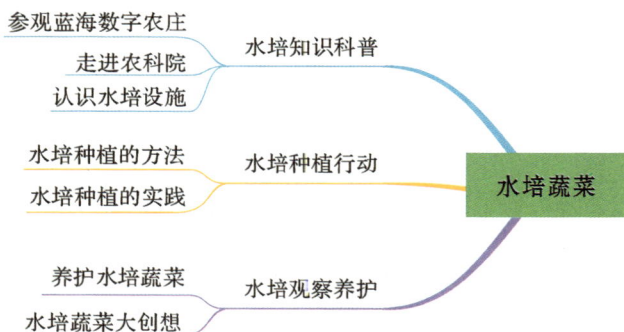

"水培蔬菜"活动网络

4.具体实例

实例一：参观蓝海数字农庄

活动目标：

1.了解常见蔬菜不同的种植和养护方式，会用图像、符号、简单的文字等方法进行记录。

2.乐于了解现代科学种植技术，能主动观察探索蔬菜不同的栽培方式，感受科学技术给蔬菜种植带来的影响。

活动准备：

1.联系蓝海数字农庄的负责人。

2.记录本、笔、水杯。

活动过程：

一、明确去数字农庄的任务。

师："今天我们要去数字农庄，看看他们是怎么种植蔬菜的，见识一下丰富的蔬菜种类。"

二、参观数字农庄

1.实地观察数字农庄。

（1）认识蔬菜的种类，如豆荚类、叶菜类、果菜类等。

（2）认识同一种类蔬菜的不同品种。

2.观察蔬菜不同的种植方式。

师："这里的蔬菜种植方式有什么不同呢？为什么蔬菜是长在机器里的呢？不用泥土栽培的蔬菜是怎么长大的呢？"（幼儿自行观察记录感兴趣的内容。）

三、返回幼儿园，回顾分享

师："小朋友们，请你们说一说在数字农庄里都观察到了哪些蔬菜品种和种植方法？"

"参观蓝海数字农庄"活动过程

实例二：水培种植的方法

活动目标：

1.初步掌握水培种植方法，能用自己喜欢的方式记录。

2.了解有哪些蔬菜适合水培，对水培种植产生兴趣。

活动准备：

1．水培种植图片、水培设施。

2．幼儿了解水培种植的条件、设施。

活动过程：

一、谈话导入

1.帮助幼儿回顾水培设施和水培种植的条件。

2.出示水培蔬菜图片，并请幼儿谈感受。

二、方法介绍

1.脱土洗根：把选好的蔬菜苗从土壤中挖出或从花盆中轻轻倒出，当洗根的水清亮透明不含泥沙时方为洗净。但要十分注意，必须做到一点泥土不剩，这是水培成功的重要环节之一，切不可疏忽大意。

2.包裹根部：打湿海绵，将蔬菜苗的根部包裹在海绵中，但要注意留一小部分根系在外面，保证水分的吸收。

3.放置固定：把蔬菜放入过滤的小漏斗里，并固定蔬菜。

三、经验巩固

教师出示水培蔬菜种植的视频，幼儿完整观看种植方式。

"水培种植的方法"活动过程

（三）水灵灵的番茄

1. 活动总说明

番茄是幼儿生活中常见的蔬菜，由于其对土壤要求不高、易种植等特点，成了园内小农庄种植的蔬菜之一。但在用餐过程中，我们发现有些幼儿不爱吃番茄。针对这些问题，我们开展了"水灵灵的番茄"活动，与幼儿一起认识番茄的营养价值、嫁接技术、美味的吃法以及与番茄有关的游戏。幼儿在一系列活动中，体会与番茄"相处"的乐趣，形成对番茄的正确认识，从而产生喜爱并乐意吃番茄的情感。

2. 活动总目标

（1）亲近自然，在种植、养护番茄的过程中，通过查阅资料、探索、求助等方式，获取番茄的种植经验。

（2）感知番茄的生长变化，尝试运用各种方法进行养护，了解番茄的营养价值，愿意探索番茄的美味吃法。

（3）乐于和同伴合作，共同分享种植、养护、品尝番茄的感受。

3.活动网络

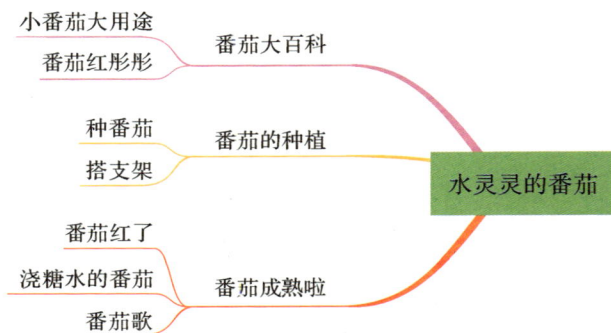

"水灵灵的番茄"活动网络

4.具体实例

实例一：小番茄大用途

活动目标：

1.运用多种感官感知番茄的特征，大胆讲述在观察中的发现。

2.知道吃番茄对身体有好处，体验并享受科学观察活动带来的乐趣。

活动准备：

番茄、小盘子若干。

活动过程：

一、猜谜语，产生活动兴趣

师："今天老师带来了一位新朋友，我把它藏在了一个谜语里面，你们能猜猜这位朋友是谁吗？"（谜语：圆圆脸儿像苹果，又酸又甜营养多，可以做菜吃，又能当水果。）

二、第一次观察，感知番茄的外部特征

1.幼儿自主观察番茄，大胆讲述自己的发现。

师："请你们先摸一摸，它是什么感觉？再看一看，它是什么颜色和形状？接着闻一闻，它是什么味道？"

2.师幼共同总结番茄的外部特征。

师："番茄是圆圆的，它有红红的身体；用手摸上去滑滑的，凉凉的；闻起来有一点淡淡的清香。"

三、第二次观察，感知番茄的内部特征

1.教师切开番茄，幼儿自主观察。

师："现在老师已经把番茄切开了，再请你们看看番茄的肚子里都藏了些什么？"

2.师幼共同总结番茄的内部特征。

师："番茄有一层薄薄的果皮，肚子里有几个不同形状的小房子，每个房子里面都有籽和汁水，吃起来酸酸甜甜的。"

四、探讨番茄对人体的作用

1.师："小朋友们，你们在日常生活中都吃过番茄吗？你们喜欢吃吗？那你们知道番茄都有什么作用吗？"

2.总结："番茄中含有丰富的维生素和果酸，热量也比较低，可以帮助我们消化，对美容和减肥也有一定的作用。"

"小番茄大用途"活动过程

实例二：搭支架

活动目标：

1.了解番茄生长过程中可能遇到的问题，知道用搭支架等方法助力番茄生长。

2.尝试搭支架，体会动手操作帮助番茄健康生长的成就感。

活动准备：

1.小棍子和绳每人一根。

2.各种搭建番茄支架的视频。

活动过程：

一、初步感知搭建番茄支架的必要性

1.观看番茄长高、长大，但是枝干却长歪了，果子也掉落的视频。

2.师："番茄怎么了？你们有什么好的办法帮助它吗？"

二、设想帮助番茄健康成长的方法

1.师："可以具体地描述一下你们帮助番茄的方法吗？"

2.鼓励幼儿利用现场工具进行尝试，并最终决定用搭支架的方法来帮助番茄成长。

三、学习搭支架的正确方法

1.观看搭建番茄支架的视频，鼓励幼儿说说自己的发现。

2.师："你们看到了什么？你们能说说视频里的人是怎么为番茄搭支架的吗？"

3.总结："先把小棍子插进番茄旁边的泥土里，自己扶着番茄和小棍子，再请你的小伙伴帮忙把它们绑起来。"

四、两两合作搭支架。

1.幼儿实践，教师强调注意事项。

2.师："大家在绑的过程中要注意安全，不要绑得太紧，否则会影响番茄的生长。"

"搭支架"活动过程

第四节 神农果园

一、主题说明

所前镇是萧山重要的茶果产区，素有"茶果之乡"的美誉。水果含有丰富的维生素和膳食纤维，可以给幼儿提供均衡的营养。从幼儿健康成长和园所地特产的视角出发，园所开展"神农果园"主题活动，让幼儿认识家乡的各种瓜果，了解其丰富的营养价值。

在"神农果园"主题活动中，我们为幼儿提供自主探索、发现、表达、操作的空间，幼儿守护果树成长，并利用其果子制作食物，运用纯天然的果汁渲染作画。同时，该主题活动连接传统与现代：在传统方面，我们带领幼儿与农民伯伯一同收获，亲历采摘、搬运的全过程，体验劳动的艰辛与丰收的喜悦；在现代方面，我们与幼儿一起走进杜家杨梅山和明良樱桃园，体验现代化大工业水果生产，感受科技给人们生活带来的便利和幸福（见表2-4-1）。

二、主题目标

（一）4—5岁

1. 了解家乡杨梅、樱桃等水果特产，知道家乡在不同的季节有不同的水果成熟。

2. 乐于参与家乡果农的采摘活动，感受果农丰收的喜悦之情。

3. 知道家乡水果特产的可加工品种，并尝试利用水果进行食物制作。

（二）5—6岁

1. 在家乡水果养护、采摘等活动中创想新的水果加工利用方式，对家乡水果的种类形成深刻的认识。

2. 自发了解家乡特色的果树，并为家乡丰富的自然资源感到自豪。

3. 了解现代大工业水果生产模式，对新兴的水果培育、生产方式感到好奇，感受科技给生产生活带来的便利。

三、主题网络

"神农具园"主题网络

四、资源保障

园内杨梅树

园内樱桃树

园外杨梅山

园外樱桃园

家长资源

采摘工具资源

"神农果园"资源保障

五、活动导航

表2-4-1　　"神农果园"活动导航

活动主题	活动方向	活动内容	活动目标	实施途径		
				集体探究	小组探究	亲子探究
名"杨"四海	遇见"梅"好	我吃过的杨梅	1. 利用家乡的杨梅资源，运用喜欢的方法记录自己记忆中有关杨梅的场景。 2. 回忆有关杨梅的生活经验，运用喜欢的方法表征杨梅的外形、味道、香味等特征。	−	−	√
		杨梅我知道	1. 知道5、6月份是杨梅成熟的时间，知晓杨梅是家乡的一大特产。 2. 运用各种感官认识、观察杨梅的特征，了解杨梅的形态，能大胆、清楚地表达自己的见解，体验吃杨梅的快乐。	−	√	−
		杜家杨梅山	1. 走进杜家杨梅山，探究杜家杨梅与普通杨梅的不同，感受大规模杨梅培育的壮观景色。 2. 了解杜家杨梅的历史，产生家乡杜家杨梅久负盛名的自豪感。	√	−	√
	"梅"不胜收	摘杨梅	1. 借助杆子、梯子等工具摘杨梅，学会摘杨梅的正确方法。 2. 练习攀、爬等动作技能，锻炼自己的胆量，体验合作的快乐。	√	√	−
		望梅止渴	1. 运用连贯、完整的语言根据图片讲述杨梅的故事。 2. 运用合理的想象表现角色的心理变化，推测事件发生的因果关系，锻炼发散性思维。	√	−	−
	"梅"味连连	酸甜杨梅	1. 观察杨梅，感知杨梅的外形特点。 2. 了解杨梅的功效并品尝，知道它好吃又有营养。	√	√	−
		杨梅雪糕	1. 了解制作杨梅雪糕的过程，知道杨梅果汁有营养。 2. 对杨梅雪糕从液态到固态的变化过程感到好奇，乐于探究和实验，形成对科学活动的兴趣。	√	√	−
	"梅"意连绵	杨梅汁作画	1. 掌握用牙刷敲打作画的方法，并尽量敲成一个杨梅形状的圆圈。 2. 发挥想象力，体验用杨梅汁和牙刷作画的乐趣。	√	√	−
		杨梅汁扎染	1. 通过欣赏，感知扎染与图案之间的关系，感受扎染艺术的魅力，形成对扎染的兴趣。 2. 利用杨梅汁扎染，了解简单的扎染方法，体验扎染的乐趣。 3. 萌发对中国民间艺术的喜爱之情，增强民族自豪感。	√	√	−

续表

活动主题	活动方向	活动内容	活动目标	实施途径		
				集体探究	小组探究	亲子探究
"樱"你而来	发现樱桃	明良樱桃园	1. 参观明良樱桃园,了解大棚培育樱桃的优势,体验樱桃的大规模生产。 2. 采摘、品尝樱桃,感受边采边吃的快乐。	√	–	√
		樱桃大集合	1. 运用多种感官进一步感知不同种类的樱桃(车厘子和普通樱桃)的特征。 2. 了解樱桃的营养,知道吃樱桃对身体有好处,增加对樱桃的喜爱之情。	√	√	–
		樱桃日记	1. 感知和发现樱桃每日的变化,并运用自己喜欢的方式进行记录。 2. 对樱桃的变化产生兴趣,愿意与同伴、教师分享自己的发现。	√	–	–
	守护樱桃	樱桃保卫战	1. 体验绘本中新奇有趣的故事,借鉴故事里保卫樱桃的方法。 2. 乐于和同伴、教师交流合作,共同探讨保卫樱桃的好方法。	√	–	–
		稻草人	1. 自主探索利用拧、绑、插、粘、绕等方法制作稻草人。 2. 运用收集到的各种材料进行创造性装饰,充分体验参与活动的乐趣。	√	√	–
		樱桃小卫士	1. 愿意动手动脑解决在保卫樱桃过程中遇到的各种问题。 2. 能与同伴、成人协作完成任务,感知劳动果实的来之不易。	√	√	–
	品尝樱桃	樱桃蛋糕	1. 欣赏樱桃蛋糕,初步了解蛋糕的制作过程,学习挤捏的动作,锻炼手指的灵活度。 2. 懂得珍惜食物,学会与同伴合作分享。	–	√	–
		樱桃果醋	1. 了解樱桃果醋制作的流程,知道其作用与功效。 2. 能利用樱桃制作出美味的樱桃醋,体验动手操作的乐趣。	–	√	–
	创美樱桃	水晶樱桃标本	1. 学会水晶标本的制作流程。 2. 能利用樱桃制作出好看的水晶樱桃标本。	√	√	–
		樱桃口红	1. 探索制作樱桃口红的流程,知道樱桃汁具有染色的作用。 2. 知道母亲节是妈妈的节日,萌发关心、感恩父母长辈的情感。	√	√	–

六、活动案例

（一）名"杨"四海

1. 活动总说明

在古代，所前杨梅就已盛名远扬。而在杨梅中，尤以杜家杨梅广受好评，杜家杨梅品质上乘，久负盛名，具有果大核小、汁多味甜的特点，以其为主题举办的杨梅节也总是能"广集天下好友""汇聚八方宾朋"。从小在"杨梅之乡"长大的幼儿，对于杨梅也有着别样的好奇和亲近。

6月，正是杨梅成熟的季节，一年一度的杨梅节将幼儿探索杨梅的兴致推向高潮。瞄准幼儿对杨梅的好奇，利用园所独特的杨梅资源，从幼儿视角出发，园所创设了一系列与杨梅有关的活动，在名"杨"四海的杨梅中与幼儿一同邂逅"梅"好时光。

2. 活动总目标

（1）通过故事、图片、书籍、实地考察等方法了解杨梅的外形特点、生长过程以及用途功效。

（2）尝试制作各种杨梅制品，学习各种制作方法，体验动手操作的乐趣。

（3）在活动中，乐于和同伴一起探索杨梅，感受种植果树、收获水果、加工利用水果的成功和喜悦之情。

3. 活动网络

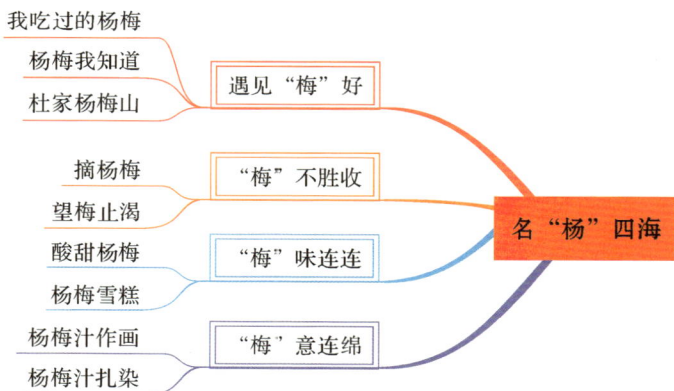

"名'杨'四海"活动网络

4.具体实例

实例一：杨梅我知道

活动目标：

1.知道5、6月份是杨梅成熟的时间，知晓杨梅是家乡的一大特产。

2.运用各种感官认识观察杨梅的特征，了解杨梅的形态，能大胆、清楚地表达自己的见解，体验吃杨梅的快乐。

活动准备：

1.杨梅每桌一小盘。

2.小叉、盘子等若干。

活动过程：

一、初步认识杨梅

1.教师拿出杨梅，请幼儿说出自己对杨梅的认识。

2.师："小朋友们，你们知道这是什么吗？谁愿意介绍一下它？"

3.总结："这是杨梅，它是我们家乡很有名的特产。每到5、6月份，夏天刚刚来临的时候，就是杨梅成熟的时节。"

二、观察杨梅的外形特征

1.师："那杨梅到底是什么样子的？"

2.总结："杨梅是圆圆的，摸上去并不光滑，有的是鲜红色的，有的是暗红色的，闻起来香香的。"

三、观察杨梅的内部特征

1.师："刚才我们观察的是杨梅的外部，也就是它的果肉，那如果包围着的果肉消失了，杨梅会变成什么样子呢？"（请幼儿猜测。）

2.和幼儿一起观察杨梅的内部（果核）。

3.总结："杨梅没了果肉的包围就只剩下果核了，果核小小的、硬硬的，是不能吃到肚子里去的。"

四、品尝杨梅

1.师："你们以前有吃过杨梅吗？杨梅是什么味道的呢？"（与幼儿一

起品尝杨梅，相互交流杨梅的味道。）

2.总结："杨梅吃起来酸甜多汁，味道特别有层次感。但是不可以多吃，吃多了也是会拉肚子的，要适时适量地吃！"

"杨梅我知道"活动过程

实例二：摘杨梅

活动目标：

1.借助杆子、梯子等工具摘杨梅，学会摘杨梅的正确方法。

2.练习攀、爬等动作技能，锻炼自己的胆量，体验合作的快乐。

活动准备：

摘杨梅的工具（杆子、梯子、手套、篮子等）。

活动过程：

一、谈话导入，产生采摘兴趣

师："前几天在室外活动的时候，我们发现幼儿园里的杨梅都变红啦，可以采摘啦！今天我们就一起去摘杨梅吧。"

二、采摘实践，选择恰当的工具和方法

1.带领幼儿到杨梅树下，观察杨梅的分布。

师："大家看看杨梅树上的杨梅，有的长得高，有的长得低，你们准备怎么采摘呢？"

2.讨论采摘方法，选择合适工具，合作采摘杨梅。

师："老师给大家准备了竹竿和梯子，大家可以合作使用采摘杨梅。当然你们也可以利用园内的其他工具，我们看谁采摘得又快又好。"

三、活动总结，分享采摘经验

1.师："谁愿意分享你们小组采摘杨梅的经验？"

2.总结："低处的杨梅可以直接用手摘，高处的杨梅需要借助杆子或梯子爬上去摘；摘的时候要慢慢地转动扭下来，并且要轻轻地放在篮子里，不能用力扔，否则杨梅会被扔坏的。"

"摘杨梅"活动过程

（二）"樱"你而来

1. 活动总说明

在幼儿园的"山水儿童小镇"里，有一棵樱桃树最受幼儿的关注和喜爱。幼儿利用花瓣作画、编头饰、装饰班级，园所里都充满了甜蜜粉嫩的气息。樱桃树的花瓣落完之时，就是樱桃结果之日。

幼儿对樱桃树的好奇也引来了教师的注意，通过对所前樱桃资源的审议，园所决定与幼儿一起开展有关樱桃的探索之旅。幼儿在多感官的观察学习中提高科学探究能力，学会正确探究事物的方法，建构起属于自己的有关樱桃的鲜活经验。通过与樱桃的各种互动，体验自然的美好与馈赠，增强爱护自然环境、感恩自然的意识。

2. 活动总目标

（1）通过观察、交流分享、记录等方式，了解樱桃的特征、生存环境、生长过程以及营养价值等。

（2）学习制作樱桃标本、樱桃口红等樱桃制品，利用多种方式进一步感知樱桃，并能够与同伴、成人协作完成任务。

（3）在对樱桃的认知和保护过程中，感知樱桃的好玩和用处，体会守护樱桃成长的困难和快乐，感受劳动果实的来之不易。

3. 活动网络

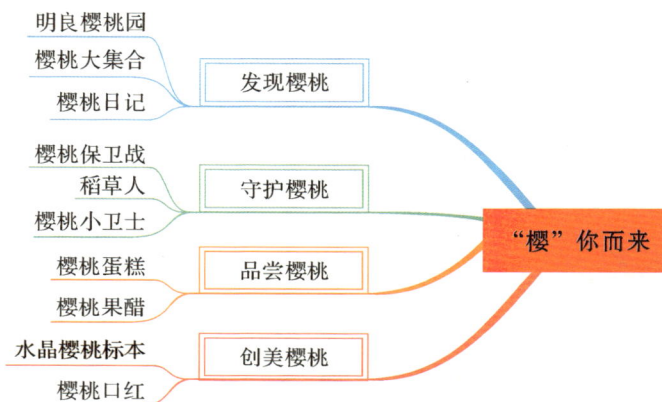

"'樱'你而来"活动网络

4.具体实例

实例一：稻草人

活动目标：

1.自主探索利用拧、绑、插、粘、绕等方法制作稻草人。

2.运用收集到的各种材料进行创造性装饰，充分体验参与活动的乐趣。

活动准备：

1.大麦、小麦、树枝、绳子、瓶盖、帽子、纽扣、透明胶、固体胶、积木等制作稻草人的材料。

2.音乐、铃铛。

活动过程：

一、樱桃不见了

1.师："樱桃树上的樱桃成熟了，但成熟的樱桃都被小鸟吃掉了，怎么办呢？"

2.师幼共同讨论保护樱桃的办法——制作稻草人。

二、设想稻草人

1.师："你们想做一个什么样的稻草人？需要哪些材料？"

2.幼儿自主想象，说说自己的想法。

三、制作稻草人

1.幼儿第一次操作，探索制作稻草人的方法。

2.师幼讨论制作稻草人的方法。

3.幼儿第二次操作，完成稻草人的制作，并介绍自己的作品。

四、稻草人回家

1.师幼一起把稻草人送到樱桃树旁固定好。

2.讨论：稻草人除了可以用来保护樱桃外，还可以用来保护什么？

"稻草人"活动过程

实例二：樱桃口红

活动目标：

1.探索制作樱桃口红的流程，知道樱桃汁具有染色的作用。

2.知道母亲节是妈妈的节日，萌发关心、感恩父母的情感。

活动准备：

1.老蜂蜡、橄榄油、可食用香精、维生素E、可食用色粉、樱桃。

2.量杯、酒精灯、口红模型。

活动过程：

一、萌生制作口红的兴趣

1.师："樱桃除了做吃的以外，还可以做什么？"

2.引导幼儿用樱桃为妈妈制作口红。

师："母亲节马上就要到了，樱桃的颜色是不是像妈妈涂的口红一样红红的？今天我们就用樱桃给妈妈做口红好不好呀？"

二、制作樱桃口红

1.教师示范讲解制作樱桃口红的步骤，幼儿分小组合作完成。

（1）将适量樱桃捣成汁(10mL)，倒入量杯。在杯中加入复配基础油(10mL)和口红粉（1g），再均匀搅拌。

（2）在杯中加入白蜂蜡（8g），放在加热炉上使其融化，融化后倒入模具。

（3）把模具放入冰箱冷冻20分钟，再放入口红管里，再把包装盒装上即可。

三、想给妈妈的祝福语

师："母亲节快到啦，我们除了给妈妈送上美美的樱桃口红，还可以给妈妈送些祝福。关于祝福，你们有什么好想法吗？"

"樱桃口红"活动过程

第五节　生机茶园

一、主题说明

所前镇最享有盛誉的两类特产,其一是果,其二就是茶了。所前的茶叶品种丰富,无论是按时节分的春茶、夏茶、秋茶,还是按制作工艺分的绿茶、白茶、红茶、黑茶,所前都有涉及。此外,所前的茶文化传统节庆活动——茶艺节也是形式多样、内容丰富。

园所的教师对于茶叶也是非常热爱,总会在课前泡上一杯。每当教师把泡满茶叶的水杯带到班上时,幼儿总要凑过来看一看、闻一闻,看一看今天的茶叶是什么颜色,闻一闻茶叶清新的香气,每天观察教师泡的茶也成了幼儿的一大乐事。因此,受幼儿兴趣所驱,结合本土茶叶资源,"生机茶园"主题活动就此开展。幼儿访茶、探茶、饮茶,学茶礼、知茶道、享茶趣,在认识茶叶的同时,感受其中蕴藏的茶文化,初步形成文化认同感,传承、发扬民族传统文化(见表2-5-1)。

二、主题目标

(一)4—5岁

1.与当地茶农近距离交流,了解所前茶的发展史以及本土茶种。

2.参与茶叶采摘、制作等活动,更深入地了解摘茶和炒茶的流程。

3.关注茶树从种植到生长的变化过程,感受、体验茶树的生长魅力。

（二）5—6岁

1. 亲历摘茶、炒茶的过程，了解茶叶从采摘到成品售卖的流程。

2. 在认识茶具、体验泡茶、学习茶礼的过程中，初步感受中国的茶道文化。

3. 了解茶文化的内涵，在感知茶的外在美和感受文化的内在美的过程中，体会并喜爱生活和艺术中茶的美，能用自己喜欢的方式表现对茶的喜爱之情。

三、主题网络

"生机茶园"主题网络

四、资源保障

制茶工厂

泡茶工具

炒茶工具

茶具

茶叶绘本

茶园基地

"生机茶园"资源保障

五、活动导航

表2-5-1　"生机茶园"活动导航

活动主题	活动方向	活动内容	活动目标	实施途径		
				集体探究	小组探究	亲子探究
访茶	知茶语	茶的由来	1.理解绘本故事内容，了解茶的由来，初步了解茶叶的作用和价值。 2.激发对中国茶文化的兴趣，增强民族自豪感。	√	√	—
		茶叶的秘密	1.运用各种感官初步感知茶叶的特征，并能大胆表述自己的发现。 2.通过观察、对比，发现茶叶泡水前后的变化，比较茶叶泡在热水与冷水里的不同，并记录自己的发现。	√	√	—
		茶叶辨别会	1.通过多种感官分辨不同种类的茶叶，发现茶叶的不同。 2.感受茶叶种类的丰富，体验辨茶的乐趣。	—	√	—
探茶	体茶趣	探秘茶基地	1.走进茶园基地，观察茶树分布的特点，欣赏茶园美景。 2.简单体验现代化茶叶制作工具，感受茶叶制作的工序和流程。	—	√	√
		采摘茶叶	1.会辨别成熟的茶叶，学会正确采摘茶叶的方法。 2.了解茶农采茶的辛苦，知道茶叶的来之不易。	—	√	√
		制茶大体验	1.了解茶叶从采摘到成品售卖的流程，发现流程中茶叶的变化。 2.尝试炒茶，产生将新鲜茶叶变为成品茶叶的成就感。	—	√	√
饮茶	传茶道	茶包制作	1.学会通过捣、塞、系等方式制作茶包。 2.了解茶包的作用和目的，体验制作茶包的快乐。	√	√	—
		泡茶学问多	1.认识几种常见的茶具，了解泡茶、饮茶的正确流程。 2.感受泡茶时茶叶色、香、味的变化，体验泡茶、饮茶的乐趣。	√	—	√
		创意果茶	1.了解制作果茶的方法，体验茶和果融合的美妙。 2.发挥想象力和创造力，设想新的果茶种类，感受创造新事物的快乐。	—	√	—
		茶道文化	1.学习茶道中双手举杯，先客后主等礼仪。 2.了解中国茶文化的内涵，增强民族自豪感，愿意传承茶文化。	√	√	√

六、活动案例

（一）访茶——知茶语

1. 活动总说明

在一次清明节假期交流会上有位幼儿说道："我的爸爸妈妈带我去采茶叶了，他们说这个茶叶叫清明茶。"其他幼儿一听到"清明茶"这3个字便来了兴趣，"什么是清明茶？""我只知道绿茶、红茶。""我们家是种茶的，下次来我家采吧。"……教师一看幼儿对于茶叶有这么多的好奇，那不如一起拜访一下茶叶先生吧。

为了了解茶叶，教师先利用绘本《神农发现茶》让幼儿从神话故事中认识茶的由来，初步了解茶的功效。之后幼儿与真正的茶叶开展互动，观察茶的特征，感知其在泡水前后的变化。除此之外还要解决幼儿之前的疑问，也就是对于茶叶种类的认识，初步了解茶叶的分类方式和丰富的品种，在一系列活动中，形成对茶的正确认知。

2. 活动总目标

（1）初步了解茶的由来，运用眼、鼻、手、嘴等感官感知茶叶的特征。

（2）能利用多种感官分辨不同种类的茶叶，观察、探索不同种类茶叶的区别，并能够表达、记录自己的发现。

（3）了解茶叶的作用和价值，形成对茶文化的兴趣，愿意传承茶文化，增强民族自豪感。

3. 活动网络

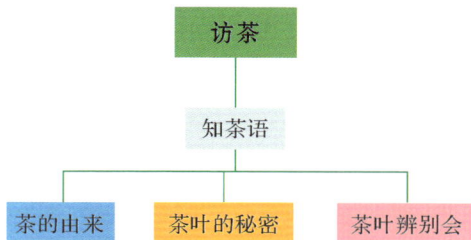

"访茶"活动网络

4.具体实例

实例一：茶叶的秘密

活动目标：

1.运用各种感官初步感知茶叶的特征，并能大胆表述自己的发现。

2.通过观察、对比，发现茶叶泡水前后的变化，比较茶叶泡在热水与冷水里的不同，并记录自己的发现。

活动准备：

1.适量茶叶、勺子、透明杯子每人一个。

2.装水壶、记录单、抹布等，音乐。

活动过程：

一、出示茶叶，观察茶叶特征

1.师："大家看这是什么？现在请你们看一看、闻一闻、摸一摸，看看茶叶都有哪些特点。"

2.幼儿自由观察，相互交流自己的发现。

二、导入泡茶，选择泡茶工具

师："那你们有没有泡过茶叶？知道茶叶泡在水里是什么样子的吗？是用热水泡茶好喝还是用冷水泡茶好喝呢？今天老师也给你们每个组准备了泡茶的工具，请你们选择其中一种水来试一试，看看你们泡的茶叶前后有什么变化。"

三、介绍材料，分组记录分享

1.出示记录表，幼儿分组操作，观察、记录茶叶的变化，并分享自己的发现。

2.总结："在刚才茶叶泡水的实验中，我们发现泡在热水里的茶叶，颜色、形状都发生了变化，并且沉在杯底；而冷水中的茶叶颜色、形状变化不大，只是浮在水面上；热水里的茶叶散发浓郁的茶香，冷水里的则气味很淡；热水泡过的茶叶软软的，冷水里的茶叶很硬。同时，老师还想提醒大家，热水泡的茶是可以直接喝的，没烧开的冷水泡的茶是不能直接拿来喝的。"

"茶叶的秘密"活动过程

实例二：茶叶辨别会

活动目标：

1.通过多种感官分辨不同种类的茶叶，发现茶叶的不同。

2.感受茶叶种类的丰富，体验辨茶的乐趣。

活动准备：

1.不同种类的茶叶（如红茶、绿茶等），存放茶叶的小杯。

2.幼儿对茶的特征有一定的了解。

活动过程：

一、观察多种茶叶

1.师："你们最喜欢哪种茶叶？为什么？老师今天也带来了几种茶叶，你们能发现它们的特征吗？能分辨出它们有什么不同吗？"

2.总结："不同种类的茶叶都有自己的特征。"

二、商量分辨方法

1.师："那小朋友们是通过什么方法分辨出茶叶的不同特征的呢？"

2.总结："原来有这么多方法呀！有的小朋友用鼻子闻，有的小朋友用手摸，有些小朋友一看就知道了！最厉害的小朋友通过喝茶水来分辨呢！"

三、进行辨茶游戏

1.师："那我们一起利用分辨的方法玩个辨茶游戏好不好呀？你们想制定哪些规则呢？"

2.幼儿与教师一起商定规则，可以减少一个感官，利用其他感官进行分辨。例如，戴上眼罩用鼻子和手来分辨。答对记1分，答错扣1分，最后谁的分数高谁就获胜。

"茶叶辨别会"活动过程

（二）探茶——体茶趣

1.活动总说明

幼儿园里，有些幼儿的家长就是从事茶叶相关工作的，还有些幼儿的爷爷奶奶就是当地的茶农。在前期组织与茶叶有关的活动时，这部分幼儿总是最为活跃，常常会和小伙伴分享自己在家中耳濡目染获得的茶知识，或是一些与茶叶有关的有趣经历，引得别的幼儿又羡慕又好奇，总想着亲自去茶园里看一看。

当我们把幼儿的想法反馈给拥有茶园的家长时,他们表示热烈欢迎,受到邀请的幼儿也十分欣喜激动,迫不及待地想去茶园体验一番。

初到茶园,整体的参观体验是必不可少的。茶园里的茶农忙着采茶,茶厂里的工人忙着制茶,在制茶车间,现代化制茶机器也让幼儿驻足。新鲜的嫩芽经过摊青、杀青、揉捻、理条、烘焙等诸多工序后,就可以包装上市了。初步参观了解后,幼儿都争着上手体验。在茶园中,无论是间接的观察发现,还是直接的体验实践,于幼儿来说都是一次收获多多、趣味多多的美妙经历。

2. 活动总目标

(1)观察茶树种植、分布的特点以及现代化制茶工具,了解茶叶的制作过程。

(2)能够正确采茶,初步尝试炒茶,观察茶叶脱水的过程。

(3)欣赏茶园美景,在亲身实践中体验茶农的辛苦,体会茶叶的来之不易。

3. 活动网络

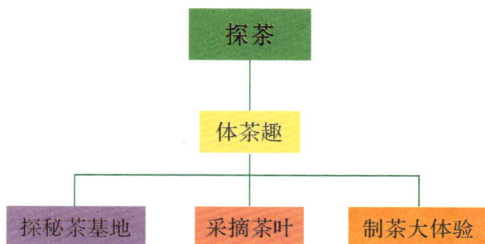

"探茶"活动网络

4. 具体实例

实例一:采摘茶叶

活动目标:

1. 会辨别成熟的茶叶,学会正确采摘茶叶的方法。

2. 了解茶农采茶的辛苦,知道茶叶的来之不易。

活动准备：

1.茶园基地。

2.手套、茶篓若干。

活动过程：

一、讨论采茶要点

1.和幼儿一起讨论采茶注意点。

师："我们之前已经参观过茶园基地了，小朋友们想亲自体验采茶吗？关于采茶，你们有什么注意点想要分享呢？"

2.请茶农讲解采茶要点。

总结："在采摘的时候掌心向下或者向上，用拇指、食指配合中指，夹住新梢要采的部位向上着力放入茶篓中。在采茶时只能采中间的小芽，要注意不能把茶叶捏死，最好采几片就赶紧放进篓里。"

二、体验采茶过程

选定集体区域，幼儿尝试采摘，教师一旁指导并保护幼儿安全。

三、分享采茶心得

师："小朋友们，今天我们一起体验了采茶，你们有什么想说的吗？"

"采摘茶叶"活动过程

实例二：制茶大体验

活动目标：

1.了解茶叶从采摘到成品售卖的流程，发现流程中茶叶的变化。

2.尝试炒茶，产生将新鲜茶叶变为成品茶叶的成就感。

活动准备：

幼儿园周边的茶园基地、茶厂。

活动过程：

一、了解制茶工序

1.带领幼儿走进茶厂，观察制茶流程并布置任务。

师："现在我们一起去观察制茶师傅们到底是怎么制作茶叶的。请你们分组将重要的流程记录下来，待会儿和大家一起分享。"

2.分享总结制茶流程。

总结："茶叶从采摘到成品一共要经历9个工序，分别是采摘——晒青——凉青——摇青——筛青——炒青——揉捻——焙干——包装。"

二、观察茶叶变化

1.师："你们看，刚采摘下来的茶叶和成品茶叶有什么不同呀？"

2.幼儿将新鲜茶叶和成品茶叶的实物进行对比，观察二者不同的特征。

3.总结："成品茶叶的颜色会比新鲜茶叶更深，摸起来更干，茶香也更加浓郁。"

三、体验分享交流

1.师："制茶的工序那么多，大家想不想亲自体验一下？请你们分组自由选择3~4种工序尽情体验吧！"

2.师："有哪个小组愿意跟我们说说你们都体验了哪些工序？有什么样的感受呢？"

"制茶大体验"活动过程

（三）饮茶——传茶道

1. 活动总说明

在从茶园、茶厂回来前，茶厂的师傅给幼儿准备了一些他们自己参与体验制作的成品茶叶留作纪念，幼儿开心极了。刚回到园内，幼儿玩了一天觉得又渴又累，于是有的幼儿说道："不如我们用刚刚带回来的茶叶泡水喝吧，就像老师平时喝的那样！"他的提议得到了其他幼儿的赞同，但是茶要怎么泡呢？只是单纯的在热水里加入茶叶就可以了吗？

想要泡一杯好茶，认识相应的茶具是必不可少的，明白茶具的作用后，才能按照正确的流程泡茶。泡茶时的水温、用量、次数，饮茶时双手举杯、先客后主的礼仪也是需要幼儿好好学习的。在饮茶过程中，幼儿品的不仅是茶，还是中国的茶文化，更是中华民族的礼仪礼节和历史底蕴。而在学习泡茶、饮茶的过程中，幼儿传承的不只是与茶相关的生活技巧，更是一种文化和精神。

2. 活动总目标

（1）了解泡茶、饮茶的常规流程，认识几种常见的茶具，知道茶叶保存携带的常规方法。

（2）发挥想象力与创造力，尝试设计新的饮茶形式，能够联系生活中与茶相关的饮品。

（3）体验与茶相关的礼仪文化，了解茶道文化的内涵，增强民族自豪感，并愿意传承茶文化。

3. 活动网络

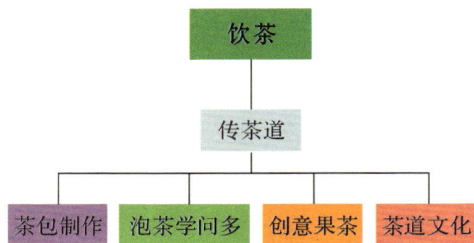

"饮茶"活动网络

4.具体实例

实例一：茶包制作

活动目标：

1.学会通过捣、塞、系等方式制作茶包。

2.了解茶包的作用和目的，体验制作茶包的快乐。

活动准备：

1.茶叶。

2.茶包袋、一次性手套、捣药罐。

活动过程：

一、茶包制作的作用和目的

1.利用生活经验引入茶包。

师："小朋友们，你们有没有注意到我们平时喝的茶叶除了散装的，还有哪种形式的呀？（茶包）"

2.讨论茶包的作用和目的。

师："为什么要把散装的茶叶制作成茶包？"

3.总结："是为了方便携带和冲泡，还可以长期储存。"

二、体验制作茶包

1.观察茶包的组成。

师："老师今天也带来一些茶包，请你们观察一下茶包都由哪些部分组成？你们想不想亲手制作茶包呀？"

2.教师示范制作茶包。

师："制作茶包，首先把茶叶放到捣茶罐中捣碎成渣，之后将其塞到茶包袋中，再把袋上的绳子拉紧，茶包就制作完成啦，是不是非常简单呢。"

3.幼儿亲手制作茶包，教师在必要时提供帮助。

三、结束并总结

师："大家制作的茶包都很漂亮，可以带回去送给家人，他们一定会非常开心的！"

"茶包制作"活动过程

实例二：茶道文化

活动目标：

1.学习茶道中双手举杯，先客后主等礼仪。

2.了解中国茶文化的内涵，增强民族自豪感，愿意传承茶文化。

活动准备：

1.茶具、茶叶。

2.饮茶礼仪的图片。

活动过程：

一、再次尝试泡茶，回忆泡茶流程

师："大家还记得我们上次的泡茶步骤吗？我们一起再泡一次吧。"

二、观察饮茶图片，了解饮茶礼仪

1.出示饮茶礼仪的图片。

师："上节课我们泡好茶后就直接喝了对吗？但其实饮茶包含很多礼仪文化，让我们通过一组图片了解一下。"

2.与幼儿一起模仿图片上的动作，讲解动作要点。

3.梳理饮茶礼仪。

4.总结："在饮茶时一定要坐得端正，抬头挺胸，两手举杯喝茶；茶壶的茶嘴不能对着长辈；如果家里有客人的话，一定要先双手恭敬地端给客人，然后再自己喝。"

三、饮茶角色游戏，感受茶道文化

1. 师："现在我们一起分组做个游戏，检验我们的学习成果。请组内的一部分小朋友扮演客人，另一部分扮演主人，一起共同饮茶，看看对方有没有遵守饮茶礼仪。"

2. 师："好啦，大家在游戏时有没有体验到彼此尊重、恭敬的感觉啊，这就是茶带给我们的和谐、宁静的文化氛围，让我们一起传承下去好不好呀？"

"茶道文化"活动过程

第六节　万象景园

一、主题说明

　　所前镇地处三面环山的低山丘陵地区，既是重要的茶果产区，也拥有丰富的生态旅游资源。除了自然生态景观外，所前镇还有很多历史文化古迹。对于幼儿来说，这些美丽的自然生态景观和悠久的历史文化古迹，不仅是郊游踏青的好去处，也是最广阔的原生态教室，赋予幼儿取之不尽的知识和经验，也是幼儿成长过程中最宝贵的财富。

　　基于幼儿的兴趣和景观的教育价值，园所对所前镇的景观资源进行分析，筛选出娄家大院和里士湖两个景观，开展"万象景园"主题活动。娄家大院是古建筑的代表，幼儿看的不仅是建筑的外观和构造，还有历史的痕迹以及文化的脚步。里士湖则是自然生态美景的代表，除了陶冶情操，还能洗涤幼儿的心灵。"万象景园"主题活动意图让幼儿在家乡的风景名胜中，体验家乡的山水之趣，感受历史文化古迹的意义，形成对家乡山水的热爱以及对悠久历史文化的自豪，唤醒守护家乡、发展家乡的意识（见表2-6-1）。

二、主题目标

（一）4—5岁

1. 通过问卷调查、实地参观等方式，了解家乡的代表性景观。

2. 能用绘画、谈话等方式，记录并分享自己观察到的景色，尝试以小组合作的形式设计地图、建筑等。

3.喜欢分享自己对家乡不同景观的发现，形成对家乡景观的喜爱之情，萌发归属感和自豪感。

（二）5—6岁

1.通过走访家乡的名胜古迹，欣赏家乡的自然景观，了解古迹的历史文化。

2.能够有序、连贯、清楚地表达自己在寻访过程中的所见所闻，并能记录自己的发现，表达自己的观点。

3.愿意与同伴分享自己的所见所闻，能感受到家乡的变化并为此感到高兴，初步唤醒守护、发展家乡的意识。

三、主题网络

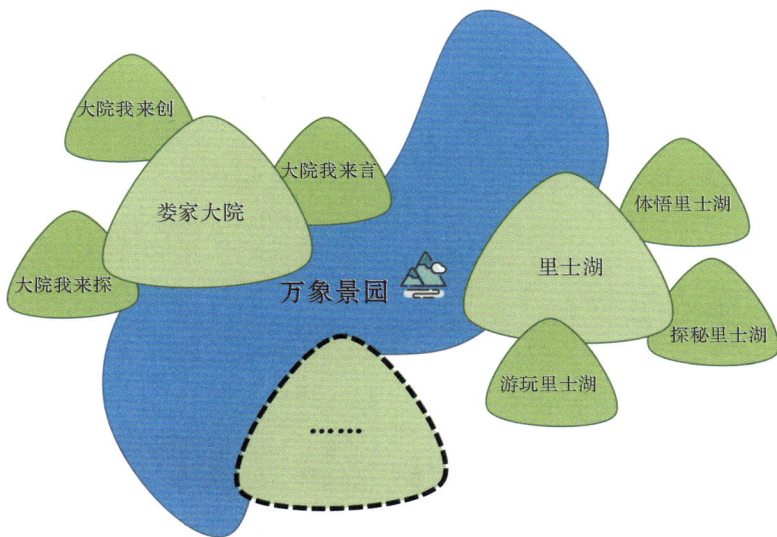

"万象景园"主题网络

四、资源保障

大院内部

娄家墙门

娄家大院

湖边建筑

湖边长亭

里士湖花海

"万象景园"资源保障

五、活动导航

表2-6-1 "万象景园"活动导航

活动主题	活动方向	活动内容	活动目标	实施途径		
				集体探究	小组探究	亲子探究
娄家大院	大院我来探	大院游玩计划	1. 讨论并准备游玩大院前的各种事项,能够小组合作制定游玩计划。 2. 乐于和同伴交流自己游玩大院的想法,在倾听和表达中体会与同伴合作的乐趣。	√	√	—
		大院一日游	1. 观察娄家大院里的古物,感知娄家大院的主要特征,能够感受娄家大院的美。 2. 通过讲述一日游的过程与感受,体验游玩的喜悦。	√	—	√
		大院写生	1. 充分感受娄家大院的建筑风格,体验这种建筑风格带给人们的感觉。 2. 通过了解娄家大院的内部结构,初步体会这种结构表现的人文精神和审美意识。 3. 愿意与同伴分享自己的作品,说一说自己画的娄家大院。	√	√	—
	大院我来言	大院的变化	1. 回忆娄家大院的特征,说一说参观大院的感受。 2. 观察大院修缮前后的图片,激发保护大院、爱护古物的意识。	√	√	—
		娄家大院的故事	1. 通过调查、查阅资料等方法,了解关于娄家大院的故事。 2. 与同伴分享交流自己听到的故事,尝试用绘画的方式进行记录。	√	√	—
	大院我来创	大院设计师	1. 在观察娄家大院的基础上,感受、了解娄家大院外观的造型特征,体会大院古建筑与现代建筑的不同,萌发翻新大院、发展大院的愿望。 2. 大胆想象创造,选择自己喜欢的方式尝试设计大院建筑,体验创作的乐趣。	√	√	—
		大院建筑师	1. 根据自己的设计,综合运用围合、垒高、平铺、插接等技能建构自己的大院。 2. 形成爱护建构成果和建构材料的意识,主动寻求与同伴合作,能够与同伴友好相处和游戏。 3. 在建构游戏中,体会建构的不易,萌发爱护大院、珍惜古物的情感。	√	√	—

续表

活动主题	活动方向	活动内容	活动目标	实施途径		
				集体探究	小组探究	亲子探究
里士湖	游玩里士湖	里士湖一日游	1. 通过实地参观，感受里士湖的道路、村庄、湖泊，并发现其中的美。 2. 乐于在集体面前大胆使用连贯性语言描述里士湖一日游的过程。	√	–	√
		花海写生	1. 在细致观察里士湖花海的基础上写生，把握画面的结构和色彩。 2. 充分感受里士湖花海的特征，在美景中形成保护环境的意识。	√	–	√
	探秘里士湖	里士湖路	1. 感知诗歌内容，理解诗歌中事物间的对应关系。 2. 迁移从诗歌中获得的对里士湖路的认知经验，尝试按诗歌的句式对里士湖路诗歌进行仿编。 3. 大胆想象创造，积极地参与创编活动。	√	–	–
		里士湖村	1. 知道里士湖村水稻种植业、水产养殖业、纺织业较为发达。 2. 分小组调查里士湖村内的三大产业，并能用自己喜欢的方式向他人介绍，唤醒自身了解家乡、热爱家乡的意识。	√	√	–
	体悟里士湖	里士湖地图设计	1. 认识所前镇地图，能从所前镇地图上指认出里士湖的位置。 2. 知道里士湖的道路、村庄、湖泊所在方位，并能尝试制作里士湖地图。 3. 发挥想象设计地图，增进对家乡里士湖的喜爱。	√	–	√
		里士湖小导游	1. 调查了解里士湖的故事、传说，感知里士湖悠久的历史。 2. 能够用语言向他人介绍里士湖，在地图设计的基础上进一步规划具体的游玩路线。 3. 在角色游戏中感受语言表达的快乐，通过介绍里士湖产生对家乡的热爱与自豪的情感。	√		√

六、活动案例

（一）娄家大院

1. 活动总说明

娄家大院是个饱经历史沧桑的百年古建筑。对园所幼儿来说，娄家大院还是个新鲜感十足的地方。白墙、黑瓦、青石板，雀替、牛腿、马头墙，简单却不失精致，朴素却不失优雅。用酒坛做的葫芦形落水管，铜钱形地漏，蜂窝状木格窗，这些古老又新奇的建筑造型无一不在吸引幼儿的注意，激发幼儿探究的兴趣。园所利用娄家大院的教育契机，通过实地参观、绘画表征、创意搭建等方式让幼儿感受古建筑的魅力，进而了解家乡的人文景观，感受家乡的变化，感知家乡历史的变迁。

2. 活动总目标

（1）通过资料搜集、实地考察、绘画表征等方式，感知娄家大院的特征，了解大院的历史。

（2）了解娄家大院的构造组成，能利用设计、搭建的方式来展现自己心中的娄家大院，乐于分享自己对娄家大院的所感所想，体验与同伴交流的乐趣。

（3）在对大院了解、搭建的基础上萌发保护古迹、热爱家乡的情感，唤醒了解家乡、发展家乡的意识。

3. 活动网络

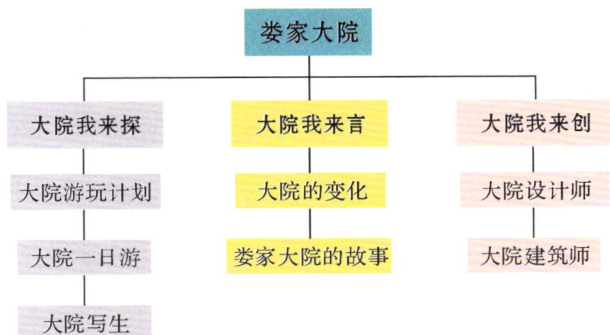

"娄家大院"活动网络

4.具体实例

实例一：大院游玩计划

活动目标：

1.讨论并准备游玩大院前的各种事项，能够小组合作制定游玩计划。

2.乐于和同伴交流自己游玩大院的想法，在倾听和表达中体会与同伴合作的乐趣。

活动准备：

纸、笔等。

活动过程：

一、准备游玩计划

师："我们即将去娄家大院展开一日游活动，应该准备些什么呢？我们一起制定计划吧！"

二、讨论注意事项

1.所带食物。

师："我们去大院需要游玩一整天，你们想带些什么食物呢？"

2.其他物品。

师："请你们动动小脑筋想一想，除了吃的东西，还应该带些什么呢？"

3.安全须知。

（1）师："在大院一日游的过程中，可能会发生哪些意外？我们可以提前准备些什么？"

（2）总结："大院一日游的时候要带上主食、水和少量零食，尽量带一些健康的食物，再带一些必要的用品如湿巾、帽子等，在游玩过程中还要注意安全。"

三、制定计划书

1.引导幼儿讨论什么是计划书。

（1）师："现在看来我们要准备的东西真的很多呢，怎样才能把这些东西全部记住呢？"

（2）师："有的是吃的，有的是用的，该怎么分呢？"

2. 出示超市广告纸，幼儿制定计划书。

四、交流计划书

1. 请幼儿介绍自己游玩大院的计划书。

2. 提出计划书中存在的问题，与幼儿商量、讨论解决办法。

"大院游玩计划"活动过程

实例二：大院一日游

活动目标：

1.观察娄家大院中的结构，感知娄家大院的主要特征，能够感受娄家大院的美。

2.通过讲述一日游的过程与感受，体验游玩的喜悦。

活动准备：

幼儿自己准备的出游物品等。

活动过程：

一、检查出游物品

师："上次我们已经讨论了游玩大院需要准备的东西，大家都准备好了吗？让我们出发开启大院一日之旅吧！"

二、尽情畅游大院

1.跟着教师一起参观。

师："现在就跟着老师的步伐一起畅游大院吧！"

2.幼儿自由游玩。

师："你们有什么特别好奇的地方或建筑吗？现在请你们自由组队，去自己感兴趣的地方看一看吧！"

三、交流游玩感受

师："在游玩大院的过程中，你们发现了什么？有什么感受呢？最吸引你们的地方是哪里呢？"

"大院一日游"活动过程

（二）里士湖

1. 活动总说明

里士湖是所前镇的"生命之湖"，其原名为厉市湖，又称"里墅湖"。在"里士湖"活动中，幼儿探索的范围并不局限于湖内的美景，长长的里士湖路、拥有三大产业的里士湖村都是幼儿学习、探索的空间。"里士湖"活动着重幼儿对于生命源泉、家乡生活的体悟。

2. 活动总目标

（1）通过请教、参观等方式，了解里士湖的历史和故事。

（2）通过调查、采访和实践等方式认识里士湖的道路、村、风景，并能运用绘画、谈话的形式表达自己对里士湖的发现。

（3）愿意主动与同伴分享自己与里士湖的故事,萌发家乡归属感和自豪感。

3. 活动网络

```
                        里士湖
          ┌───────────────┼───────────────┐
      游玩里士湖        探秘里士湖        体悟里士湖
          │               │               │
      里士湖一日游      里士湖路        里士湖地图设计
          │               │               │
       花海写生         里士湖村        里士湖小导游
```

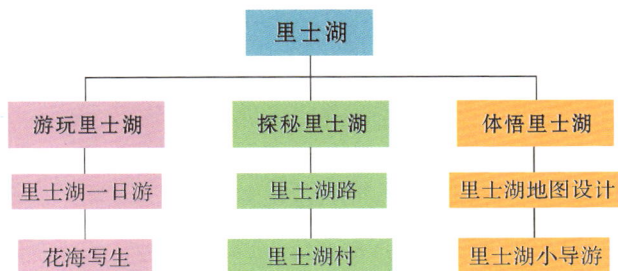

"里士湖"活动网络

4.具体实例

实例一：花海写生

活动目标：

1.在细致观察里士湖花海的基础上写生，把握画面的结构和色彩。

2.充分感受里士湖花海的特征，在美景中形成保护环境的意识。

活动准备：

纸、便携的笔。

活动过程：

一、确定写生地点——花海

1.讨论写生场所。

师："在里士湖游玩的过程中，哪个地方是你最喜欢的吗？如果要写生，你想选在哪里呢？为什么？"

2.记录幼儿说得最多的地方，投票选择最终写生场所——花海。

二、观察写生场所，选择写生对象

师："在这片里士湖花海中，你最喜欢的是哪里？有哪些景色值得我们用画笔记录下来？"

三、实践写生，展示交流

1.正式开始写生。

师："现在就在花海里选择一处你喜欢的景色开始写生吧！"

2.交流分享各自的作品。

师："有谁愿意介绍自己的作品吗？"

"花海写生"活动过程

实例二：里士湖路

活动目标：

1.感知诗歌内容，理解诗歌中事物间的对应关系。

2.迁移从诗歌中获得的对里士湖路的认知经验，尝试按诗歌的句式对里士湖路诗歌进行仿编。

3.大胆想象创造，积极参与创编活动。

活动准备：

1.诗歌内容课件。

2.创编记录纸。

活动过程：

一、欣赏诗歌

1.师："今天老师给大家带来了一首诗歌叫作《路》，让我们一起竖起耳朵听一听。"

2.师："刚才诗歌中说的飞机、轮船、车开的路以及行人走的路是什么样子的？"

二、回忆里士湖路的场景

1.引出里士湖路。

师："你们知道咱们家乡哪些路的名称呢？"

2.幼儿回忆自己经过里士湖路的场景。

师："你们都走过里士湖路吗？你们见过哪些人物、事物、景物，发生过什么故事呢？"

三、简单仿编

师："我们可不可以根据诗歌《路》仿编一首《里士湖路》的诗歌呢？老师先来示范一下。"（仿编：长长的里士湖路，除了是采茶的茶农走过的路，还是谁走过的路？仿编时可以和家乡特色相结合。）

四、迁移生活经验正式仿编

1.仿编活动。

师："你们可以像老师一样把在里士湖路上的所见所闻用诗歌记录下来吗？请你们尝试仿编，并把想法写在记录卡上。"

2.展示记录卡，分享交流。

师："现在有谁可以分享一下自己仿编的里士湖路的诗歌呢？"

第三章

"创客六节"内容架构

花草节

年味节

创客
六节

乡果节

带货节

农创节

山水节

本章参著者

赵婷婷　　沈　雯　　沈华琴　　周梦颖　　许佳茵　　陈高锋

金佳萍　　陈建萍　　曹心雨　　倪芳芳

第一节 亲亲花草节

一、节日导引

经历了葱茏草园和温馨花园的花草"洗礼",园所幼儿对于草儿和花儿都有了新的认识,在两个园中播种的植物种子,也都会在每年春风和煦的 4 月迎来收获。幼儿在班级内利用收获的花草开展了一系列活动,但是由于"收成"丰厚,花草供大于求,所以每年都会剩下不少。

那我们还可以用剩下的花草做些什么呢?"可以装饰教室,这样教室就会变得更漂亮。""那可以售卖吗?卖了钱还能买到更多的植物种子。"……幼儿你一言我一语地说着。最后,经过统计,幼儿最想要以花草店铺的形式进行花草制品的售卖,带着幼儿的种种想法,"花草节"活动就此开启了。

二、节日目标

(一)认知目标

通过调查,知道花草节是以"购买、售卖花草"为主题的园本节日,知道花草节的开展由制作花草产品、场地选址、宣传造势、制定价格、产品销售等内容组成。

(二)能力目标

能够用相应的表征图画和符号制定花草节开展的调查计划和行动计划,并根据实地调查和体验进行调整,同时能以自主查阅资料等形式了解更多有关花草的知识。

（三）情感目标

感受收获花草和成功开展花草节的快乐和成就感，体验花草售卖的过程，知道赚钱的不易。

三、问题搜索

（一）经验和疑问调查

在"花草节"活动正式开展前，园所针对幼儿进行了有关"花草节"活动的经验和疑问调查（见表3-1-1）。

表3-1-1　花草节经验和疑问

关于花草节，我知道……

幼儿园里很多小花小草都成熟了的时候就能开花草节了。

花草节里有很多很多的花草植物。

花草节是幼儿园很热闹的节日。

花草节我们可以画一些宣传海报。

花草节里的花都是很好看的。

每班都会开一个花草店，还会取一个大家都喜欢的店名，然后开店的那天还可以搞活动，卖便宜点。

买花草的时候要看那些花瓣和草好不好，有没有干掉。

花草节可以赚到钱，这些钱可以帮助有困难的人。

……

关于花草节，我想知道……

开花草店要准备些什么？

那些花草卖多少钱比较好？

没有人来买我们班的花草该怎么办？我们该怎么做才能卖的好？

花草如果第二天就干掉了怎么办？是不是要教会买花草的顾客养护的方法？

花草节里买东西怎么付钱呢？

花草节里我们需不需要包装那些花草？不然顾客买了不方便拿。

我们卖的花草是什么样的？

花草店该怎么布置？店铺选在哪里生意会更好些？

……

（二）操作性问题调查

除了经验和疑问调查外，园所还进行了花草节操作性问题调查（见表 3-1-2）。

表3-1-2　花草节操作性问题

问题	回答
花草节需要准备什么？	店铺、店铺名称，柜子、桌子、人员分工、传单、海报、气球等装饰品、包装袋、门票……
花草节里产品怎么售卖？	现场售卖，凭门票进入。
花草节里买东西怎么支付？	仅支持现金支付。

四、节日网络

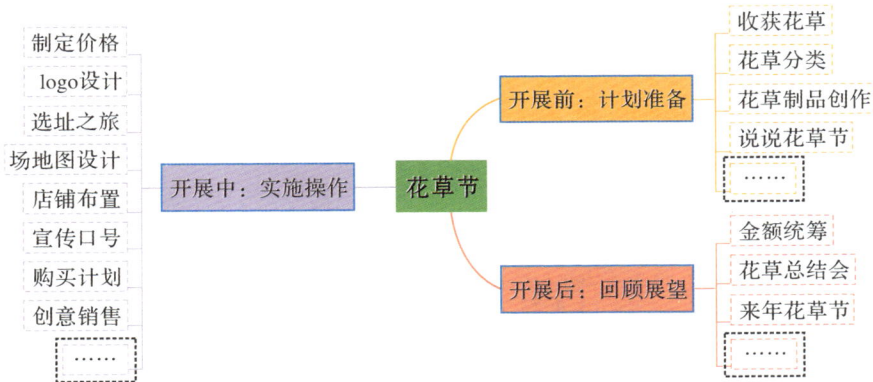

"花草节"节日网络

五、环境准备

"花草节"环境准备

六、活动导航

为了"花草节"活动的顺利开展，园所制定了具体的活动内容、目标和实施途径（见表3-1-3）。

表3-1-3 "花草节"活动导航

活动阶段	活动方向	活动内容	活动目标	实施途径		
				集体探究	小组探究	亲子探究
开展前	计划准备	收获花草	1.尝试用掐、拔、剪等方式收获花草，知道不同种类的花草有不同的收获方式。 2.体会收获花草的成就感，感受劳动的艰辛和快乐。	√	√	—
		花草分类	1.能根据花草的不同特征进行分类，并尝试合作设计分类表。 2.筛选出可以进一步加工制作的花草，感受花草的好玩和用处。	—	√	—
		花草制品创作	1.尝试利用筛选出的花草制作草环、花束、花茶、花扇、热缩花、花草香皂、花草灯、花草浮雕等创意制品中的一种。 2.发挥想象力和创造力，体验结合各种材料创作花草制品的快乐。	√	√	√
		说说花草节	1.敢于大胆猜测花草节的具体事项。 2.通过同伴间交流讨论，产生对花草节的兴趣与好奇。	√	—	—
开展中	实施操作	制定价格	1.学习10以内加法运算，能感知和发现情境中的数字运算概念并进行表征。 2.协商制作价格牌，体验合作定价的乐趣。	√	—	√
		logo设计	1.了解logo的作用和意义，小组合作进行花草节logo设计。 2.能在同伴面前大胆表达自己的想法，愿意在交流讨论中解决问题。	—	√	—
		选址之旅	1.能够用拍照的方式记录幼儿园里适合举行花草节的场地，并能说明选择的理由。 2.通过集体讨论的方式确定花草节的最终场地，愿意大胆表达自己的想法。	—	√	—
		场地图设计	1.通过观察、实践，寻找适合班级摆放的位置，制定合理的场地规划，并说明理由。 2.能够以绘画的方式设计场地布局，愿意听取同伴的建议，互相商量解决问题。	—	√	—

活动阶段	活动方向	活动内容	活动目标	实施途径		
				集体探究	小组探究	亲子探究
开展中	实施操作	店铺布置	1. 能用自己喜欢的方式表达对店铺布置的想法，尝试小组合作布置店铺。 2. 有初步的布置规划意识，体验互帮互助的快乐和便捷。	－	√	－
		宣传口号	1. 知道口号的价值和作用，能够与同伴协商设计店铺宣传口号。 2. 能大胆喊出口号，吸引顾客的注意。	√	－	－
		购买计划	1. 尝试制定合理的购买计划，并能说明理由。 2. 在有主见的同时也能尊重同伴的想法。	－	－	√
		花草创意销售	1. 尝试搭配产品或以店铺合作的方式创意销售，并能根据顾客的要求灵活销售产品。 2. 在购买与售卖中体会花草节的热闹与好玩。	√	－	－
开展后	回顾展望	金额统筹	1. 能够以点数的方式计算班级售卖花草产品的总金额，收获付出后得到回报的成就感。 2. 讨论钱的用途，尝试制定合理的使用计划，萌生合理用钱的意识。	√	√	
		花草总结会	1. 能够用语言讲述自己对花草节的感受，并选择一种自己喜欢的方式记录表征。 2. 回顾花草节，提升购买、售卖经验。	√	－	
		来年花草节	1. 以小组交流讨论的方式探讨自己在花草节上遇到的困难，并说说可以怎么解决。 2. 尝试提出对花草节的建议，激发对来年花草节的期盼之情。	√	√	－

七、活动案例

（一）课程实例记录

实例一：logo 设计

活动目标：

1.了解 logo 的作用和意义，小组合作进行花草节 logo 设计。

2.能在同伴面前大胆表达自己的想法，愿意在交流讨论中解决问题。

活动准备：

1.标签图片、图谱、纸、各种画笔。

2.有关 logo 组成的经验。

活动过程：

一、回忆 logo 组成

师："你们知道 logo 上面都有哪些元素吗？"

二、花草节 logo 初步构想

1.设想花草节 logo。

师："在花草节上，我们要卖哪些产品？如果要你来为花草节设计一个 logo，你会在上面画什么？"

2.讨论画 logo 的注意点。

3.为 logo 做装饰。

三、小组合作设计 logo

师："现在小组合作，利用老师准备好的材料为我们的花草节制作一个 logo 吧！制作完成后可以简单装饰，让你的 logo 变得更美丽哦。"

四、logo 投票

1.教师出示各组的 logo，并请幼儿介绍 logo 上面有哪些元素，它们有什么意思和作用，以及如何展示等问题 。

2.以投票的形式选出最适合花草节的 logo。

"logo设计"活动过程

实例二：金额统筹

活动目标：

1.能够以点数的方式计算班级花草产品售卖的总金额，收获付出后得到回报的成就感。

2.讨论钱的用途，尝试制定合理的使用计划，萌生合理用钱的意识。

活动准备：

钱盒、记录纸、笔。

活动过程：

一、出示钱盒，产生兴趣

师："小朋友们，看这是什么？这可都是小朋友们辛辛苦苦赚来的呢！"

二、计算收益总额

1.小组内统筹。

师："那你们想不想知道咱们班一共赚了多少钱呢？老师先把钱分给不同的小组，请你们分工合作，在纸上记下组内的金额，然后我们再一起汇总，好不好呀？"

2.收取每个组的金额记录纸，教师帮助统筹班级赚取的总额。

三、小组合作制定用钱计划

1.商定用钱计划。

师："那你们准备怎么使用这笔钱呢？也请你们在小组内展开讨论，并用自己喜欢的方式把你们的用钱计划记录下来。"

2.分享用钱计划，相互交流评价。

（1）师："小朋友们可真是有想法呢！你们认为哪些是该花的？哪些是不该花的呢？并说说你们的理由。"

（2）总结："我们都知道赚钱的不易，所以我们更应该合理地去支配这些钱，把钱花到有需要的地方，养成勤俭节约的好习惯。"

"金额统筹"活动过程

（二）节日故事分享

活动故事——花草制品创作之花草灯

一、故事记录

在初次制作花草灯时，幼儿尝试用双面胶把新鲜的小花小草固定在灯罩上，可是几天后，丁丁大喊道："你们快来看，花草灯上的花变黑了。"涵涵用手轻轻地捏了一下，花瓣就变成粉末簌簌地落下来，她补充道："而且还变得脆脆的，都缩起来了。"那要怎么解决这些问题呢？通过同伴探讨和对幼儿园里已有材料的收集，幼儿提出了两种解决方案。琳琳认为可以做一个纸质的花草灯，雯雯认为可以把花草用透明的纸包着。她俩的意见得到了其他幼儿的认同，于是幼儿分成纸质花草灯和塑封花草灯两个小组进行花草灯制作。

在制作纸质花草灯时，由于幼儿前期已经积累了相关经验，制作过程还算顺利，还利用气球创作出了月球型的花草灯，漂亮极了！而制作塑封花草灯的小组，幼儿先用固体胶将花草贴在塑封纸上，然后将塑封机加热到 200 摄氏度进行塑封，却发现花草的汁都流出来了。越越提出："要不我们把温度调低一点。"经过不断调试，终于在 120 摄氏度时保留了花草完整的样貌和形状。最后幼儿用剪刀剪出洞，并用扭扭棒将花草连接起来，塑封花草灯就做好啦。

花草灯创作

二、故事分析

为了解决花草枯萎、风化等问题，幼儿进行了第二次花草灯制作。幼儿结合游戏经验和生活经验提出了两种解决方法——纸质和塑封，并根据个人兴趣分组制作。纸质花草灯是一次经验的巩固，而塑封花草灯则是一次经验的丰富，幼儿在不断地尝试与探索中，找到适合花草塑封的温度，通过小组合作，解决问题，发展了感知花草特性、创作花草的经验链。

课程故事——当花草节遇上狗尾草

一、故事背景

大三班种的狗尾草"收成"特别好，活动结束后还剩下很多。正巧这时幼儿园要举办花草节，可是单单一根光秃秃的狗尾草会有人买吗？而且收获后的狗尾草不久就会干枯，那怎样才能让这些干枯的狗尾草在花草节上吸引顾客呢？

二、干枯的狗尾草怎样才能让顾客喜欢

师："有什么办法能让大家喜欢干枯的狗尾草呢？"

贝贝："狗尾草可以用来玩游戏，告诉大家玩游戏的方法。"

子豪："我们要不用狗尾草来做一幅画吧。"

泽铭："狗尾草还可以用来编帽子嘞。"

情景分析：幼儿在开展狗尾草养护工作时，会自发地玩一些狗尾草小游戏，比如挠痒痒、编花环等。区域游戏时，幼儿在美工区常常会用树叶、树枝、松果等进行创意拼贴画的制作，由此幼儿积累了一定游戏和创作的经验。教师可以在此基础上提供一些创意制作的视频和作品，丰富幼儿的艺术创想，拓展幼儿的想象力。

三、我的狗尾草创意计划

于是，我们开展了一次美术活动——"我的狗尾草创意计划"，帮助幼儿把自己创想的狗尾草作品以绘画的方式记录下来。

情景分析：幼儿通过与生活中的狗尾草进行多种互动，结合教师提供的视频素材，深入了解了狗尾草的特征、作用和价值，并积累了艺术创作的相关经验。因此在对干枯的狗尾草进行创作的过程中，在原有经验的基础上，幼儿的艺术创作有了进一步的提升和创新。

狗尾草作品创想

四、狗尾草创意制作

师幼相互交流后，教师发现幼儿的创想十分丰富，如编花环、做花束、做戒指、做贴画等。幼儿按照自己的制作兴趣，自动分成了花环组、花束组和贴画组。

（一）花环组

花环组的参与人数是最多的。可是在制作花环的过程中，花环组遇到了一个难题：狗尾草干枯之后很容易断，怎么办？于是幼儿从教室里搜罗出来很多辅助工具，开始各种尝试。

尝试一：毛线。

果果："这毛线太软了，我绕不住。"

欣妍："我绕住了，但容易滑下来。"

结论：毛线太软了，狗尾草和毛线能够绑在一起，但是很容易滑落。

幼儿尝试用毛线辅助制作

尝试二：牛筋。

泽锐："这牛筋怎么绕呀，我的狗尾草很长。"

梳子："这也太小了，没法戴在我的头上。"

结论：牛筋有点小而且有弹性，狗尾草绑不住，即使绑住了也无法戴在头上。

幼儿尝试用牛筋辅助制作

尝试三：绳子。

想想："我把狗尾草和绳子绕好了，但是不会打结。"

甜甜："刚要打结狗尾草就掉下来了。"

结论：绳子无法固定狗尾草，狗尾草还是绑不住。

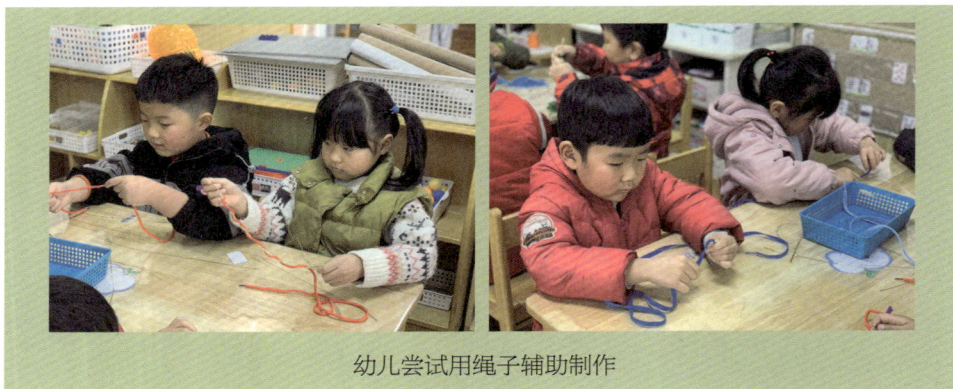

幼儿尝试用绳子辅助制作

尝试四：扭扭棒。

开朗："扭扭棒好像可以和狗尾草缠在一起诶！"

贝语："是呀，两个扭扭棒和狗尾草缠在一起做成的花环戴在头上刚刚好，而且也不会弄断狗尾草。"

洋葱："你看我做好了！"

结论：成功了！扭扭棒可以固定狗尾草，不仅大小合适，还很牢固。

在扭扭棒的帮助下，幼儿成功制作了狗尾草花环。并且借助扭扭棒可以拼接改变大小的特点，幼儿灵机一动，还制作了狗尾草戒指和狗尾草手环。

幼儿制作的狗尾草戒指、手环、花环

（二）花束组

花束组的幼儿已经迫不及待地开始制作了，他们自己设计包装纸、筛选、捆绑狗尾草并进行装饰。由于有了前期经验，幼儿制作的过程很顺利。

但这时，花环组的欣妍在欣赏花束组的花束时说道："要是你们狗尾草花束是粉红色的，那会更好看！"花束组的"小鬼马"绵绵随即说道："那还不简单，我直接给它染色！"

于是他们直接行动起来，将狗尾草进行染色并晾干，最终制作出了彩色狗尾草花束。

幼儿制作狗尾草花束

（三）贴画组

贴画组的幼儿在制作时遇到了一个问题：狗尾草用固体胶粘不住，怎么办？那还有什么材料也可以用来粘贴呢？幼儿找来了白胶进行尝试。

萌萌："树叶也是用固体胶粘的呀！狗尾草怎么就粘不住呢？"

卡卡："虽然白胶黏黏的会粘手，但是可以固定住狗尾草。"

欣玥："白胶只要挤一点就可以固定住狗尾草了呢！"

最终，在白胶的帮助下，幼儿利用狗尾草和树叶制作出了多种多样的拼贴画。

幼儿制作狗尾草贴画

情景分析：大班幼儿已经具备了初步的艺术表现力和创造能力，能够使用多种工具、材料表达自己的感受和想象。无论是花环辅助工具的尝试，还是花束经验的迁移，或是在贴画时对原有认识的挑战，在遇到问题后，幼儿能够利用各种资源，探索出解决问题的方法，并在此基础上获得新的创作灵感，提升和丰富原有的经验。

五、花草节售卖

园所花草节开幕了，幼儿把他们制作的狗尾草产品拿到花草节上展示、售卖，让更多的幼儿感受、体会狗尾草独一无二的韵味！在活动中，幼儿分工明确，大声吆喝，狗尾草产品一售而空！

幼儿布置售卖店铺并现场售卖

情景分析：幼儿阶段是社会性发展的关键时期，良好的人际关系和社会适应能力对幼儿身心健康以及各方面能力的发展都发挥着重要的作用。借助花草节这个平台，锻炼幼儿语言表达、数学计算、绘画表征、动手操作等能力，获得制作、销售、购买产品的经验，是一次与自己、与他人、与社会互动交流的经历。

六、故事反思

为了解决狗尾草收成过多且不易长期储存的问题，幼儿想到了把狗尾草做成产品进行售卖。将狗尾草制作成花环、花束、贴画等产品，并结合艺术创作美化产品的外形，在收获有关狗尾草外形特征知识的同时也积累了大量艺术创作表征的经验，提高了审美意识与能力。

幼儿在创作时会遇到各种困难和问题，教师要适时引导和支持，提供充足的时间和材料，引导幼儿思考"有没有更好的选择和办法"，在幼儿放弃时给予鼓励，以发展幼儿自主解决问题的能力。同时在幼儿的设计和创作遇到瓶颈时，可间接提供一些图片或视频，以辅助幼儿改善和调整自己的作品，激发创作的灵感。

八、精彩剪影

"花草节" 精彩剪影

第二节 亲亲乡果节

一、节日导引

春夏之交，正是所前水果丰收的季节。而这丰收热闹的景象也感染了园所幼儿，幼儿对于家乡水果的好奇心和探索欲也达到了前所未有的高度。就让我们和幼儿一起在乡果节中留下家乡水果的美好记忆吧！

水果当然是吃当季新鲜的最好，因此乡果节是先售卖新鲜的水果，然后用剩下的水果开展活动，讨论利用保存的方法。同时，"乡果节"活动不仅要在园内开展，还要延伸到园外。在乡果节中园内园外活动相得益彰，幼儿采果、运果、售果、买果、享果、制果，获得各方面能力的全面发展。

二、节日目标

（一）认知目标

1.通过师幼、幼幼、亲子的方式调查收集信息，了解家乡这个季节有哪些水果成熟。

2.通过参观果园、采摘水果、加工剩余水果等实践操作，了解不同水果的特色、生长环境、生长过程等，进而了解水果与人们的关系。

（二）能力目标

1.经历采摘、品尝、制作、售卖等过程，发展自身的技能，锻炼语言表达能力和与同伴合作交流的能力。

2.能够用表格制作、绘画表征等方式记录乡果节的感悟和收获，发展自身表达表征的能力。

（三）情感目标

1. 在采果、运果、售果中，体验采摘水果的喜悦，感受家乡物产的丰富与节日热闹的氛围，产生对家乡的喜爱之情。

2. 借助制果、享果、留果等方式，形成对水果的探究兴趣和珍惜劳动成果的情感。

三、问题搜索

（一）乡果节水果调查

在"乡果节"活动正式开展前，园所针对幼儿进行了有关乡果节水果的调查（见表3-2-1）。

表3-2-1　乡果节水果调查

1. 现在这个季节里，所前本地有哪些水果已经成熟了？ 	樱桃、杨梅、桑葚、青梅、草莓、枇杷、桃子、李子、芒果、西瓜、山竹、蓝莓。
2. 所前本地有哪些水果即将成熟？ 	樱桃、杨梅、桑葚、青梅、草莓、枇杷、桃子、李子、蓝莓。
3. 你对所前的杨梅和杨梅节有哪些了解？ 	所前从1999年6月开始有了"杨梅之乡"的称号，每年的6月都要举办杨梅节开幕式。杨梅节期间很多外来的游客会到山上摘杨梅，杨梅吃起来酸酸甜甜的，个头跟一块钱的硬币差不多大，商贩们经常把杨梅和桃子放在一起卖，杨梅可以有多种吃法，可以做成菜，可以做成杨梅酒，还可以制作成杨梅干……

（二）操作性问题调查

除了乡果节水果调查外，园所还进行了乡果节操作性问题调查（见表3-2-2）。

表3-2-2　乡果节操作性问题

问题	回答
乡果节卖什么？	小番茄、枇杷、杨梅、李子、桑葚、樱桃、西瓜……
各班店铺的位置可以有哪些选择？	小山坡、小木屋、小广场、体能场、小农庄旁边、大广场、幼儿园大门口……
水果如何采摘？	用剪刀剪、用锄头挖、用手掰等。

四、节日网络

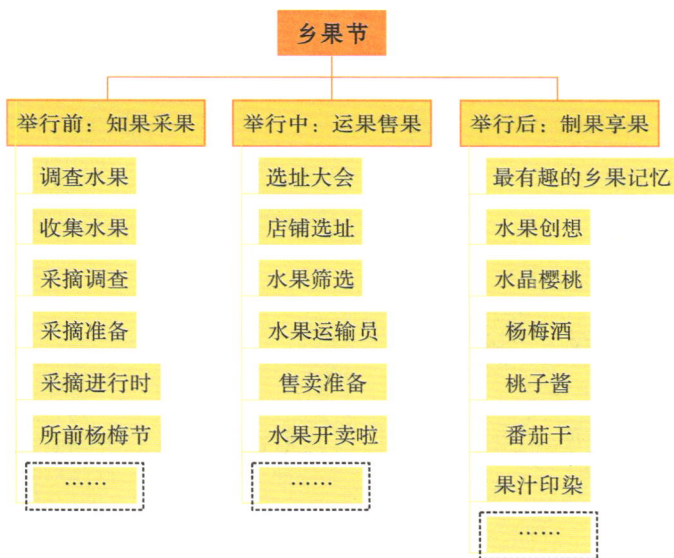

"乡果节"节日网络

五、环境准备

"乡果节"环境准备

六、活动导航

为了"乡果节"活动的顺利开展，园所制定了具体的活动内容、目标和实施途径（见表3-2-3）。

表3-2-3 "乡果节"活动导航

活动阶段	活动方向	活动内容	活动目标	实施途径		
				集体探究	小组探究	亲子探究
举行前	知果采果	调查水果	1. 通过向他人请教、读绘本、观看视频等方式了解当下这个季节家乡成熟的水果。 2. 提高多渠道获取知识的能力，感知家乡物产的丰富。	√	—	—
		收集水果	1. 收集家乡的水果，了解其生长过程和外形特征。 2. 愿意在集体面前大胆讲述自己喜欢的水果，形成对乡果的喜爱之情。	√	—	√
		采摘调查	1. 了解不同水果的采摘方式，知道选择某种采摘方式的原因。 2. 确定想要采摘的水果，愿意用正确的方法去尝试。	√	—	—
		采摘准备	1. 尝试为需要采摘的水果选择合适的工具，并做好采摘前的人员安排。 2. 能够相互出谋划策，乐于和同伴交流合作。	√	√	—
		采摘进行时	1. 能够用正确的方式、合适的工具采摘相应的水果。 2. 锻炼不怕困难、勇往直前的意志品质，体会劳动的艰辛和快乐。	—	√	—
		所前杨梅节	1. 走进所前杨梅节，体验杨梅节的活动，知道杨梅是所前著名的水果，了解杨梅节开展的流程。 2. 感受杨梅节热闹的氛围，在边采边吃、边看边玩中体会节日的快乐。	√	—	√
举行中	运果售果	选址大会	1. 学习辩论的规则，体会辩论的有趣和好玩。 2. 能用语言表达选择某个场地的原因，并以投票的方式确定最终场地。	√	—	—
		店铺布置	1. 按照选好的场地布置班级乡果节店铺，并能用图片、绘画、贴画等材料进行装饰。 2. 尊重同伴的想法，愿意与同伴合作，体会合作的快乐，产生劳动后的成就感。	—	√	—
		水果筛选	1. 知道几种常见的水果筛选方法，能够通过观察、触摸等方式选择出品质过关的水果。 2. 体会小组合作的便捷和快乐。	—	√	—

活动阶段	活动方向	活动内容	活动目标	实施途径		
				集体探究	小组探究	亲子探究
举行中	运果售果	水果运输员	1. 利用园内工具，设想将水果从班级运送到乡果节店铺的方式。 2. 尝试运送水果，感受劳动的艰辛与劳动任务完成后的成就感。	√	√	—
		售卖准备	1. 迁移之前花草节的准备经验，准备乡果节的水果产品、价格、logo、标签等。 2. 能够分工合作，大胆尝试多种新事物，产生对乡果节的期盼之情。	√	—	—
		水果开卖啦	1. 尽情体验园所乡果节，尝试购买心仪的产品或售卖班级产品。 2. 体验乡果节的快乐和满足，产生再次举行乡果节的想法。	—	√	—
举行后	制果享果	最有趣的乡果记忆	1. 在观看乡果节视频和照片的过程中，再次感受乡果节热闹和谐的氛围。 2. 能用语言、绘画等方式表达自己认为乡果节当中有趣的事情，并表明时间、地点、过程和心情等。 3. 通过回忆乡果节的温馨片段，萌发对幼儿园和家乡的喜爱之情。	√	—	√
		水果创想	1. 小组合作计算班级的收益总额，体验劳有所得的快乐。 2. 创想保存利用剩余水果的方法，并尝试用所赚收益购买相应的材料和工具。	√	√	—
		水晶樱桃	1. 认识水晶樱桃的制作工具，了解标本的用途和简单的制作方法。 2. 遵守规则，在合作中完成水晶樱桃的制作。	√	—	—
		杨梅酒	1. 探索用浸泡的方法制作杨梅酒。 2. 体会通过实验利用保存美好事物的方法，萌发科学探究的兴趣。	—	√	—
		桃子酱	1. 了解制作桃子酱的流程，并在活动中积极尝试。 2. 乐于和同伴分享成功制作桃子酱的喜悦，愿意相互交流成功的经验。	—	√	√
		番茄干	1. 知道制作番茄干的材料和工具，能大胆尝试制作番茄干。 2. 能够用绘画的方式记录制作的过程。	√	—	—
		果汁印染	1. 尝试用多种果汁在物品上进行印染。 2. 形成对不同色彩进行搭配的兴趣，体会印染的快乐。	—	√	—

七、活动案例

（一）课程实例记录

实例一：选址大会

活动目标：

1.学习辩论的规则，体会辩论的有趣和好玩。

2.能用语言表达选择某个场地的原因，并以投票的方式确定最终场地。

活动准备：

1.记录纸、相对而坐的场地、幼儿自己拍的园内场地照片。

2.幼儿对幼儿园有基本的认识，有开展节日活动的经验。

活动过程：

一、谈话导入

师："之前小朋友们记录了你们觉得适合乡果节举办的场地，现在让我们一起来看一看吧。"

二、确定两个辩论对象

1.展示幼儿拍的场地图片或场地绘画表征，说明选择的理由。

2.通过投票将场地减少为两个。

师："这么多的场地哪个比较好呢？请你们来投票吧！"

三、场地辩论赛

1.确定辩论分组。

师："现在我们已经评选出投票最多的两个场地啦！请根据你们的选择站在相应图片的后面。"

2.记录组内观点并推选代表陈述。

3.鼓励幼儿用"我们组认为选xxx好的理由有……有……还有……"的句式进行阐述。教师运用图谱的方式帮助幼儿梳理观点。

4.请幼儿自由辩论，组员进行补充，为时 2 分钟，时间用完为止，教师在一旁记录观点并计时。

四、反驳观点，投票选择

1.质疑对方观点，大胆发言。

师："有谁不同意对方的观点，可以来说说你的理由。"

2.在辩论后请幼儿重新选择场地并投票，教师统计票数并宣布结果。

"选址大会"活动过程

实例二：最有趣的乡果记忆

活动目标：

1.在观看乡果节视频和照片过程中，再次感受乡果节热闹和谐的氛围。

2.能用语言、绘画等方式表达自己认为乡果节中有趣的事情，并表明时间、地点、过程和心情等。

3.通过回忆乡果节的温馨片段，萌发对幼儿园和家乡的喜爱之情。

活动准备：

1.记录纸、水彩笔、带有乡果节视频和照片的课件。

2.幼儿已有的乡果节经历。

活动过程：

一、观看视频和图片，回忆乡果节

1.谈话导入。

师："前几天幼儿园举行了'乡果节'活动，真是热闹极了，一起再来看一看吧！"

2.回忆乡果节中做过的事情。

（1）师："看完了视频和图片，你们能回忆出在乡果节上做了哪些事情吗？"

（2）总结："原来我们在乡果节做了那么多的事情呀！大家一起布置了场地，准备了物品，售卖了新鲜水果，还参观了其他班级的水果店铺，可真是丰富又有趣呢！"

二、说说乡果节最有趣的事

1.选择最有趣的事情说一说。

师："既然我们在乡果节中做了那么多好玩的事情，哪一件事情是你觉得最有趣的，并且让你印象最深刻？为什么？"

2.加上时间、地点等要素再说一说。

师："你刚刚说得很棒！你当时和谁一起做了这件事情呢？当时的心情是怎么样的？可以完整的把刚才的话重新讲一遍吗？"

三、绘制有趣的乡果记忆

1.绘画表征乡果节最有趣的事。

师："真希望能把这些记忆永远保存下来！我们把乡果节最有趣的事情画下来好不好呀？"

2.幼儿分享交流自己的创作。

"最有趣的乡果记忆"活动过程

（二）节日故事分享

活动故事——水晶樱桃

一、故事记录

幼儿园里红红的樱桃挂满了枝头，幼儿们每次路过都会驻足观赏一番。1颗、2颗、3颗，好多樱桃呀！看着幼儿好奇的目光，教师不禁说道："小朋友们，你们去摘一些吧！""老师，樱桃摘下来了，还会再长出来吗？""是啊，我们把樱桃吃掉了就没有啦！""那有没有什么办法能让樱桃永久保存下来呢？""我上次去自然博物馆看到有好多被保存下来的水果和花草呢！""那怎么保存呢？""好像放进了一个透明的东西里！"于是，幼儿开展了有关樱桃保存方法的探讨，最终决定采用制作水晶樱桃标本的方式留住可爱的樱桃。

在开始制作之前，我们先要认识制作的工具和材料，知道它们相应的用途。胶水、剪刀、电子秤、模具、搅拌棒、量杯，一样都不能少！"为啥这个叫水晶胶水呀？""这个模具和做肥皂的模具好像呀！"幼儿边听教师介绍，边仔细观察这些工具，为之后的制作做好准备。

但是真正制作的时候，可没有想象中那么简单，难题也接踵而来。

首先，胶水的量怎么把握。"到底该用多少胶水呀？"胶水的用量可是要严格控制的哟！幼儿在教师的指导下，进行胶水称重。瞧他们认真的样子，生怕称错一斤一两！

其次，胶水要如何配比。"A胶水像洗洁精！""B胶水像水！""为什么要将AB胶水搅拌在一起呢？"幼儿带着疑问进行搅拌。"因为胶水需要调配才能使用，A胶水和B胶水是软硬胶结合，这样调配出来的胶水才能做出最美丽的水晶樱桃标本。"教师耐心地告诉幼儿。

再次，樱桃如何装进模具。"哎呀，你小心一点，可别放歪了！""我挑了一个'三胞胎'樱桃，你看好看吗？"幼儿你一言我一语。

最后，胶水怎么倒进模具。"老师，胶水倒进去的时候樱桃浮起来啦！""胶水倒进去把樱桃的位置弄歪了，怎么办呀？""我用手拨了一下，手上都是胶水啦！"七嘴八舌的声音环绕在教室中，教师没有立刻做出解答，而是把疑问抛给了幼儿："你们动动小脑筋，怎样才能让手干干净净的？"这时，有位幼儿说："可以用这个搅拌棒，轻轻拨一下，手就不会脏啦！"幼儿小心翼翼地将胶水倒进模具，时不时用搅拌棒拨一下，胶水不够的，就稍微再加点儿。

完成后就静静等待胶水成型啦，幼儿轻轻地将模具放在安全的位置，依依不舍地离开了制作场地。

幼儿制作水晶樱桃

二、故事分析

从如何保存樱桃到制作水晶樱桃标本，都出自于幼儿对樱桃的喜爱和珍惜，教师要善于抓住这一教育契机，在丰富幼儿制作标本经验的基础上，培养幼儿爱惜、守护美好事物的情感。在制作标本的过程中，幼儿可能会遇到很多问题，教师需要正确判断，幼儿能够自己解决的就慢慢引导，锻炼幼儿独立思考和自主解决问题的能力；不能解决的，也要循循善诱，提示幼儿解决问题的方法，而不是直接告诉幼儿问题的答案。

课程故事——此间"樱"你而美

一、故事背景

在中班"拜访春天"主题活动中，每天吃完午餐，幼儿便穿梭在幼儿园的"山水儿童小镇"里寻找春天的足迹。"老师，这棵树上已经有小芽苞了。""快来看，这些小树也开了几朵花。""这是樱花，我们家院子里的樱花还要多呢！"子亿小朋友自豪地说道。"你们家的也是这种白色的吗？""以后会长樱桃吗？"幼儿好奇地冒出了一连串问题，就这样，幼儿与樱花、樱桃的故事悄然无声地开始了。

幼儿发现樱花

二、樱花探索篇

基于幼儿对樱花的浓厚兴趣，为了给幼儿提供更广阔的探究天地，在教师和家长的陪伴下，幼儿走进了樱花的国度——明良樱桃园。刚一下车，幼儿就被满园的樱花吸引了，"哇！老师这里的樱花好多呀！""白白的樱花，真漂亮呀！"幼儿产生了强烈的表达愿望，纷纷交流和分享自己的所见所闻、所思所想。

（一）樱花有几瓣？

"老师，我一共数了3朵花，有一朵是4瓣，其他2朵都是5瓣的，那到底是4瓣的还是5瓣的呀？"欣雨拿着调查表一脸无助地说。"我数的就都是5瓣的。"涛涛说道。"我数的也是5瓣的呀！"好几个幼儿异口同声地说。"那我带你们去看，那儿就有一朵是 4 瓣的！"欣雨带我们找了那朵樱花。幼儿好奇地聚在一起，忍不住想要探究一番，突然桐桐说："这是掉了一片花瓣吧，你们看长花瓣的那个位置不是空出来了吗？"幼儿仔细一看真是这样，瞬间恍然大悟。

幼儿数花瓣并记录

　　情景分析：欣雨数花瓣比较表面，而桐桐则通过细致的观察，带着思考和推理进行数数，因此当她说出为什么樱花是 5 瓣而那朵却只有 4 瓣时便说服了小伙伴们。这场数樱花花瓣的活动既是一次"樱花有 5 瓣"的知识学习，也是不同认知发展水平的幼儿在思维上的一次碰撞。幼儿间存在个体差异，可以让先发展的幼儿帮助发展稍慢的幼儿，从而内化为自己的新经验。

　　（二）花瓣被风吹走了怎么办？

　　这时樱桃园里刮起了一阵大风，把箩筐里的樱花吹走了，幼儿大声地喊："快点保护樱花！"他们有的追着花瓣跑，有的用手挡住箩筐。这时有位幼儿走过来说："老师，风太大了，能把你的草帽借我一下吗？"只见她把捡来的樱花放到了帽子里，把箩筐当盖子，然后高兴地说："这样樱花就不会被风吹走了！"

幼儿用箩筐盖住樱花

情景分析：从发现樱花容易被风吹走到想办法保护樱花再到主动向教师借草帽，在这个过程中幼儿不再"人云亦云"，他们能够自主选择材料，尝试解决问题，从而收获自己解决问题的成功和喜悦。

（三）花瓣河 or 香樱河

"哇，好漂亮的花瓣小河呀！""花瓣像小鱼一样在水中游泳呢！""快看，这里还有绿绿的小河呢！"幼儿指着有浮萍的小水沟说道。"是绿草河吗？不对，我们叫它樱桃花瓣绿草河吧！""花瓣飘到小河里，小河就香香的了，要么叫它香香绿草河。""哈哈，这名字好像太长了，我想叫它香樱河！"幼儿欢笑着讨论。

幼儿的"香樱河"

情景分析：在谈话中，幼儿用形容词和比喻句大胆表达，结合绿草河的情景，用丰富的语言、语气、语调畅所欲言。《指南》中指出："幼儿的语言能力是在交流和运用的过程中发展起来的。"在这一过程中，幼儿不仅发展了自身的语言能力，同时也获得了情感、经验、思维、社会交往能力的发展。

（四）创编樱花舞

为了能让幼儿沉浸在樱花浪漫的氛围中，我们为幼儿准备了欢快优美的音乐助兴。忽然不远处传来了"嘻嘻嘻，呵呵呵"的笑声，只见两位幼儿手拉手在樱花树下跳起了圆圈舞，这时另一旁的幼儿大声地说："我和这棵樱花树做朋友，我要在它下面跳。"幼儿有的围着樱花树转圈，有的舞动着手臂像在仔细观察，有的一蹲一起似在捡樱花，他们将刚才做过的事情，伴随着音乐用舞蹈展现出来。

幼儿在樱花树下跳舞

情景分析：在幼儿赏樱时，教师没有刻意引导幼儿跳樱花舞，更没有故意去模仿樱花舞的动作。幼儿的每个动作都是基于之前观察过程中的经验转换，如看樱花、捡樱花、樱花飘等，他们用舞姿表达樱花园之行丰富的体验和愉悦的心情。

（五）留住樱花——樱花寿司怎么做？

"这么漂亮的樱花掉在地上太可惜了，我们把它们带回幼儿园吧。""好呀，可是我们带回去能用它们做些什么呢？"幼儿边捡樱花边说道。这时苗苗说："星期天我妈妈带我去吃了樱花寿司，可好吃了！"这可把幼儿乐坏了。

"对呀，我们把樱花带回幼儿园，可以在亲味场下订单，定做樱花寿司！"于是，幼儿回到教室后迫不及待地画好订单，亲味场的张老师接单，有关樱花的美食之旅就此开启啦。

樱花寿司要怎么做呢？幼儿除了向爸爸妈妈求助外，还上网查找了制作樱花寿司所需的食材，又设计了樱花寿司图，再经过多次制作，终于成功了。

幼儿制作樱花寿司

　　情景分析：幼儿在制作樱花寿司的过程中先后遇到了两个问题。第一，寿司的材料怎么切？第二，为什么寿司定不了型？他们通过观察、对话发现"因为里面的料太多了；因为这个刀不能切断寿司；因为制作寿司的方法有问题"等，幼儿自发的从材料、工具、方法等方面总结失败的原因并进行多次尝试，在不断体验的过程中提升操作经验，通过努力，最终品尝到美味的劳动成果。

　　三、樱桃保护篇

　　（一）樱桃保卫战

　　一天午饭后，幼儿欣喜地发现樱桃红啦！"啊呀，这颗樱桃上有个洞洞呢！""这是谁干的？"一颗樱桃上的小洞洞引起了幼儿的思考。

　　"会不会是小虫子咬的？"应悦说。"那可不一定，我爷爷说小鸟很喜欢吃樱桃，这个可能就是鸟吃的。"小宝说。豆豆说："我们要保护樱桃，不能让虫子和小鸟把它们吃掉了。"豆豆的提议引发了幼儿热烈的讨论。

　　"啊！我想到了，上次我在图书角看到一本书，好像是讲如何保卫樱桃的，但是我只看得懂图，看不懂字呀，怎么办？""老师，你可以给我们讲一讲这个故事吗？"教师欣然答应，于是一场绘本阅读活动就在幼儿的要求下诞生了。

　　幼儿听得很认真，每当说到让先生保护樱桃的时候，幼儿都会叽叽喳喳地讨论，思考最好的、最适合自己操作的保护樱桃的方法，最后他们决定用制作稻草人的方式来保护幼儿园里的樱桃。

幼儿认真地听故事

（二）制作稻草人

制作稻草人需要哪些材料呢？幼儿开始收集稻草、宽胶带、"小眼睛"、绳子……"可是稻草我们要去哪里找呢？""对了，小山坡上有稻草垫，我们就用草垫里的稻草吧。"于是，幼儿把稻草垫收集起来，通过小组合作，用捆、绑、摘、系、插等方法制作了稻草人，并请保安叔叔一起把稻草人固定起来，放在高高的位置。

幼儿制作稻草人

情景分析：樱桃上的一个小洞洞引发了幼儿保卫樱桃的一系列活动：阅读绘本故事《樱桃保卫战》，选择适合自己操作的保卫樱桃的方法——稻草人，收集制作稻草人的材料。在整个过程中，幼儿还能变通地利用园内人力资源——邀请园内保安叔叔完成保卫樱桃的行动，足以说明幼儿已经初步具备关注生活现象、运用现有资源解决问题的能力。

四、樱桃美食篇

幼儿采摘了好几筐的樱桃，新鲜美味的樱桃成了幼儿的饭后水果。但是吃了两天后，旺仔说道："樱桃虽然很好吃，但是每天吃也腻了。""樱桃还有别的吃法吗？"小远应声道。这时菁津跑过来说："我妈妈上次给我做了樱桃蛋糕，甜甜的可好吃了。"佳怡也说："我奶奶还会做樱桃甜汤呢。"既然大家都觉得干吃樱桃没意思，那我们就一起来换换口味吧！

（一）香香的樱桃蛋糕

中三班的幼儿想要制作樱桃蛋糕，他们邀请了会做樱桃蛋糕的菁津妈妈来教大家。从洗樱桃、取樱桃核到做樱桃酱，幼儿运用了多种材料，在多次尝试之后终于做出了樱桃蛋糕。同时他们也摸索出了取樱桃核最快的方法——用吸管取。

（二）酸酸的樱桃醋

中一班的幼儿对制作樱桃醋产生了兴趣，他们通过调查、请教爷爷奶奶、爸爸妈妈等方式找到了制作樱桃醋的方法，并收集了樱桃、米醋、冰糖、玻璃罐等材料。在他们的努力下，樱桃醋顺利制作完成。

（三）浓郁的樱桃甜汤

中二班的幼儿经过讨论、投票后决定制作樱桃甜汤，在爸爸妈妈的帮助下，幼儿找来了制作樱桃甜汤的视频。但是在准备材料时发现，他们没有制作甜汤需要的烧制工具，于是他们想到了用亲味馆里的小火锅和电磁炉等来代替。但是在品尝时，他们发现甜汤很烫，随即萌生出制作冰镇甜汤的想法。

幼儿制作樱桃蛋糕、樱桃醋和樱桃甜汤

情景分析：对于幼儿来说，制作樱桃美食的经验并不丰富，但是面对困难，他们能够灵活运用语言表达，寻求有经验人士的帮助，顺利完成任务，这也是一种经验提升的表现。同时在制作美食时，幼儿能自发总结经验、灵活迁移经验、想象创新经验，这些都是其自身能力成长的过程。

五、樱桃储存篇

（一）水晶樱桃标本

"樱桃马上要吃完了，我们要想个办法把樱桃留住。""那有什么办法能让樱桃永久保存下来呢？""我上次去自然博物馆看到好多被保存下来的水果和花草呢！""那是怎么保存下来的呀？""好像放进了一个透明的东西里！""好像有泡在水里的。"幼儿针对如何保存樱桃展开了探讨。

经过一番调查后，幼儿发现原来那透明的、硬硬的是水晶标本，有液体的是浸制标本，那不如我们也用这两种方法试试吧。

情景分析：幼儿制作水晶标本经历了"三探"的过程。一探，提出自己的制作猜想；二探，收集制作的特质材料；三探，研究特质材料的标准配比。在三次探究和调整中，幼儿不断发现问题并解决问题、假设问题并验证问题，不仅积累了制作经验，还锻炼了解决问题的逻辑思维。最后他们还创新地将探究材料与生活需求相连接，进行了材料的多样性创作，制作出了樱桃项链、樱桃耳环、樱桃钻石等艺术品。

（二）樱桃口红

当樱桃被制作成了艺术品后，幼儿又开始思考：我们还能用樱桃做些什么呢？新的想法不断涌现。"这次做樱桃口红吧。""那我们试一试吧，如果成功了就送给妈妈，妈妈一定会很开心的。""可是樱桃口红怎么做呢？""我们请老师帮忙吧。"为满足幼儿制作樱桃口红的强烈要求，教师提供视频和材料，协助幼儿制作樱桃口红。

樱桃口红的制作可比水晶樱桃标本难多了，经过 n 次调试，幼儿才掌握了各种材料的最佳配比。当他们做成功后，那一声"哇——"的惊呼，满是高兴和喜悦。

幼儿制作水晶樱桃标本和樱桃口红

情景分析：制作樱桃口红对于幼儿来说是一件高难度的事情，但当幼儿充满兴趣、铆足干劲时，成功便是可预见的了。在制作时，幼儿第一次认识了电子秤，学习用烧杯来量液体，认识克这个单位，充分拓展了数学知识和经验。制作成功后的欢呼，足以体现幼儿挑战困难并获得成功的喜悦与满足。

六、故事反思

（一）观察——让活动顺兴开展

观察是教师教学素养的基础和根本，只有会观察的教师才能随时找到幼儿的兴趣点。有关"樱"的活动是由幼儿对樱花树的好奇而生发的，而之后的樱花探索、樱桃美食等也是基于幼儿的兴趣和需要开展的。

（二）等待——相信幼儿的潜能

在课程进行的过程中，无论是樱花树下的等待，还是制作水晶标本时对于材料黏手问题的解决，引导幼儿自己思考，才能锻炼他们自主解决问题的能力。

（三）创造——开拓更多的可能

创造的主体可以是幼儿、教师和与园所有关的一切人员。幼儿的兴趣创造了课程的主题，教师的能力创造了课程的深度，相关人员的资源创造了课程的条件。

八、精彩剪影

"乡果节"精彩剪影

第三节　亲亲农创节

一、节日导引

在幼儿刚刚听到"农创节"这三个字的时候，他们是非常陌生的。这种未知的神秘感勾起了幼儿的好奇心和兴趣，但也让课程的开展充满了挑战。

在农创节开展前，幼儿前期经验的铺垫和唤醒是非常重要的。比如，为幼儿提供农创相关的图片、视频，或是带领幼儿前往现代农业园、数字农业区观察探索，帮助幼儿建立农创的初步概念。之后的亲身体验也是必须的，幼儿多重的实践经验为其想象和创造打开可行性的大门。相关经验的铺垫完成后，幼儿大胆开启创作活动，无论是农作物的种植养护，还是农产品的制作售卖，或是对未来农业科技的创想，我们乐于支持和满足幼儿探索创作的需求，给予其表达的自信心和创作的成就感。

二、节日目标

（一）认知目标

1. 通过调查实践，知道农创节是以"创意农业"为核心的园本节日。

2. 能够在原有经验的基础上，体验并畅想新的农作物种植、养护、制作、售卖等方式。

（二）能力目标

1. 能够通过幼幼、师幼、亲子等形式用相应的表征画面和符号制定调查计划和行动计划，并根据实地调查和体验灵活调整。

2. 能够运用丰富的语言表达农作物种植、养护等方面的信息，并能够灵活借助语言、动作、绘画等方式表征自己的创想。

（三）情感目标

1. 体验在合作中完成农作物种植、培育的喜悦，感受成功挑战新事物、战胜困难的成就感。

2. 在农作物的创想中，收获想象带来的自信心和创作的满足感，体会农创节成功开展的快乐与充实。

三、问题搜索

（一）经验和疑问调查

在"农创节"活动正式开展前，园所针对幼儿进行了有关"农创节"活动的经验和疑问调查（见表3-3-1）。

表3-3-1　农创节经验和疑问

关于农创节，我知道……

可以见到很多没见过的东西。

快放暑假的时候就能开农创节了。

农创节上我们可以种植物，也可以画想画的东西。

农创节不会卖东西。

农创节上有草、有水果、还有菜。

我们可以在幼儿园的农创实验区做很多的实验。

……

关于农创节，我想知道……

可以再玩以前玩过的无土栽培吗？

可以去农业园吗？我爸爸说里面又多了好多新东西。

可以让蔬菜的味道变成水果味的吗？

农创节也可以吃好吃的吗？

我想种不一样颜色的蔬菜和水果，可是我不知道怎样才能变色？

每天给植物浇水太麻烦了，农创节有好玩又不累的浇水工具吗？

……

（二）操作性问题调查

除了农创节经验和疑问调查外，园所还进行了农创节操作性问题调查（见表3-3-2）。

表3-3-2　农创节操作性问题

问题	回答
农创节要做哪些事？	参观农业园区，尝试种植养护，想象创作新的农作物种植、养护等方式……
农创节要准备什么？	联系农业园区的工作人员，购置相应的种植工具，根据幼儿的想象准备丰富的创作材料等。
怎么表达创作的东西？	语言、绘画、动作、符号等。

四、节日网络

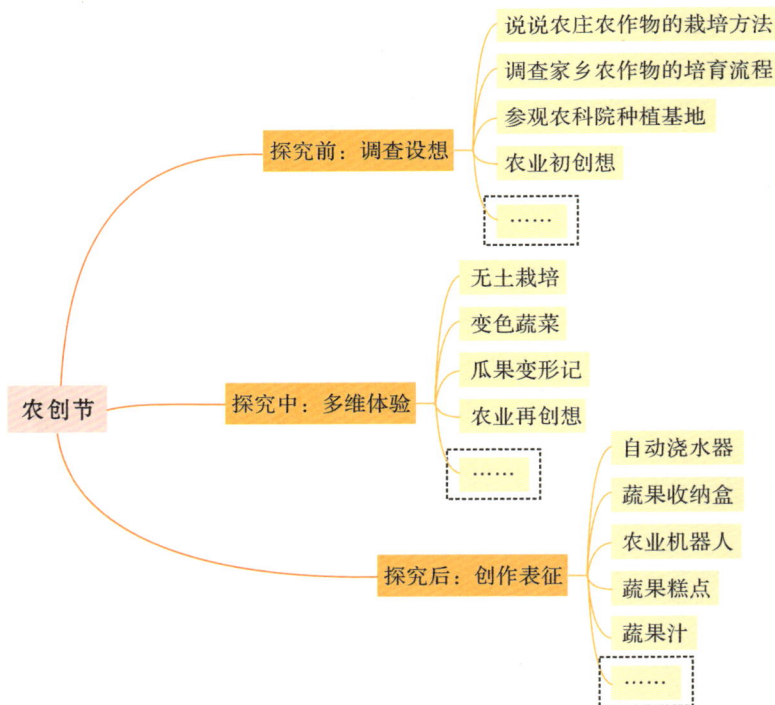

"农创节"节日网络

五、环境准备

"农创节"环境准备

六、活动导航

为了"农创节"活动的顺利开展，园所制定了具体的活动内容、目标和实施途径（见表3-3-3）。

表3-3-3　"农创节"活动导航

活动阶段	活动方向	活动内容	活动目标	实施途径		
				集体探究	小组探究	亲子探究
探究前	调查设想	说说农庄农作物的栽培方法	1.结合自己在"智慧六园"中对草、花、菜等的栽培经验，说出几种农作物的种植、养护方法。 2.小组合作，尝试将种植、养护方法做简单的梳理和归类。 3.通过与同伴交流分享自己的经验，体验合作的乐趣。	✓	✓	—
		调查家乡农作物的培育流程	1.尝试通过阅读绘本、请教亲人、观看视频等方式，了解一种家乡农作物从种植到收获的全流程。 2.愿意在集体面前分享调查成果，体会获取新知识的满足感。	✓	—	✓
		参观农科院种植基地	1.实地观察、了解农科院里农作物的培育方式，农科院专家面对面答疑解惑。 2.体会科技发明给农作物培育带来的影响，感受科技创造给人们生产生活的带来价值和意义。	—	✓	—
		农业初创想	1.根据自己的调查、参观经验，创想新的农作物种植、培育、制作、售卖等方式。 2.大胆畅想未来农业科技的样态，感受想象的奇妙与乐趣。	✓	—	—
探究中	多维体验	无土栽培	1.通过采访、观看视频等方式，认识无土栽培的工具、材料。 2.知道无土栽培的方法，亲身实践体验，感受无土栽培的新奇与快乐。	—	✓	—
		变色蔬菜	1.运用食用色素染色、装饰等方式制作变色蔬菜，感受蔬菜颜色变化的奇妙。 2.发挥想象力与创造力，尝试利用变色蔬菜制作创意物品。	—	✓	—
		瓜果变形记	1.联系生活，探索不同瓜果变形的方式和策略。 2.尝试利用模具包裹住瓜果，观察瓜果生长过程中的形状变化，锻炼细致观察的能力，挑战自己的原有认知。	✓	—	—

续表

活动阶段	活动方向	活动内容	活动目标	实施途径		
				集体探究	小组探究	亲子探究
探究中	多维体验	农业再创想	1. 根据一系列实践体验，调整或丰富自己的初创想。 2. 乐于展示自己的创想，体会交流分享的喜悦。	√	—	—
探究后	创作表征	自动浇水器	1. 利用各种瓶罐、绳子、吸管、气球等材料制作自动浇水器。 2. 知道绳子能够引流，了解钻孔的方法，发现吸管喷口和瓶中水位的关系。 3. 在自制喷水器的过程中感受动手操作、实验探究的乐趣，获得成功感。	√	—	—
		蔬果收纳盒	1. 知道收纳盒的结构和作用，能够与同伴、教师、父母一起尝试制作蔬果收纳盒。 2. 通过绘画、裁剪等方式装饰收纳盒，愿意在同伴面前分享介绍自己的蔬果收纳盒。 3. 体验与同伴合作的乐趣，能够在集体面前大胆展现自我。	√	—	√
		农业机器人	1. 通过调查收集，认识了解常见的农业机器人的功能和作用。 2. 尝试以图画、语言等形式表达自己创设的农业机器人的外貌和功能。 3. 感受想象创作的乐趣。	√	—	√
		蔬果糕点	1. 利用蔬果榨汁获得的不同颜色，制作彩色蔬果糕点。 2. 锻炼动手操作的能力，发展揉、压、搓、捏等技能，体会蔬果制品颜色变化的快乐。	—	√	—
		蔬果汁	1. 品尝蔬菜汁和水果汁独特的味道。 2. 小组合作尝试将不同的蔬菜和水果组合榨汁，并交流其可行性。 3. 提高语言表达能力，体会将食物组合加工的乐趣。	—	√	—

七、活动案例

（一）课程实例记录

实例一：参观农科院种植基地

活动目标：

1.实地观察、了解农科院里农作物的培育方式，农科院专家面对面答疑解惑。

2.体会科技发明给农作物培育带来的影响，感受科技创造给人们生产生活带来的价值和意义。

活动准备：

1.提前联系农科院工作人员。

2.平板电脑、水壶、毛巾、记录本等。

活动过程：

一、远足前——回忆、讨论、计划

1.谈话导入。

（1）师："大家还记得咱们之前去过的数字农庄吗？你们最喜欢里面哪个地方？为什么？"

（2）师："今天我们要去农科院种植基地，那里面有很多新奇的东西。"

2.交代远足任务。

师："这次去农科院种植基地可是有任务的。一是寻找农科院种植基地和平常的农庄有什么不一样的地方？二是有哪些地方是你们比较好奇的？每组一个平板电脑，将好奇的地方拍下来。"

3.指出远足中的注意事项。

（1）师："大家还记得外出的时候要注意些什么吗？"

（2）总结："保管好自己的水壶和衣物；跟上自己小组的队伍；时间到后，要准时回到集中的地方；见到农科院的叔叔阿姨要有礼貌；不随地乱扔垃圾。"

二、远足中——参观、倾听、体验

1.走进农科院，边参观边听农科院工作人员介绍讲解。

2.分小组完成交代的两个任务。

师："还记得我们参观的任务吗？如果有什么不懂的地方，可以随时向农科院的专家们请教哦。"

3.采访农科专家。

幼儿扮演小记者，采访农科专家，请他们介绍基地内最先进、最值得骄傲的技术。

三、远足后——分享、交流、总结

1.分享交流参观感受。

2.完成交代的两个任务。

师："农科院种植基地和我们的农庄有什么不同？你们都拍了哪些你们觉得好奇的东西？有没有遇到什么困惑？农科院的专家们是怎样解答的？"

3.说一说想要尝试的种植、养护等技术。

"参观农科院种植基地"活动过程

实例二：农业再创想

活动目标：

1.根据一系列实践体验，调整或丰富自己的初创想。

2.乐于展示自己的创想，体会交流分享的喜悦。

活动准备：

1.幼儿农业初创想的作品、纸、各种画笔等。

2.幼儿已有的一系列农创活动经历。

活动过程：

一、回忆农创活动经历。

师："在最近一段时间里，我们一起体验了许多农创活动。在这些活动中，你收获了哪些新知识、新发现？"

二、进行农业再创想

1.展示幼儿农业初创想作品。

师："大家还记得咱们之前农业初创想的作品吗？让我们一起再看一看。"

2.幼儿对自己的作品进行调整或丰富。

师："如果让你们再进行一次农业创想，你们有没有什么新的想法呢？想不想再试一试呀？"

三、分享交流自己的创想

师："有没有哪位小朋友愿意分享一下？记得讲清楚你的发明和设想哦。"

"农业再创想"活动过程

（二）节日故事分享

活动故事——调制水培蔬菜营养液

一、故事记录

在调制水培蔬菜营养液时，幼儿找来说明书，发现分别需要1号、2号、3号3种营养液，而且比例得是1:1:1。这时，有位幼儿问道："什么是比例呀？"泽晨说："应该就是像比赛一样吧，也有多少比多少的。"莹莹说："那1:1:1的话，怎样才能保证它们一样多呢？"航航说："说明书上用的是量杯，我们也可以用量杯。"

"那量杯怎么用呢？""杯子上面有数字。""我知道这个叫刻度。""需要多少就倒多少！"幼儿你一言我一语地讨论着。小宝提议道："我们大家都装80mL的水，看看谁装得对。"于是，幼儿去接水。奕晨还提到要把量杯放平了看，这样看的刻度才会准确。

学会了用量杯测量的方法后，幼儿开始配比营养液。同时每位幼儿还拿到了一张调制营养液的记录纸，每人4次机会，一边倒营养液一边记录，于是幼儿的记录纸上有40:40:40的，有80:80:80的，有120:120:120的，在调制结束的时候，幼儿终于明白，原来无论数字有多大，只要3个一样大，它们就是1:1:1。

幼儿调制水培蔬菜营养液

二、故事分析

对于阅读说明书时遇到的比例问题,幼儿利用平时看球赛的经验进行分析和理解,并根据说明书的指示找来了配比用的量杯。而后,幼儿认识了量杯的特点,学会了用量杯测量的方法,体会了数字和刻度的作用,也通过操作、记录、观察、对比等方式,加深了对1:1:1比例的理解,成功调制出水培蔬菜营养液。

课程故事——自动喷水器诞生记

一、故事背景

新中班幼儿一进入中大班时,就发现了大门口的喷泉。"哇,这里有喷泉!""好漂亮呀!"喷泉成了幼儿最喜欢的地方。而在"小农庄"活动中,许多幼儿发现前几天还是绿色的青菜,现在怎么都变黄了?

琪琪:"应该是口渴了吧,要给它浇水。"

小宝:"可是这里没有水。"

天昊:"要是把门口的喷泉放在小农庄就好了,就能给青菜自动浇水了。"

芃芃:"对呀,要是有像喷泉一样的自动浇水器就好了。"

对青菜叶子变黄问题的思考,激发了幼儿解决小农庄自动浇水问题的探究兴趣。幼儿畅所欲言,彼此分享自己的想法,于是"小农庄自动浇水器"探索活动就此开展。

二、初步设计,奠定制作基础

通过亲子查阅、实地观察、集体讨论等方式,幼儿发现原来日常生活中有各种各样的自动浇水器,在初步了解常见自动浇水器的外形特征和组成部件后,幼儿跃跃欲试,也想亲自设计一款适合班级小农庄的自动浇水器。

知叶:"我们的小农庄是扇形的,很大。所以我的浇水器也要很大。"

圆圆:"我想设计的浇水器是可以控制水量的。"

小宇:"浇水器的水很快用光了,我这个自动浇水器里的水在快用完的时候会自己流回去。"

只只:"我设计的浇水器非常小,可以放在小农庄的任何角落。"

幼儿根据自己的想法，画出自动浇水器的设计稿。而后，教师和幼儿通过组间谈话、集体介绍、小组投票等方式，从28幅设计稿中选择出3幅最受欢迎且最具可行性的设计稿进行制作。

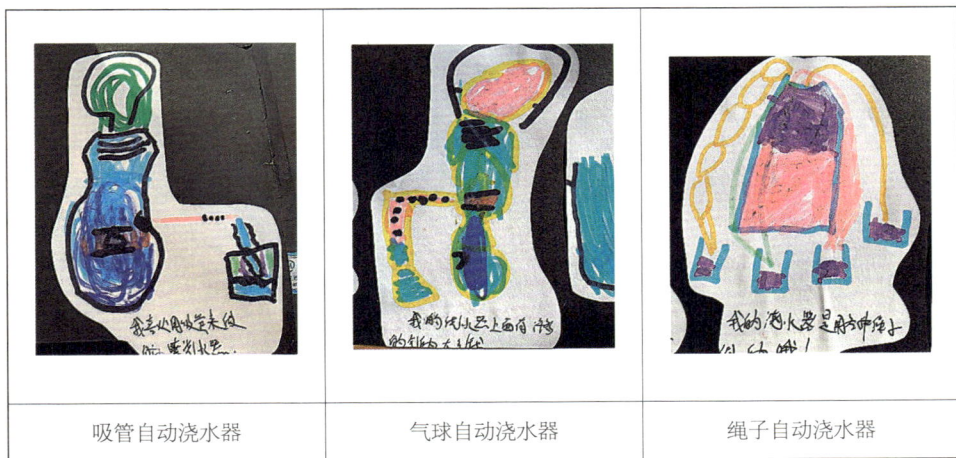

| 吸管自动浇水器 | 气球自动浇水器 | 绳子自动浇水器 |

3幅自动浇水器设计稿

情景分析：在绘制自动浇水器设计稿时，幼儿想到从班级小农庄的地形特征、浇水器的洒水流量、操作是否方便等方面入手进行设想，充分结合设计目的以及实际制作的可行性。面对众多设计稿，教师与幼儿通过谈话、投票等方式进行筛选，既尊重幼儿的意愿，又能集团体之力共同创作，为后续活动的开展做好铺垫。

三、就地取材，收集操作材料

在正式制作浇水器之前，幼儿先对自动浇水器的材料进行了调查、收集和评价。

（一）调查材料

结合前期学习经验，幼儿了解到浇水器是由储水装置和引水装置组成的，幼儿也根据这两类装置进行材料分类。

小宝："储水装置就是装水的东西，就像瓶子、罐子一样。"

牛奶："那引水装置是什么呢？"

明明："是用来将水引流出去的东西，就像管子一样。"

（二）收集材料

根据材料的调查分类，幼儿明白需要收集的材料共有两类。一类是像瓶瓶罐罐一样装水的东西，另一类是像水管、吸管一样让水流出去的东西。

天昊："这里有吸管，可以做浇水器的引水装置。"

小宇："我这里有瓶子，可以用来做浇水器的储水装置。"

思齐："我找到了大的矿泉水瓶。"

清雨："我在植物医院里，发现了挂盐水的带子和滴管，可以做浇水器的管子。"

倩倩："沙坑那里有好多塑料管，可以用来做浇水器的引水装置。"

幼儿在园中收集材料

（三）评价材料

一番努力下，幼儿收集到了许多能做浇水器的材料，如吸管、PVC管、水管、各种大小不一的瓶子、各种绳子、气球等。但幼儿也发现并不是所有收集到的材料都能用来制作自动浇水器。

芃芃："用管子的话需要人拿着，它就不是自动浇水器了。"

于是幼儿经过分析，对材料进行了筛选，挑选出适合的材料。

情景分析：自动浇水器可是一个复杂的装置，需要用到多种不同的材料。幼儿先根据浇水器的储水装置和引水装置两个功能结构对材料进行分类，以便更有针对性地进行材料的收集。但不是所有具有相同功能结构的材料都能用来制作浇水器，还要考虑"自动"二字，筛选合适的材料，为后续活动的开展提供可行性。在调查、收集、评价材料的过程中，幼儿不仅提高了观察事物、分析事物、评价判断的能力，也增强了与同伴合作、链接迁移经验的意识。

四、三步制作，丰富、提升经验

自动浇水器的材料已经收集好了，接下来一起动手制作吧！

（一）自动浇水器 1.0——绳子自动浇水器

幼儿最先尝试的是绳子自动浇水器的制作，但是有些幼儿对于绳子是否能用来引水充满疑惑。

问题一：绳子能引水吗？

花花："绳子真的能引水吗？"

可可："我以前看过一个节目，他就是用绳子引水的。"

书尧："不如我们先实验一下吧，不能的话就别做了。"

幼儿觉得书尧的话很有道理，立即用棉线进行尝试。他们将棉线的一端放在水里，另一端放在空塑料杯里。第二天，幼儿惊奇地发现，原来水真的能通过棉线流到塑料杯里！

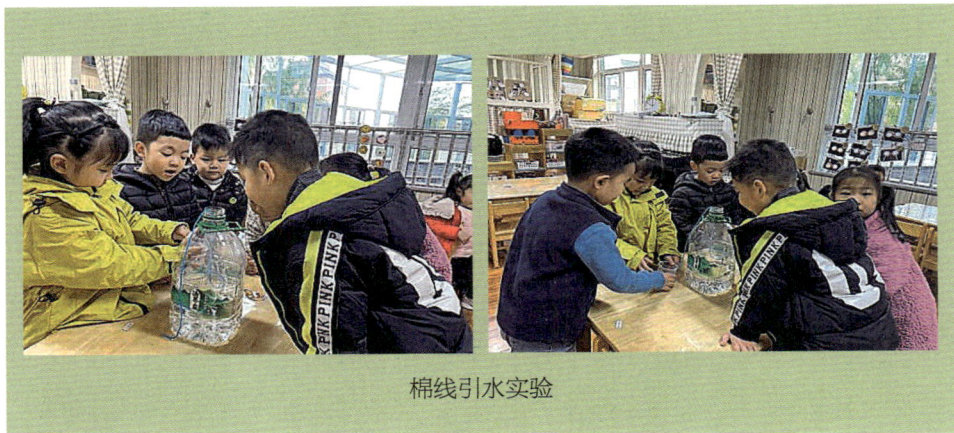

棉线引水实验

问题二：谁的爬水速度最快？

随着棉线引水实验的成功，幼儿发现原来绳子真的能让水流出来。那除了棉线以外，还有什么线可以用来引水呢？谁的爬水速度最快呢？让我们一起来探索吧。幼儿在区域中找来 7 种不同的绳子，如毛线、棉线、麻绳等，同时放在瓶子里，等待 1 小时，看谁的引水量最多。

7种线的引水实验

1 小时后，幼儿惊喜地发现原来除了毛线和彩带，其他绳子也都可以引水。根据塑料杯中的水量，幼儿发现爬水速度最快的是棉线，其次是花边和纸绳。

引水量记录

第一名	第二名	第三名	第四名	第五名	第六名	第七名
棉线	花边	纸绳	麻绳	牛皮筋	彩带	粗毛线

引水量排名

情景分析：在制作绳子自动浇水器时，幼儿用小实验验证疑惑，通过不同材质的绳子的引水实验，不仅发现绳子可以成功引水，还认识到不同材质的绳子引水的速度是不同的，充分挑战幼儿的原有认知，丰富有关绳子功能的认识。同时，这次尝试也是幼儿实践经验的一次积累。如，实验的前提要有假设猜想（绳子是否能引水），实验过程中要控制好无关变量（不同材质的绳子的引水时间相同），实验后要得出结论（引水速度排名），促进了幼儿逻辑思维的培养。

（二）自动浇水器 2.0——吸管自动浇水器

绳子自动浇水器制作完成后，幼儿马上将其投入使用。经过一段时间，幼儿发现绳子浇水器的浇水速度太慢了，满足不了需水量较多的植物。于是，幼儿根据设计稿开始了自动浇水器 2.0——吸管自动浇水器的初步制作。

但刚开始制作，幼儿就遇到了一个难题：要怎样才能戳一个和吸管口大小一样的洞呢？

问题一：怎么戳洞呢？

花花："要不我们用剪刀吧？"

倩倩："要不用老师布置场地的钉子吧？"

于是幼儿开始在教室里寻找可以用来戳洞的工具，并利用工具进行戳洞小实验。在实验过程中幼儿发现，剪刀头太宽，无法戳出一个小洞，工字钉太小，不容易戳洞。那到底怎样才能既安全又快速地戳洞呢？教师根据幼儿的疑惑，开展"发热的钉子"集体教学活动，幼儿了解到原来"发热的钉子"一碰到塑料瓶就能戳出小洞。于是在教师的帮助下，幼儿用打火机加热钉子后进行戳洞。

剪刀	钉子	石头
尖锐的木块	记录瞬间	记录纸

戳洞小实验

戳洞成功后，幼儿将吸管——插入小洞内，并在瓶子里灌满了水。但在灌水过程中，许多幼儿发现小洞口总是有很多水漏出来，不一会儿瓶子里的水就流光了，为此幼儿感到非常着急。

问题二：插吸管的地方漏水了怎么办？

芃芃："怎么会漏水呢？"

可可："这个地方有个小裂缝，水是从这里流出来的。"

小宇："那我们要怎么办？要不用胶带粘一下？"

知叶："要不用固体胶和纸粘一下？"

于是，幼儿开始填补小裂缝的尝试，结果固体胶和纸一遇到漏出来的水就化开了，胶带遇到水也没了黏性。面对这种情况，幼儿开始重新讨论，他们想到可以利用教师的胶枪进行尝试，结果这次水真的没有漏出来了。

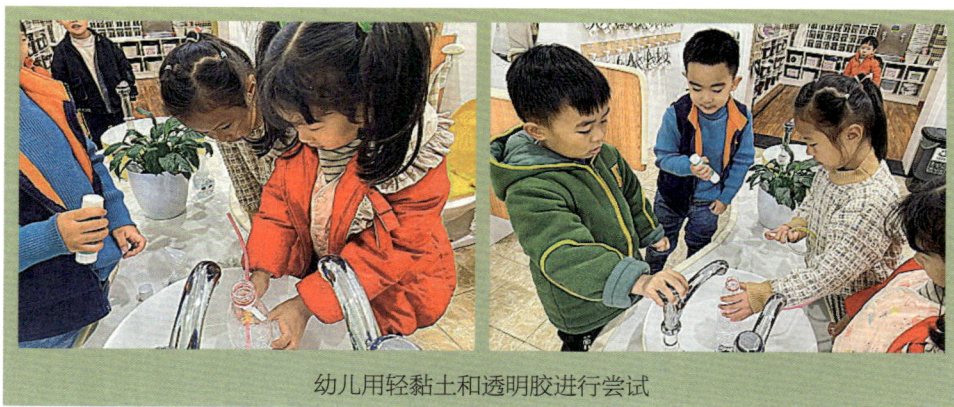

幼儿用轻黏土和透明胶进行尝试

在吸管自动浇水器浇水的过程中，笑笑突发奇想，把吸管的喷口向上抬，结果水就流不出了。为什么瓶子里还有水，水却流不出来了呢？幼儿对这一现象非常好奇，并进行大胆猜想。

问题三：瓶子里还有水，为什么却流不出来了？

琪琪："是不是吸管没有碰到水呀？所以水就流不出来了？"

书尧："是不是水不会向上流啊？"

天昊："是不是小洞口堵住了？"

根据猜想，幼儿进行检查，发现小洞口完好无损，于是他们又针对吸管的位置进行实验。幼儿先将吸管插在靠近瓶口的地方，将吸管的喷口往上抬，之后灌满水，发现吸管的水流了一会儿就出不来了，此时瓶子里还剩下好多水。接着，幼儿将吸管插在瓶子的同一位置，但没有将吸管往上抬，结果水不断地流出来，直到吸管够不到水才停止。经过这两个实验对比，幼儿发现原来瓶子中的水是否能流出和吸管的喷口与瓶中的水位有关，吸管的喷口高于水位时，水就流不出来，而喷口低于水位时，水就会流出来。

吸管位置实验

情景分析：幼儿之前有过戳洞的经验，但在相对坚硬的塑料瓶上戳一个吸管口大小的洞是从未尝试过的，受制于幼儿的已有经验，教师决定以一节集体教学活动帮助他们拓展生活经验，解决戳洞的难题。之后，小裂缝的出现又困扰了幼儿，虽然胶水和纸可以填补小裂缝，但由于水的性质特殊，可以融化纸，稀释胶水，所以并不起作用，经过二次思考，幼儿找来胶枪，最后实验成功，获得深度学习思考后的满足感与成就感。而最后吸管位置的实验是一次科学小尝试，涉及空气和水的压力等相关知识，幼儿不必了解压力的概念，教师也不必讲解，只要幼儿能解决问题并得出结论，对其自身就是一次提升。

（三）自动浇水器3.0——定量自动浇水器

吸管自动浇水器制作成功，这下浇水的速度终于变快啦！这时他们又有了新的想法，想做一个难度更大的定量浇水器。

结合幼儿的已有经验，许多幼儿提到可以用气球来进行定量。

问题一：如何进行定量？

萌萌："我们可以用气球，我看见过气球浇水器。"

甜甜："这个浇水器，气球有气的时候，水就浇出来了，等到气球没有气的时候，水就出不来了。"

说完开始实验，结果发现将充满气的气球套在做好的吸管浇水器上时，水就可以流出来，等到气球没气的时候，水就流不出了，原来气球是可以控制水的流量的呀！

定量浇水器初尝试

在使用气球自动浇水器时，幼儿发现它很不方便，每次浇水得先把气球从瓶子上取下来，重新吹满气再套上去。而且气球放在外面容易沾上细菌，需要替换新的气球，十分浪费。那除了气球，还有什么可以用来定量呢？幼儿从之前吸管喷口和瓶子水位的实验中得到了灵感。

问题二：除了气球，还有什么可以用来定量？

可可："我们可以调整吸管喷口的位置呀！只要吸管喷口的位置比瓶子水位高，浇水器就不会浇水了。"

笑笑："如果想要水流得多一点就可以把吸管喷口放低一点。"

天昊："折吸管的话，它会更快变回去。"

清雨："不如我们把吸管剪短吧，这样喷口会变低，也不会变回去。"

幼儿赞同清雨的想法，按照植物需要的水量的多少变换吸管的长度，控制水量，幼儿定量浇水器的尝试又一次成功啦！

幼儿尝试不同长度的吸管

情景分析：定量自动浇水器的制作充分运用了幼儿的已有经验，无论是气球的尝试，还是吸管长短的变换，都是幼儿迁移、应用经验的过程，充分提高了幼儿发现问题、分析问题和解决问题的能力。

五、故事反思

自动浇水器的制作，无论是最初的设计图创作、材料的收集，还是绳子浇水器、吸管浇水器、定量浇水器的制作，都充分体现了幼儿的主体地位。活动中的各种实验，也让幼儿充分验证了自己的猜想，了解了很多生活常识和科学现象，幼儿猜想假设、观察比较、动手操作、解决问题等的能力都得到充分的提升与发展。

但放眼整个自动浇水器的制作过程，三种类型浇水器的制作实质上都是引水装置的改变，而储水装置始终都是同一个塑料瓶，但其实储水装置的变换也能给幼儿带来新的发展点。比如，在定量自动浇水器的制作上，增加塑料瓶的数量，各个塑料瓶各自封闭却又彼此打通，流完一小瓶刚好是330mL的水量，也能起到定量的效果。在幼儿制作某样物品时，除了幼儿自己收集的材料，教师也可有意识地投放新的材料，拓展幼儿的制作思路。同时，当幼儿局限在某一思路时，教师也可通过某些提示适当引导幼儿改变方向，为其带去新的灵感。

八、精彩剪影

"农创节"精彩剪影

第四节 亲亲山水节

一、节日导引

绿水青山不仅是金山银山，还是幼儿的学海书山。园所山水节是幼儿感知家乡山水的节日，也是幼儿体验自然之趣的庆典。山和水是节日开展的两个媒介，游山和玩水是节日活动呈现的两个方式。走进大山的游山活动，让幼儿感受山林的壮阔，在对山的体验和探索中体会家乡山林的美丽和好玩。游历家乡生态湖泊、青山溪流，体验和探究水的特性的玩水活动，拓展、提升幼儿对湖泊溪流的认知。山水节是最亲近家乡自然的节日，幼儿在自然山水中真奔跑、真观察、真体验、真感受，自然而然地去学习他们感兴趣的知识和内容，在家乡大山和溪流的熏陶和浸润下收获对童年和家园的最初感受。

二、节日目标

（一）认知目标

1. 知道家乡有名的山水，能够感知自然环境的变化，发现并寻找自然物。

2. 初步认识水的流动性、压强、浮力等科学知识，收获与水相关的多种经验。

（二）能力目标

1. 在游山玩水活动中，锻炼夹、扔、跳、跑等技能，发展自身的运动能力。

2. 能用相应的表征画面记录游山玩水中发生的有趣的事情，并运用丰富的语言表达和分享。

（三）情感目标

1. 在游戏中体验合作的乐趣，初步形成竞争意识。

2. 体验自然的美好，感受家乡的山水之趣，产生对家乡山水的自豪之情，初步形成家园认同感和归属感。

三、问题搜索

（一）经验和疑问调查

在"山水节"活动正式开展前，园所针对幼儿进行了有关"山水节"活动的经验和疑问调查（见表3-4-1）。

表3-4-1　山水节经验和疑问

关于山水节，我知道……

山水节有很多游戏

我们可以和爸爸妈妈一起爬山，一起做游戏。

我们去大山上，寻找山的宝藏。

山水节上可以看到很多美丽的风景。

我们在山水节上可以一起玩水枪、打水仗，可好玩了！

山水节碰上了重阳节，我们会爬山登高。

……

关于山水节，我想知道……

今年要去爬哪座山？

什么时候举办？我得提前告诉爸爸妈妈。

我们出去需要准备些什么？

今年有哪些游戏可以选择？我们可以自己设计游戏吗？

我们如何制定游戏计划？

我们怎么把山水节记录下来？

……

（二）操作性问题调查

除了山水节经验和疑问调查外，园所还进行了山水节操作性问题调查（见表3-4-2）。

表3-4-2 山水节操作性问题

问题	回答
山水节设计了哪些游戏？	登高比赛、寻秋游戏、水中夹豆、运水比拼、鱼跃龙门、水枪大战、蹚水抓鱼……
山水节需要准备些什么？	出游的帽子、水杯、纸巾等物品，玩水时的毛巾、雨衣、换洗的衣物等。
山水节需要注意些什么？	安全第一，有问题及时找父母和教师。

四、节日网络

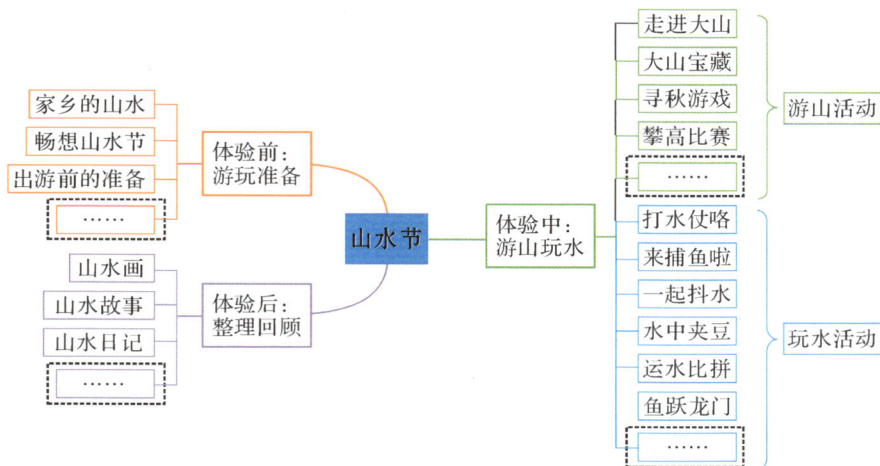

"山水节"节日网络

五、环境准备

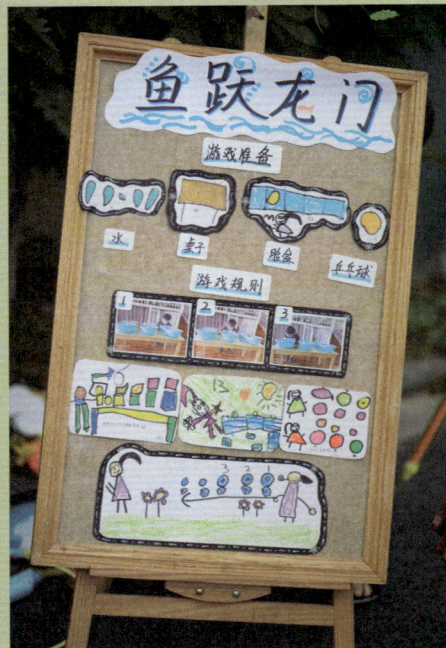

"山水节"环境准备

六、活动导航

为了"山水节"活动的顺利开展，园所制定了具体的活动内容、目标和实施途径（见表3-4-3）。

表3-4-3 "山水节"活动导航

活动阶段	活动方向	活动内容	活动目标	实施途径		
				集体探究	小组探究	亲子探究
体验前	游玩准备	家乡的山水	1. 大胆讨论家乡山水的特色，尝试使用表情、动作等方式辅助表达。 2. 能有意识地倾听他人的表达，并对他人谈到家乡时给予回应。 3. 增进对家乡的了解，萌发对家乡的喜爱之情。	√	–	
		畅想山水节	1. 通过欣赏家乡山水的图片和视频，小组合作尝试进行"山水节"活动设计，并用语言、图画等进行表征。 2. 愿意在集体面前表达自己的想法，喜欢设计和参与活动。	√	√	–
		出游前准备	1. 根据出游场所，初步挑选合理的出游物品，并能将物品进行分类。 2. 明白出游的注意事项，有保护自己和他人安全的意识，具有一定的责任感。	–	√	√
体验中	游山玩水	走进大山	1. 欣赏大山中美丽的风景，了解山中著名景点的故事和历史。 2. 在爬山活动中锻炼坚持不懈、不怕困难的意志品质，感受与父母、同伴一起活动的乐趣。	–	–	√
		大山宝藏	1. 感受大山的绿树清泉和新鲜空气等自然宝藏，了解大山里的古迹以及与古道有关的传说。 2. 萌发珍惜自然、保护环境的意识，形成对家乡山林的热爱与自豪之情。	–	–	√
		寻秋游戏	1. 通过对山与自然的观察探索，了解并寻找变黄掉落的树叶、长满枝头的果实等秋天的典型特征。 2. 感受大山里秋天特有的美景，进一步萌发热爱家乡、热爱自然的情感。	√	–	√
		攀高比赛	1. 通过攀爬游戏锻炼爬、走、挪等技能，发展平衡和协调能力。 2. 在合作中感受与同伴游戏的快乐。	–	√	–
		打水仗咯	1. 了解并遵守打水仗的游戏规则。 2. 在射水、灌水中发展捏、拉、灌等能力，感受游戏的乐趣。	√	√	–

活动阶段	活动方向	活动内容	活动目标	实施途径		
				集体探究	小组探究	亲子探究
体验中	游山玩水	来捕鱼啦	1. 尝试运用各种工具捕鱼，了解并总结捕鱼的基本方法。 2. 练习快跑、快躲等动作，提高敏捷性。 3. 在游戏中形成相互协作的意识，感受捕鱼的快乐与成就感。	–	√	–
		一起抖水	1. 在抖水中提高身体平衡和弹跳能力。 2. 感受愉快、热闹的游戏气氛，体会与同伴游戏的乐趣。	–	√	–
		水中夹豆	1. 了解游戏规则，在夹豆中发展手眼协调能力。 2. 锻炼耐性，收获成功夹豆的满足感。	–	√	–
		运水比拼	1. 了解运水规则，能够与同伴合作运水。 2. 乐于帮助他人，感受互帮互助的快乐。	–	√	–
		鱼跃龙门	1. 在游戏中发展吹的技能，锻炼肺活量。 2. 能专注、积极、愉快地参与游戏，尝试总结游戏技巧，并乐于和同伴分享游戏经验。	–	√	–
体验后	整理回顾	山水画	1. 了解山水画的特点，感知画中的意境美。 2. 结合游山玩水的经历，简单画出自己最喜欢的家乡山水画。 3. 体验山水画带来的快乐与成功，萌发对家乡山水的热爱之情。	√	–	–
		山水故事	1. 通过收集游玩过程中的照片、图画、视频等资料，大胆和同伴分享自己的游玩小故事。 2. 乐于在集体面前表达分享，初步养成勇于尝试的精神。	√	–	–
		山水日记	1. 初步接触日记，能感知、理解事件发生的过程，并能用较完整连贯的文字以日记的形式进行记录。 2. 能以连环画的形式表征自己的山水节日记，体验与同伴分享日记的喜悦。	√	–	–

七、活动案例

（一）课程实例记录

实例一：家乡的山水

活动目标：

1.大胆讨论家乡山水的特色，尝试使用表情、动作等方式辅助表达。

2.能有意识地倾听他人表达，并对他人谈到家乡时给予回应。

3.增进对家乡的了解，萌发对家乡的喜爱之情。

活动准备：

1.有关家乡山水的视频或图片，每人一份已完成的"家乡山水"调查表。

2.幼儿已经初步调查并认识家乡山水的特色。

活动过程：

一、我们家乡的山水

1.幼儿欣赏视频或图片，谈话引出家乡山水。

2.师："小朋友们，这些地方你们熟悉吗？没错，这就是我们家乡的山和水。之前老师已经给大家布置了任务，请你们调查家乡山水的特色，现在有谁愿意分享一下呢？"

二、家乡山水的特色

1.山水中的美食。

（1）师："这位小朋友给我们介绍了他在xxx吃到的野味，你们在游山玩水的时候，还吃到过哪些美食？你们最喜欢哪种食物？说说你们的理由。"

（2）幼儿结合事先收集的山水美食的图片或用举例的方式进行介绍。

2.山水中的美景。

（1）师："你们还看过家乡哪些山水美景？你们最喜欢哪处美景？"

（2）幼儿结合事先收集的山水美景的图片或用举例的方式进行介绍。

3.山水中的风俗。

（1）师："你们还听到过哪些山水中的独特风俗？"

（2）幼儿结合事先收集的山水中的风俗的图片或用举例的方式进行介绍。

三、我爱家乡的山水

1.教师边总结边以简笔画的形式在黑板上进行记录，帮助幼儿梳理谈话内容。

2.师："你们喜欢家乡的山水吗？为什么？"

"家乡的山水"活动过程

（二）节日故事分享

活动故事——寻秋游戏

一、故事记录

秋高气爽的一天，园所中班幼儿走进家乡的生态园，一起寻找家乡秋天的身影。幼儿带着教师准备的九色卡，开始了寻找秋天不同颜色的游戏。欣淼找到一片黄黄的树叶，马上对比图纸上的颜色，欢呼雀跃起来："颜色找到啦！"妈妈告诉她："这只是其中一种漂亮的颜色。图片上还有很多种颜色没有找到，我们赶快去找吧。"其他幼儿也激动地呼喊道："我找到了蓝色的果子！""这片叶子好奇妙，它有三种颜色。"这时，一阵风吹过，树叶像小精灵一样跳起舞来。"哇，叶子落下好美呀！""听，踩在树叶上会有沙沙的声音。""看，把树叶抛上去像不像下雨。"幼儿们纷纷尝试把叶子抛起来，有的往自己头上抛，有的往同伴头上抛，有的往教师头上抛……树叶从天上散落下来的样子美极了，这一片其乐融融的景象从此被珍藏在幼儿关于秋天的记忆中。

幼儿进行寻找秋天不同颜色的游戏

二、故事分析

季节的变幻是抽象的，但是季节的特征又是具体的，寻秋游戏通过树叶、果实等实物帮助幼儿认识秋天的主要特征。幼儿与同伴、教师、父母一起走进山中的生态园，相互帮助寻找秋天的特征，在交流与分享中拉近彼此的距离。

课程故事——纸杯大作战

一、故事背景

每到山水节开展之际，幼儿园的"山水儿童小镇"就变成了幼儿玩水的天堂，大家纷纷讨论自己想要玩的项目。中二班的俊俊出去收集了一圈"情报"，迫不及待地和小伙伴分享，他们发现有的班想要玩水枪游戏；有的班想在气球里装满水，玩扔水球游戏……花样可多了！中二班的幼儿也开了个集体会议，最终他们决定玩水枪纸杯游戏。

二、游戏材料和场地选择

开展水枪纸杯游戏需要用到一些水枪和纸杯，可是这些材料在哪里可以找到呢？

雨辰："我知道，你看建构区里就有很多纸杯呀！"

琳琳："对呀，对呀，我们可以用，那水枪呢？"

子义："我家里有，我爸爸刚刚给我买了新水枪。"

现在材料问题已经解决，游戏场地又该怎么选择呢？

一鸣："那我们去哪里玩游戏啊？在教室里玩会把教室弄湿的。"

可儿："去外面玩啊！要有水龙头的地方，我们水枪要用水的。"

子江："我有个好地方——我们的小农庄，那里有水龙头的。"

就这样，幼儿自问自答，顺利解决了游戏开展所需的材料和场地的问题，心心念念地期待着水枪纸杯游戏的开展。

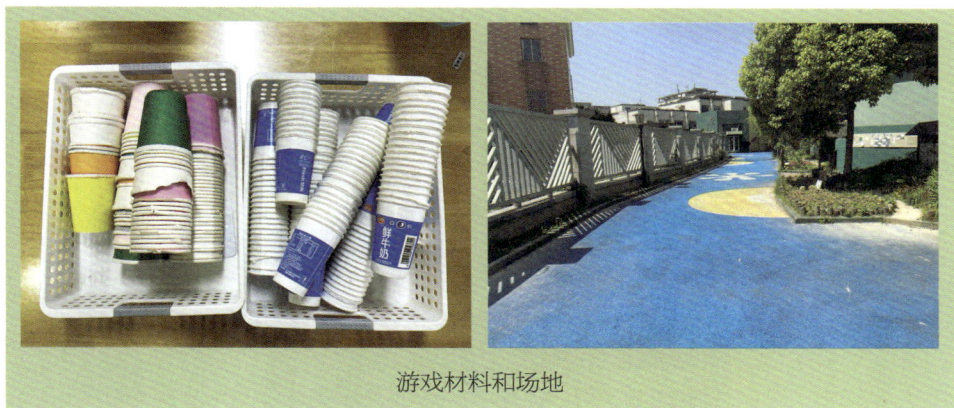

游戏材料和场地

情景分析：大多数时候游戏材料和场地都是由教师事先准备好的，但其实思考游戏材料和场地也是思考游戏玩法和开展条件的过程。游戏材料是游戏开展的前提，游戏玩法是基于材料的设想。而游戏场地则代表了游戏条件。

三、水枪和纸杯的组合玩法

（一）纸杯打枪大战

明宇："我最喜欢玩打枪游戏了。"

佳诚："我有好办法了，我们把纸杯叠起来，再用水枪打纸杯呀！"

婷婷："那我们把建构区的纸杯都搬出去吧！"

幼儿搬运纸杯

但在游戏场地布置和游戏规则设计的过程中，幼儿也遇到了一些问题。

问题一：纸杯放地上太低了怎么办？

佳佳："我知道，我们搬一张椅子呀！"

静静："不行，椅子太低了。"

思秋："那我们搬一张桌子好啦！再把纸杯放在桌子上。"

幼儿一起搬来一张桌子，可以在桌子上摆放纸杯啦。

幼儿一起搬桌子

问题二：怎样搭建纸杯？

开始时，有幼儿提出一个一个摆放纸杯的建议，遭到了其他幼儿的一致反对，原因是这样摆放纸杯的高度太低了。之后又有幼儿利用以往在建构区里获得的经验，用纸杯搭建出大山的形状，可是杯子太轻了，风一吹就全倒了。最后，幼儿决定将两个纸杯叠在一起，搭建出小山的形状，这样高度既不会太低，纸杯也不会被风吹走。

小山形状的纸杯

问题三：双方都打倒了纸杯，怎么评判输赢？

随着游戏的进行，幼儿逐渐掌握了打倒纸杯的诀窍，大部分幼儿可以把纸杯全部打倒。正巧，天昊和奔奔在比赛，他们两个也都把纸杯全打倒了。

七七："他们把纸杯都打倒了，那到底是谁赢了呢？"

天昊："当然是我赢了，你看我打的纸杯比较远！"

奔奔："明明是我打的比较远！"

旺仔："我也看不出来，不如我们量一量吧。"

幼儿有的找来了尺子，有的找来了棍子，有的找来了彩带，也有的直接用自己的"大长腿"测量距离，最后发现奔奔比较远，于是奔奔获得了这场比赛的胜利。

幼儿找来的测量工具

（二）纸杯向前进

在纸杯水枪大战结束后，幼儿又进行了新的尝试。

豆豆："我还知道新的玩法，就是把纸杯穿进一根线里，用水枪打纸杯前进。这个游戏很好玩的，我在游乐园里玩过。"

豆豆的一番话引起了大家的兴趣，幼儿等不及想要尝试一番。

问题一：长长的线怎么找？

依依："可是哪里有那么长的一根线呀？"

苹果："可不可以用我们手工区里的线呀？那个线很长的！"

嘉俊："好像可以哎，我们请老师、阿姨帮忙系一下吧。"

阿姨帮忙准备游戏道具

问题二：纸杯为什么不能前进？

游戏道具一准备好，幼儿就马上开始了游戏，可是他们发现，无论自己怎么用水枪打纸杯，纸杯都前进不了。

思思："是不是我的水枪威力太小了？"

菲儿："我知道，肯定是你的水枪喷出来的水太少了。"

贝尔："我可以来帮你，水多纸杯就会前进了。"

幼儿合力让水杯前进

情景分析：纸杯水枪的两个游戏，一个源于幼儿的兴趣，一个源于幼儿的已有经验，都是幼儿自主生成的。在游戏进行的过程中，幼儿会接二连三地遇到很多问题，但游戏是幼儿的主场，他们动动小脑筋就可以解决，在幼儿不断的摸索、尝试中，一个个小问题也就迎刃而解了。

四、故事反思

中二班的纸杯水枪游戏利用了班级建构区里的纸杯资源，进行了纸杯与水枪的一次碰撞。幼儿在游戏中遇到问题时，教师也没有过多干预，而是让幼儿从已有经验中找到问题的答案。

但在游戏过程中，教师可以适当增加一些支持游戏的策略，让幼儿自由自在游戏并不等于放任幼儿游戏。比如，在纸杯打枪大战中，大部分幼儿已经掌握了游戏诀窍，教师就可以引导幼儿适当加大游戏难度，例如增加纸杯重量，或是变换更稳固的形状，帮助幼儿在原有经验的基础上形成新的经验。而且纸杯和水是两个可以碰撞出很多火花的材料，当幼儿已经充分感知水枪这一工具时，教师可适当转换，把游戏重点放回到水与纸杯本身，从而探索出更多的科学奥秘。

八、精彩剪影

"山水节"精彩剪影

第五节　亲亲带货节

一、节日导引

每年的 11 月 11 日是网络促销日，俗称"双 11"狂欢购物节（以下简称"双11"）。随着人们对"双 11"关注度的提升，商家们带货的方式也越来越新奇，越来越多样，有组合式带货、加工式带货、体验式带货、线上带货、直播带货等。

在 11 月初，园所的幼儿也捕捉到了"双 11"的气息，在一次晨间谈话上，有位幼儿分享了他最近的开心事："妈妈说最近要过'双 11'了，她在购物车里加了好多东西，还给我买玩具。"一听到"双 11"，幼儿的兴趣可就来了。"我的爸爸妈妈也要过'双 11'，还说要看直播""'双 11'是什么日子？只有大人能过吗？""老师，我也想过'双 11'！"幼儿七嘴八舌地说着。有谁说"双11"是独属大人的节日呢？于是，为了满足幼儿的需求，应"双 11"主题而生的带货节就此拉开序幕。

幼儿经历了花草节和乡果节，对带货可并不陌生，那咱们的带货节怎么带出新意呢？首先是产品新，咱们售卖的产品大部分都是幼儿自己种的农产品；其次是形式新，除了在园内摆摊，还有线上直播售卖；最后是立意新，带货节的目的不仅仅是带货和过节，更是为了传播和发展家乡的物产，就让我们一起期待带货节的来临吧！

二、节日目标

（一）认知目标

1. 知道 11 月 11 日是网络促销日，是人们售货、囤货的狂欢日。

2. 知道带货节是以"创意销售"为核心的园本节日，了解带货节的开展有场地、农产品、宣传、定价、直播、售卖等关键因素。

（二）能力目标

1.巩固备货、场地布置、宣传、购买、售卖等开展节日的相关能力。

2.尝试直播带货，能够运用语言、图画等表征方式介绍产品的相关信息。

（三）情感目标

1.感受带货成功的喜悦，体验收获劳动成果和成功开展带货节的快乐和成就感。

2.体会家乡丰富的物产，萌发发展家乡、建设家乡的意识。

三、问题搜索

（一）经验和疑问调查

在"带货节"活动正式开展前，园所针对幼儿进行了有关"带货节"活动的经验和疑问调查（见表3-5-1）。

表3-5-1　带货节经验和疑问

关于带货节，我知道……	关于带货节，我想知道……
带货节是把自己种的东西拿出去卖，卖农产品。	直播带货要准备些什么？
带货节里有很多很多蔬菜和水果。	直播时怎样才能买到自己想买的东西？
带货节很热闹，有很多人。	直播时怎么把卖的东西给别人？
带货节里有人给我们发传单。	现场售卖中怎样才能把产品卖出去？
带货节里买东西很便宜。	带货节里可以刷脸或者用其他方式支付吗？
带货节里有一些是老板，还有一些是拉人的，有收钱的收银员和付钱的顾客。	带货节里怎样才能吸引更多的顾客？
带货节会有直播。	带货节产品是怎么摆放的？
带货节可以赚到钱。	带货节里卖东西是怎么收钱的？
……	……

（二）操作性问题调查

除了带货节经验和疑问调查外，园所还进行了带货节操作性问题调查（见表3-5-2）。

表3-5-2 带货节操作性问题

问题	回答
带货需要准备些什么？	店铺、人员分工、宣传、价格标签、篮子、袋子、柜子、架子、二维码、装饰、钱……
带货有哪些方式？	网络直播、现场售卖、购物app。
哪种带货方式最好？为什么？	1.网络直播（抖音等）——价格优惠，网速快，看到的人多。 2.现场售卖——能看到真实的产品，付钱就可以拿到。 3.购物app（淘宝等）——可以送到很远的地方，不满意可以退货。

四、节日网络

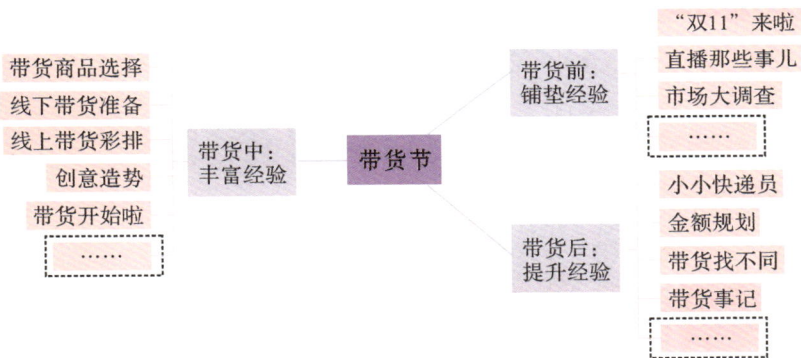

"带货节"节日网络

五、环境准备

"带货节"环境准备

六、活动导航

为了"带货节"活动的顺利开展，园所制定了具体的活动内容、目标和实施途径（见表3-5-3）。

表3-5-3 "带货节"活动导航

活动阶段	活动方向	活动内容	活动目标	实施途径		
				集体探究	小组探究	亲子探究
带货前	铺垫经验	"双11"来啦	1.知道"双11"活动的日期、来历、活动内容和影响等。 2.搜寻身边"双11"打折、降价、预售等活动信息，感受节日的预热氛围。	√	—	√
		直播那些事儿	1.通过直接观察、亲身体验等方式了解直播。 2.知道直播需要准备的材料，小组合作尝试制定直播计划。 3.通过与同伴交流分享自己的发现，体验合作的乐趣。	√	—	—
		市场大调查	1.走进市场，调查当季蔬菜、水果等农产品，了解其价格。 2.通过请教、采访的方式向市场老板了解带货前的准备事项。 3.锻炼自己的胆量，体验与他人交流的快乐。	—	—	√
带货中	丰富经验	带货产品选择	1.分享市场调查的成果，能够在教师的帮助下总结出家乡有特色的农产品。 2.结合园内收获的物产以及园外资源，选择带货节想要售卖的产品。 3.愿意在集体面前分享自己的发现，并能够大胆讲述自己的想法与困惑。	√	√	—
		线下带货准备	1.利用花草节和乡果节的售卖经验，进行线下带货的场地选择、店铺布置、人员安排等准备事项。 2.小组间有条理的分工合作，感受组与组之间各司其职、有条不紊地准备线下活动的快乐。	—	√	—
		线上带货彩排	1.通过线上彩排，与教师、同伴一起检查直播的声音、网络、产品介绍词等事项。 2.借助彩排试播缓解自己的紧张情绪，为正式直播做好准备。	—	√	—

续表

活动阶段	活动方向	活动内容	活动目标	实施途径		
				集体探究	小组探究	亲子探究
带货中	丰富经验	创意造势	1. 知道常用的宣传方法，设想带货节的造势方式，尝试通过走秀、歌舞表演、抽奖等活动为带货节宣传造势。 2. 在宣传中感受带货节热闹的节日氛围，并对带货节的正式开展充满期待。	－	√	－
		带货开始啦	1. 园内分工，线上线下同步开展带货节，正式进行产品介绍、售卖和购买等活动。 2. 感受带货节的快乐，体会成功带货的满足感。	√	√	√
带货后	提升经验	小小快递员	1. 知道快递员的送货流程，小组合作尝试将线上售卖的产品送货上门。 2. 感受快递员送货的辛苦，体会送货成功的喜悦。	－	√	√
		金额规划	1. 小组合作进行带货节线上线下销售金额统筹。 2. 基于一定数额的钱款，尝试制定合理的使用计划，并能清楚地陈述理由。 3. 乐于和同伴合作，形成合理用钱的意识。	√	√	－
		带货找不同	1. 能从售卖产品、售卖方式、售卖感受等方面对比带货节与花草节、乡果节的不同。 2. 体会线上线下结合带货的好处，感受时代变化发展给人们的生产生活带来的变化。	√	－	－
		带货事记	1. 尝试回顾带货节的流程和开展情况，能够用语言、绘画、动作等形式描述带货节中自己印象深刻的事情。 2. 愿意在同伴面前大胆表述自己的想法，乐于和同伴分享自己的快乐与收获。	√	√	－

七、活动案例

（一）课程实例记录

实例：直播那些事儿

活动目标：

1.通过直接观察、亲身体验等方式了解直播。

2.知道直播需要准备的材料，小组合作尝试制定直播计划。

3.通过与同伴交流分享自己的发现，寻找直播搭档，体验合作的乐趣。

活动准备：

直播带货视频，直播图片，多媒体课件。

活动过程：

一、什么是直播

1.谈话导入。

师："在日常生活中，我们都会在哪里买东西？那在手机上，具体在哪里购买呢？"

2.观看视频，了解直播。

师："我刚刚听到有小朋友说是从直播上购买的，那你们知道什么是直播吗？我们先来看一段直播视频，一起仔细观察一下。"

二、直播需要什么

1.讨论直播需要准备的材料。

（1）师："如果我们要做一场直播，需要准备哪些材料呢？老师可以给你们一个小小的提示，看！"（出示直播准备的图片。）

（2）师："大家都说得差不多了，但还是不够全面，我们来听一听专业主播们说说直播到底要准备哪些材料。"

（3）总结："除了大家知道的手机和产品外，直播还需要专门的主播、场地、产品解说词和直播计划单等，这样直播才能够顺利进行。"

2.制定带货节直播计划单。

（1）师："咱们幼儿园是不是要举办带货节啦，这次带货节也会尝试直播的带货形式，你们期不期待？现在就请你们小组合作，帮老师制定一份直播计划单，上面要写明直播的日期、时长、场所、产品等信息，开始吧。"

（2）师："有没有哪个小组愿意分享一下？"

（3）总结："每一个小组考虑得都非常仔细，甚至对直播的产品解说词都进行了思考，真棒！"

三、我来当主播

1.尝试做主播。

师："可是大家有没有发现，咱们的直播还缺少一个关键人员，就是主播。你们想不想试一试？那我们现在就变身小主播，在教室里选择你想要卖的产品，讨论一下可以怎样进行直播。"

2.请幼儿分组展示，投票选定最终的小主播。

"直播那些事儿"活动过程

（二）节日故事分享

活动故事——市场大调查

一、故事记录

基于幼儿的兴趣，借助"双11"购物狂欢节的背景，园所带货节即将举行。在活动前，幼儿积极准备，可是卖什么，怎么卖，卖多少钱呢？为了解决这些问题，幼儿决定和爸爸妈妈一起去市场做一次访谈调查。

原来市场里卖好多东西呀，不仅有米、油、盐，各种蔬菜和肉，还有卖鞋子衣服的，真是应有尽有。"叔叔，这个萝卜怎么卖呀？"小记者朝一位菜摊叔叔问道。"萝卜1元1斤。""那番薯呢？""也是1元1斤。""青菜呢？"……

随即，小记者又向菜摊叔叔取经："叔叔，你有什么好办法可以吸引顾客来买东西呢？""有人买了我的东西后，我会送一些别的蔬菜给他们。当然，价钱便宜、蔬菜新鲜等原因也会吸引顾客来买。"

之后小记者又采访了别的摊位上的叔叔阿姨，聊得非常投入。经过这次访谈，小记者对于带货节也有了初步的设想。

小记者进行市场大调查

二、故事分析

对于带货产品并不明晰的带货节，幼儿就有些手忙脚乱了。这时，教师的讲解虽然可以起到一定的辅助作用，但不如幼儿亲自参与市场调查来得清晰明了。幼儿通过观察、采访，获得售卖产品的直接经验。在与叔叔阿姨们的交流中，锻炼了自身的表达能力和胆量，做好了带货节的经验铺垫。

课程故事——直播，你准备好了吗？

一、故事背景

带货节即将来临，大一班的幼儿围绕带货方式的问题展开探讨。

姿含："就像菜场里卖菜一样，我们可以摆摊。"

梦瑶："我们可以在手机里卖菜。"

靖岚："是叮咚吗？我妈妈也在叮咚买菜。"

贝尔："我妈妈还在直播间买东西呢。"

亦如："那我们是不是可以直播卖菜？"

梦媛："啊？直播怎么卖啊？"

根据幼儿的谈话，教师对摆摊、买菜 app、直播三个方式进行了审议，最终采用线下摆摊与线上直播相结合的形式。而直播对幼儿来说是陌生和新奇的，所以应在直播上多下功夫，基于此，教师与幼儿一起针对直播创设了一系列活动。

二、直播我了解

听说带货节会采取直播的形式，幼儿既好奇又激动，你一言我一语地说着，好像有问不完的问题。"直播究竟是什么样子的？""直播要准备些什么？"……面对幼儿众多的疑问，园所展开了一场关于直播的大调查。

直播大调查

经过调查幼儿发现，要开展一场直播需要进行复杂的准备工作。对此，教师通过一节集体探究活动课与幼儿一起进行了直播前的"培训"。"培训"结束后，幼儿对于直播的流程有了一定的认识，并开始着手准备。

情景分析：直播无论对幼儿还是对教师来说，都是充满新奇和疑问的，这时我们就可以和幼儿一起学习。教师可以为幼儿准备相关的视频、绘本、图片等材料，提供丰富的解决问题的方式，让幼儿在调查中自主寻找有关直播的信息，从而锻炼幼儿寻找信息和自主解决问题的能力。

三、直播准备

通过对直播的了解，幼儿将直播的开展归纳为三个重要环节：制定直播计划书、挑选直播主播、选择直播产品。围绕这三个环节，幼儿开始逐个击破。

（一）制定直播计划书

直播计划书要包括哪几个方面呢？

泽铭："得先有主播和产品。"

浩浩："产品要好看、有用、便宜才会有人买。"

讨论后，幼儿决定围绕主播人选、直播产品、产品外观等方面制定直播计划书。

直播计划书

（二）挑选主播

主播是直播的关键人物，他不仅要对自己卖的产品非常了解，还要能说会道。于是幼儿开始互相讨论小主播的合适人选，他们发现有好多人都感兴趣，那该怎么办呢？

欢欢："那我们来比赛吧，看谁说得好就谁来当。"

乐乐："我同意，想当的人来比赛，我们给他们投票，谁的票数多谁就是主播。"

幼儿们纷纷表示赞同，都认为应该用实力说话，于是"小主播竞选"活动就开始啦。在比赛过程中，幼儿以售卖绘本为例，分别从故事内容、绘本价格、绘本质感等方面展开介绍，吸引大家购买。在一轮介绍后，大家开始投票，评选出了"最受欢迎小主播"。

"小主播竞选"活动

（三）选择直播产品

对于产品的选择，幼儿最先想到的就是售卖幼儿园里的存货，并对各班的产品进行初步的甄别筛选，围绕产品的余量、功能作用、制作方式等进行分析、总结，发现直播产品的卖点。

瓜子：
大家都很喜欢吃瓜子，瓜子的味道很好，瓜子是从向日葵上摘下来的。

菜籽油：
菜籽油是油菜花上的油菜籽用机器炸出来的，它可以用来炒菜，吃了对我们的身体很好。

向日葵：
向日葵很漂亮，黄黄的，像太阳一样，而且会跟着太阳转。

杨梅：
杨梅红红的，酸酸甜甜的很好吃，还是我们家乡有名的水果。

黄瓜：
黄瓜很有营养，吃了牙齿会变坚固，而且黄瓜可以用来美容，会让我们变得漂亮。

幼儿选择的部分直播产品

情景分析：掌握每一个直播流程对幼儿来说是不太现实的，所以我们决定在此基础上进行简化，与幼儿一起总结归纳出最主要的三点。制定直播计划书是整个直播的统筹环节。而主播和产品则是直播开展最关键的两个条件，幼儿比赛竞选主播，自主筛选直播产品，从而使统筹能力、语言表达能力、分析能力等都得到锻炼。

四、直播我来试

（一）试播篇

为了保证带货节直播的顺利开展，直播间的小主播们决定进行第一轮试播。他们一只手紧张地拿着麦克风，另一只手颤抖地拿着产品，结巴地说着产品介绍词，整个直播间都充满了尴尬的气氛，显然，"孤军作战"让小主播们有些小小的力不从心。

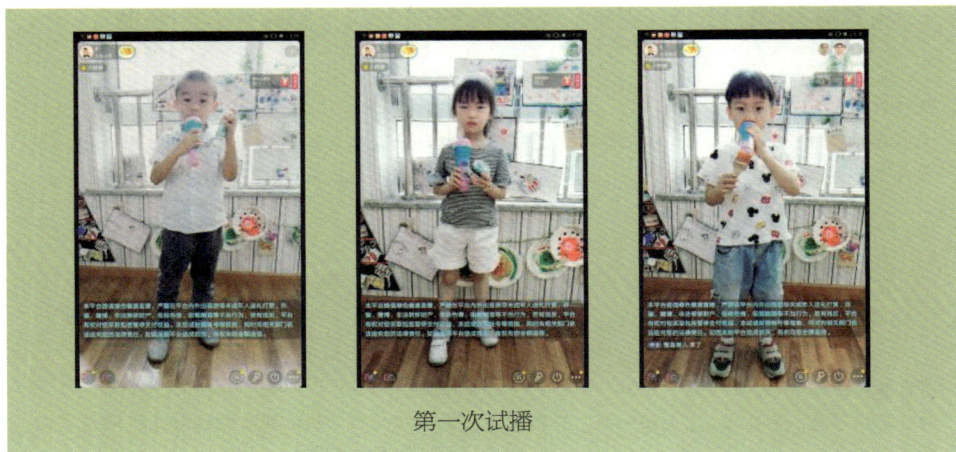

第一次试播

于是，他们决定改单人直播为多人直播，有小伙伴们在身边，这一回小主播们的表现底气十足。但在第二次试播完成后，新的问题和挑战又来了：组合名称未定，组合亮相需要统一服装，直播环境需要更加"高、大、上"。

（二）彩排篇

在经过几次试播后，小主播们信心大增，直播状态也是一日胜过一日。彩排时的他们，隐约有了自己的风格。但是在某些细节上还是不够完善，因此小主播们请来了园内的小伙伴，想听听他们的意见。

萌萌："你们要笑着直播，声音还可以再大一些。"

雨辰："展示产品的时候可以靠得近一点，要不然看不清。"

可可："可以把环境装扮得再好看点，贴些贴画在上面。"

小伙伴的建议给了小主播们很大的帮助，这次彩排可真是收获满满！

小主播们在彩排

情景分析：在生活中，幼儿并没有真正进行过直播实践，所以正式直播前的试播和彩排是必须的。在刚开始直播时，幼儿会遇到很多问题，但多次的尝试让他们可以顺利走完整个流程。试播和彩排还是对幼儿情绪的一次安抚，旨在缓解其紧张的情绪。

五、直播观众多

幼儿精心准备的直播可以邀请谁来观看呢？

沈略："我妈妈能不能看啊？我妈妈很想看。"

梦瑶："我妈妈还很想来幼儿园买东西。"

在直播观众的思考上，幼儿第一时间想到了自己的爸爸妈妈，想和自己的家人一起分享带货节的喜悦。于是在节日当天，各个班的家长群也变得热闹非凡。各班教师将直播链接转发到班级群中，并时不时附以直播小视频，供爸爸妈妈购买直播产品。

雨轩："爸爸妈妈能看我们的直播，幼儿园里的小朋友们可以看我们的直播吗？"

欢欢："我们在直播的时候可以让大家都来看。"

于是除了爸爸妈妈，在带货节线下售卖现场园所也准备了相应的显示屏，供有需要的幼儿观看。

幼儿直播现场

情景分析：对于初次尝试线上直播售卖的幼儿，邀请更多的观众观看不仅是对幼儿表现欲的满足，也是对其努力的一种肯定。

六、故事反思

带货节直播对幼儿来说是一次全新的尝试，幼儿在直播中学习了新知识，发展了语言表达能力，还锻炼了自身的胆量，是一次成长之路上的难忘经历。

　　同时在本次活动中，教师还应该思考"我们为什么要直播"这个问题。采用直播的方式除了满足幼儿的兴趣需要，丰富带货形式等浅层原因外，还有更深层次的原因。一方面，直播是当下流行的带货方式，代替了部分传统的线下产品销售模式，幼儿了解直播既是与现代生活和网络科技的一次交流，也是对未来生活的一次初步感知。另一方面，直播也是发展家乡的一种新渠道，可以让我们的家乡有更广阔的传播空间，让更多人了解家乡的特产，从而更好的发展家乡、建设家乡。

八、精彩剪影

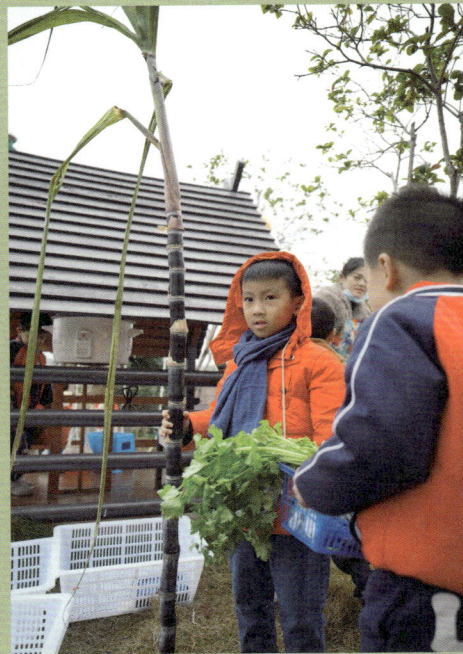

"带货节"精彩剪影

第六节　亲亲年味节

一、节日导引

　　春节是我国最盛大、最隆重的传统节日。农历 12 月初，所前镇的村民们就进入了"备年"的状态，家里的长辈们都纷纷开始置办起了年货。鱼干、酱鸭、酱肉、香肠挂满了阳台，院子里也放满了晾晒的白菜、萝卜和洗干净的腌菜缸，幼儿一看到这番景象就知道新年就要来啦。

　　"我奶奶做了好多酱鸭，我最喜欢吃酱鸭了。""我爸爸买了好多的'福'字和'牛'的贴画，他说今年是牛年。""过年可以收红包了。"从幼儿对于"年"的交谈中我们发现，幼儿其实并不缺少过年的体验，他们通常是享用成果的一方。他们不知道怎么制作这些美食，不知道怎么正确粘贴春联，更不知道其中的寓意。年味节旨在帮助幼儿收获更加丰富的过年体验，从"年"的享用者变为"年"的筹备者，在调查了解家乡"年"文化的基础上，准备过年的各种事项，品尝家乡的"佳肴味"，收获过年的"幸福味"，感受乡情，认同并传承家乡的民俗文化。

二、节日目标

（一）认知目标

　　1. 知道春节是中国最隆重的传统节日，了解春节的由来、寓意、日期和庆祝方式等。

　　2. 通过调查，了解家乡过年的美食、节庆，知道家乡的"年"文化。

（二）能力目标

　　1. 能够通过请教、阅读等方式，自主收集过年习俗，策划过年方案。

2. 尝试与同伴合作，通过炒、晒、腌、泡等方式制作年味，进行过年大扫除、制作"福"字、贴窗花等，体验与"年"相关的各种技能。

（三）情感目标

1. 在与同伴、教师、家长共同过年中体验认真筹备和成功开展年味节的快乐和满足。

2. 感受过年幸福喜悦的氛围和"年"悠久的历史，认可并乐于传承家乡的"年"文化，增强民族认同感和自豪感。

三、问题搜索

（一）经验和疑问调查

在"年味节"活动正式开展前，园所针对幼儿进行了有关"年味节"活动的经验和疑问调查（见表3-6-1）。

表3-6-1　"年"的经验和疑问

关于"年"，我知道……	关于"年"，我想知道……
过年的时候，我家里会挂红灯笼，还要贴窗花。	"年"是怎么来的呢？
过年前，奶奶会做好多酱鸭和香肠。	为什么每年都是一个动物年？为什么今年一定是牛而不可以是别的动物？
过年前，家里会进行一次大扫除。	为什么每年过年的日期都不一样？为什么就一定是2021年，而不是别的年？
过年的时候，爸爸妈妈都会回来，还可以见到好久不见的哥哥姐姐和弟弟妹妹们。	为什么过年就会长大一岁？
过年前一天就要贴春联和"福"字，晚上一起吃团圆饭，看春晚，还要守岁。	为什么有的"福"字是正着贴，有的是倒着贴的？
给爷爷奶奶拜年后，就会有红包。	为什么只有爷爷奶奶给我们包红包，我们可不可以给爷爷奶奶包？

（二）操作性问题调查

除了年味节经验和疑问调查外，园所还进行了年味节操作性问题调查（见表3-6-2）。

表3-6-2　年味节操作性问题

问题	回答
所前过年有哪些习俗？	打年糕、送灶祭灶、做守岁羹饭、舞龙灯、看戏文等。
年味节要怎么过？	过年大扫除，家里的过年布置，置办分享年货，做过年游戏等。
年味节要置办哪些年货？	醋萝卜、泡菜、八宝饭、糖葫芦、饺子、新年红包、"福"字、窗花、灯笼等。

四、节日网络

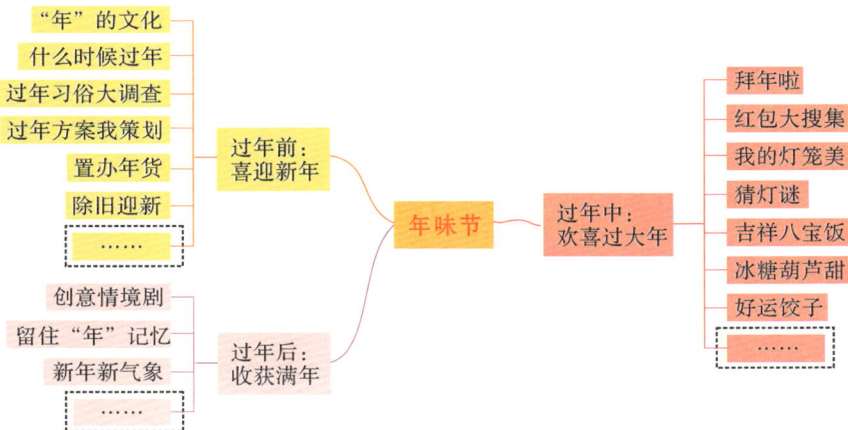

"年味节"节日网络

五、环境准备

"年味节"环境准备

六、活动导航

为了"年味节"活动的顺利开展，园所制定了具体的活动内容、目标和实施途径（见表3-6-3）。

表3-6-3 "年味节"活动导航

活动阶段	活动方向	活动内容	活动目标	实施途径		
				集体探究	小组探究	亲子探究
过年前	喜迎新年	"年"的文化	1.了解"年"的由来、发展、庆祝方式等，知道春节是中国最传统、最隆重的民俗大节。 2.体会人们对过年的重视，在对"年"的历史的了解中感受中华悠久的历史文化。	√	—	√
		什么时候过年	1.认识日历和月历，知道两者的作用，能够在其中找到大年初一的日期。 2.小组合作，比较日历和月历的不同，愿意与同伴分享自己的发现。	√	√	
		过年习俗大调查	1.通过请教、查找资料等方式调查传统的过年习俗，了解自己家乡有哪些独特的过年习俗。 2.感受过年习俗的有趣和好玩，乐于尝试某些过年习俗。	—		√
		过年方案我策划	1.在了解过年习俗和庆祝方式的基础上，策划过年要准备的食物、货物等，能够与同伴合作设想过年的流程。 2.乐于倾听他人的想法，大胆表达自己的观点和意见，体会交流与讨论的快乐。	√	—	
		置办年货	1.分组准备年味节中需要的窗花、"福"字、红包,醋萝卜、泡菜等年货。 2.体验分工合作的高效，收获劳动的满足感。	—	√	
		除旧迎新	1.以班级为单位开展全园大扫除，利用准备好的窗花、"福"字等物品进行班级过年装饰。 2.体验与同伴共同劳动的喜悦，感受浓浓的过年氛围。	√	—	
过年中	欢喜过大年	拜年啦	1.知道拜年常用的祝福词语和礼仪，走访不同的班级相互拜年问好。 2.体验拜年时祝福他人的快乐，喜爱并乐于和他人相互拜年。	√	—	
		红包大搜集	1.通过观察，寻找、搜集藏在幼儿园里的过年红包，锻炼自身的观察力。 2.体验找到红包的喜悦和成就感，感受红包游戏的有趣。	√	—	

续表

活动阶段	活动方向	活动内容	活动目标	实施途径		
				集体探究	小组探究	亲子探究
过年中	欢喜过大年	我的灯笼美	1. 了解灯笼的作用，知道做灯笼需要的材料，能够以图画的形式设计出自己想做的灯笼。 2. 通过画、剪、缝、粘等方式制作灯笼，并尝试制作立体灯笼。 3. 感受灯笼的美丽和用处，在从平面灯笼到立体灯笼的转换中发展空间思维能力。	√	√	–
		猜灯谜	1. 了解猜灯谜的由来和玩法，尝试与父母一起设计灯谜。 2. 乐于和同伴分享自己的灯谜，体验与父母、同伴一同游戏的快乐。	√	–	√
		吉祥八宝饭	1. 认识制作八宝饭的材料，知道本地过年有吃八宝饭的习俗。 2. 尝试不同材料的组合搭配制作八宝饭，感受八宝饭的香甜和美味。	√	–	–
		冰糖葫芦甜	1. 了解冰糖葫芦产生、发展的历史，尝试利用幼儿园里的水果制作冰糖葫芦。 2. 感受冰糖葫芦可爱的形状，体验制作美食的乐趣与满足。	√	–	–
		好运饺子	1. 知道饺子是中国的传统美食，分工合作包饺子，了解过年在饺子里包钱的寓意。 2. 能够大方祝福吃到"好运饺子"的人，乐于和同伴分享新年好运。	–	√	–
过年后	收获满年	创意情景剧	1. 小组合作以新年情景剧的方式展现年味节中印象深刻的故事和情节。 2. 愿意欣赏同伴的情景剧，并能对其发表自己的观点和想法。	–	√	–
		留住年记忆	1. 尝试以绘画、日记或手工制作等方式表达自己对年味节的感受。 2. 乐于和同伴分享自己的作品，相互传递年味节的快乐和喜悦，乐于传承、发展家乡的"年"文化。	√	–	–
		新年新气象	1. 尝试制定新年计划，能够用自己喜欢的方式表达在新的一年自己想要做的事情或想要作出的改变等。 2. 能够对新的一年充满期待，乐于迎接崭新的自己。	√	–	√

七、活动案例

（一）课程实例记录

实例：我的灯笼美

活动目标：

1.了解灯笼的作用，知道做灯笼需要的材料，能够以图画的形式设计出自己想要做的灯笼。

2.通过画、剪、缝、粘等方式制作灯笼，并尝试制作立体灯笼。

3.感受灯笼的美丽和用处，在从平面灯笼到立体灯笼的转换中发展空间思维能力。

活动准备：

1.一个灯笼，做灯笼的视频。

2.各色纸笔、纸杯、树枝、筷子等做灯笼的材料。

活动过程：

一、谈话，产生制作兴趣

1.师："小朋友们，你们知道过年有哪些习俗吗？你们家里会准备哪些年货？"

2.师："咱们的年味节就快到了，之前我们已经做了很多的红包、窗花、'福'字，唯独缺少灯笼，今天就让我们一起做灯笼吧！"

二、初次尝试制作灯笼

1.商讨做灯笼需要的材料。

师："做一个灯笼需要哪些材料呢？"

2.画灯笼设计稿，并尝试制作灯笼。

师："你们想做一个什么样的灯笼呢？请你们先设计，然后制作。"

3.幼儿分享自己的设计，展示自己制作的灯笼。

三、再次尝试制作灯笼

1.发现初次制作灯笼的问题。

师："看，你们觉得自己制作的灯笼和这个灯笼有什么不一样的地方吗？"

2.观看制作灯笼的视频。

师："那怎样才能使灯笼的肚子鼓起来呢？老师这里有一个视频，我们看一看。"

3.尝试自主搜集材料，再次制作灯笼。

师："如果我们想要做一个肚子鼓鼓的立体灯笼，还需要哪些材料？请你们在园内自行搜集。"

4.幼儿相互交流、展示自己做的灯笼，并用灯笼装饰教室。

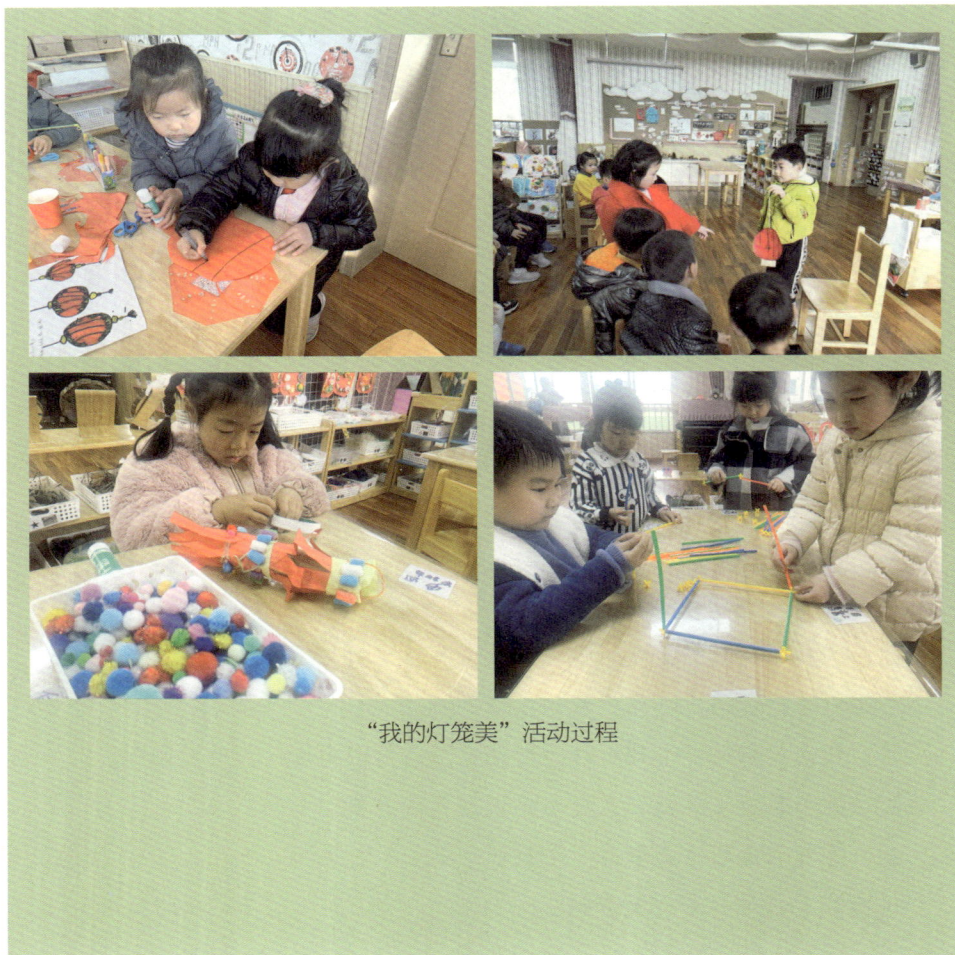

"我的灯笼美"活动过程

（二）节日故事分享

活动故事———收集日历

一、故事记录

大一班的幼儿在展望新年时，提出了"什么时候过年？""为什么有两个新年？""一年有几个月，每月有几天？"等问题，对可以解答这些问题的日历产生了极大的兴趣。

由于日历是个很生活、很日常的事物，我们决定家园联动共同帮助幼儿认识日历。家长也很支持幼儿探究日历的活动，纷纷和幼儿一起将家里的日历本收集起来，带到幼儿园和小伙伴们一同探究。

面对各式各样的日历，幼儿生发出了许多疑问。"为什么我的日历每一页只有一天，你的有好多天？""为什么你的日历本上还有图画和故事？""为什么你的日历只有一页？"……不同的日历类型给予了幼儿丰富的经验，还解答了幼儿的疑惑。

幼儿收集的日历

二、故事分析

幼儿园的日历数量是有限的，家园联动收集日历不仅可以回收利用旧的日历，还能丰富日历的种类。从日历、周历、月历到年历，再从台历、挂历到电子日历，幼儿分组探索不同类型的日历，对比分享各种日历的外观、摆放形式、内容和作用，了解不同日历的使用方式，在开阔眼界的同时，也丰富了有关时间、日期等的生活经验。

活动故事二——制作红包

一、故事记录

"红包大搜集"游戏前，幼儿一起商量如何制作红包。幼儿根据已有经验，制作了长方形的红包外壳。这时，可可说道："我看到外面卖的红包上面都是有图案的。"但是画什么好呢？于是，幼儿开始分组观察他们收集到的各种各样的红包。

"红包上面有什么呢？""我发现红包上面有小狗和小猪，这是十二生肖里的两种动物。""今年是牛年，我们可以画上牛。""我还发现新红包上面有烟花、灯笼、窗花，这些都是新年才有的东西。""我发现红包上面有金元宝、铜钱，就是希望明年有很多钱。""我还发现红包上面有很多字，可能是祝福的话吧。"

幼儿在红包上面发现了十二生肖里的动物、年货和新年祝福语，他们也按照自己的想法在红包上面画了独具特色的装饰，红包制作终于完成啦！

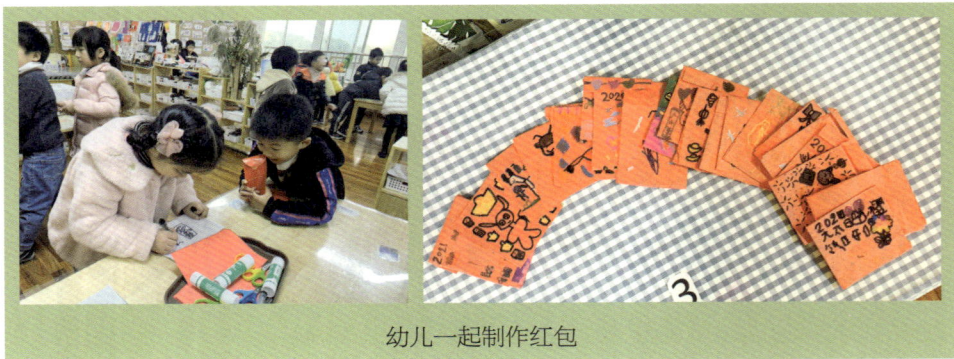

幼儿一起制作红包

二、故事记录

作为新年典型事物的红包，多少都会带些新年的特征，如何将这些特征装饰在红包上，对幼儿来说是新奇的。幼儿需要对红包的图案进行观察，知道图案的新年寓意，并在自身创意想法的加持下完成装饰。

课程故事——福气满满，快乐集福！

一、故事背景

牛年即将来临，幼儿沉浸在热闹的过年氛围中，班级的"主题前线"里都是幼儿收集的关于"年"的物品。

杭杭："这里好多'福'呀，要是我妈妈在一定会很高兴的。"

艺铱："为什么？"

杭杭："我妈妈在扫'福'，现在还差两个'福'。"

轩轩："我爸爸昨天送了一个'福'给妈妈，他们都集齐了。"

他们的讨论引发了幼儿对"福"字的关注，那"福"是什么意思呢？"福"字可以用来干什么？大人们为什么要扫"福"集"福"送"福"呢？围绕这一系列问题，幼儿开始了解密"福"的年味之旅。

二、什么是"福"

对于"福"字，幼儿仅了解比较表层的意思，比如幸福、快乐。那结合我们的生活和学习，到底有哪些事情是可以让你体会到"福"的呢？幼儿对此展开了讨论。

可乐："福气是可以吃到很多好吃的东西，同时可以都吃光光。"

瀚瀚："买乐高是我觉得幸福的事。"

幼儿结合自己的愿望、兴趣等进行了表述，也进行了相应的绘画表征。在表征中，我们发现幼儿对于"福"字的理解比较浅显。为了帮助幼儿加深对"福"字的认识，教师开展了一节"福"的主题教学活动，通过图片、视频、绘本等，丰富幼儿对"福"的理解。

幼儿与教师一起认识"福"

情景分析："福"的含义是比较抽象的，在幼儿表达对"福"的理解时只能用一些让他们感到快乐、有趣的事情进行表征，在意义上或许会出现某些偏差。而教师的讲解，可以在一定程度上丰富幼儿对"福"的认识，将幼儿对"福"的了解由浅层变为深层，这样在后续的活动中才能更好地表达"福"的意蕴。

三、我们的"五福"

现在，幼儿对于"福"字都有了更深的了解，那"福"字可以用来做什么呢？

奕凡："我爸爸妈妈会用手机来扫这个'福'，可是我们没有手机呀，也没有'福'，怎么办？"

傢骐："那我们可以自己制作'五福'呀。"

可可："那我想做一个'光盘福'，改掉我挑食的习惯。"

哲瀚："我要做一个'安静福'，因为我太烦了。"

……

于是，幼儿开始设计起了他们自己的"福"字。

（一）设计"五福"

第一次表征：

幼儿第一次设计的"福"字

在初次设计时，较多的幼儿会在"福"字的边上用图画或符号表达自己设计的"福"的含义，但在集体分享环节他们发现，整体的美感却不是很好。这时，小晗新画的"光盘福"吸引了其他幼儿的视线，他们发现，小晗将光盘画在"福"字的田字格中，这一创意给幼儿带来了新的灵感，他们纷纷开始了第二次创作。

第二次表征：

在第二次尝试中，幼儿结合"福"字本身的结构进行设计。比如在"运动福"的设计中，部分幼儿会将田字格变成一颗篮球。幼儿一致认为这样设计出来的"福"字既美观又有创意。

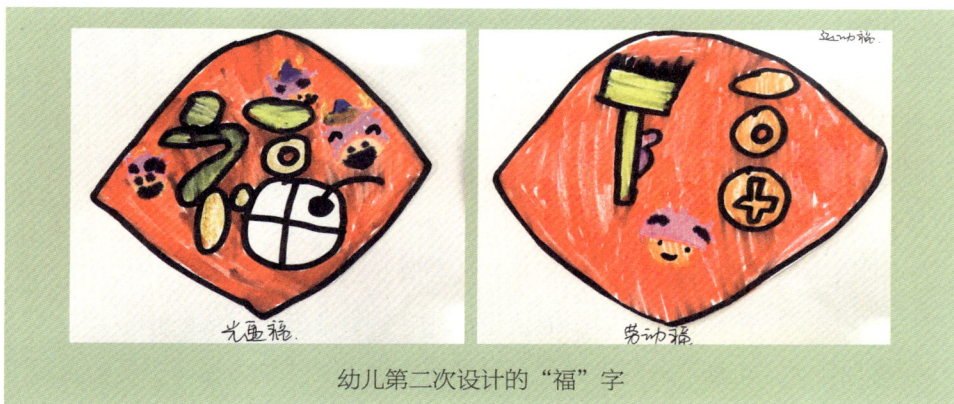

幼儿第二次设计的"福"字

这时，奕凡的"福"字设计遇到了瓶颈。

奕凡："我想做一个'感恩福'，可以送给老师和阿姨，可是该怎么设计呢？"

科科："要不你画个阿姨和老师？"

奕凡："我还想送给保安叔叔，他们也很辛苦。"

可乐："要不画一颗爱心，表达喜欢和感激。"

奕凡："这个可以，那我就把'福'中间的那个地方画成爱心。"

奕凡采纳了可乐的建议，很快他的"感恩福"就创作完成了。

情景分析：在两次设计中，幼儿初步学习了艺术作品的形式美和内容美，增强了对美的敏感性。而在表达情感的"感恩福"的设计上，幼儿可能一开始联想不到相应的表征事物，但幼儿之间的交流讨论帮助他们顺利渡过难关，成功地将感恩之情体现在"福"字上。

（二）确定"五福"

幼儿结合自己对于"福"字的寄托，纷纷设计了自己的"福"字，经统计一共有"光盘福""运动福""安静福""搬床福""感恩福""劳动福""收玩具福""辛苦福""早到福"9个"福"。现在有9个"福"，那该怎么办呢？

语韩："要不我们改成集'九福'？"

奕凡："那不行，那就不是'五福'了。"

暖心："天气冷了，大家都来得比较晚，我觉得要有'早到福'，这样大家都会早点到幼儿园运动。"

南南："'运动福'也要有，这样我们就会认真练习跳绳子了。"

梓轩："那'收玩具福'呢？是不是也属于'劳动福'的一种啊，自己整理自己的玩具？"

若楠："是的呀，所以就选'劳动福'。"

淑泓："现在还剩两个'福'了，选哪个呢？"

心儿："'光盘福'吧，这样我们就会减少浪费了。"

婷婷："'安静福'吧，在老师讲话的时候保持安静，学会倾听。"

幼儿针对"九福"进行了分析、辩证和归类，将"搬床福""收玩具福"归类于"劳动福"，并决定将"辛苦福"和"感恩福"送给他人。最后，幼儿们确定将"运动福""光盘福""劳动福""安静福""早到福"作为本班集"福"游戏中的"五福"。

幼儿讨论确定"五福"

情景分析：在确定"五福"的过程中，幼儿先进行分析，将属性相同的"福"进行归类，之后又考虑"福"字面向的主体，并结合需求确定了最终的"五福"。在幼儿辩论的过程中，他们既懂得倾听，尊重他人的不同意见，又敢于表达自己与众不同的想法，并能用合理的理由进行辩驳，在学会尊重、包容他人的同时，也增强了自身语言表达能力和思辨能力。

四、集"五福"咯

（一）制定集"福"规则

确定了"五福"之后，幼儿开始了集"福"活动。可是要怎么集"五福"呢？活动要开展多长时间呢？"五福"集好后有什么奖励呢？针对这一系列问题，幼儿进行了小小的商讨。

小晗："我们要不用两个星期的时间来集'五福'吧。"

凡凡："胡老师和曹老师来发吧，这样公平。"

小语："'光盘福'是吃光所有的饭菜才可以得到。"

正阳："8点之前到才可以有'早到福'，不然我们要下楼了。"

知叶："跳绳跳几个才可以有'运动福'？"

俊俊："要50个以上吧。"

南南："那我们集满5个'福'有什么奖励吗？"

洋葱："不如就满足我们一个新年愿望吧！"

讨论后，幼儿初步制定了集"五福"的活动规则：每完成一项"福"卡任务可得一张"福"字，由教师发放，在两个星期内集满"五福"的人可以奖励一个新年愿望。

幼儿初次制定活动规则

（二）适当调整规则

经过4天的集"五福"活动，对于同一张"福"卡，有的幼儿会有3张以上，而有的幼儿1张也没有，于是幼儿开始私下交换。奕凡手里有3张"早到福"，可是他没有"运动福"，可乐有4张"运动福"，但他每天都8：30以后才到幼儿园，所以他没有"早到福"，这时奕凡和可乐进行了交换，奕凡得到了"运动福"，而可乐也得到了"早到福"。这一幕被其他幼儿发现，他们觉得十分不公平。

淑泓："老师，我们不能自己交换，不然就不公平了。"

师："一般情况下，我们不进行交换。如果真的有特殊原因，那我们可以让大家来决定，可以吗？"

幼儿们纷纷同意。于是活动规则又加了一条：非特殊原因，不能随意交换"福"卡。

由于幼儿交换"福"卡重新调整规则

情景分析：在幼儿初次制定规则时，依据的往往是其生活和集卡游戏的经验，每一个"福"字的规则要求，都是幼儿尝试活动设计的一次语言和绘画的表征。针对私下交换"五福"的行为，教师不在集体面前给予指正，而是让幼儿分组讨论将这些问题一一解决。但是在讨论之前，教师要有预设的解决方案，引导幼儿协商调整，帮助幼儿正确理解规则的意义。

五、感恩送"福"

两个星期后，集"五福"游戏结束了，幼儿发现他们当初设计的"辛苦福"

和"感恩福"还没有送出去呢。

小远："要不我们把'感恩福'和'辛苦福'送给幼儿园的老师、阿姨还有保安叔叔。"

语韩："也可以送给爸爸妈妈，他们也辛苦啦！"

可可："可是，给他们都送一样的，会不会弄混啊？"

奕凡："不如我们在上面加些装饰再送给叔叔阿姨和爸爸妈妈吧，这样大家就都不一样了！"

于是，幼儿对他们设计的"辛苦福""感恩福"进行了装饰，然后送给他们觉得要感谢的人，例如幼儿园的教师、阿姨、保安叔叔、爸爸妈妈……

幼儿给他们想要感谢的人送"福"

情景分析：送"福"活动表达的是幼儿的感恩之情，是对他人付出的感谢，幼儿对"福"卡别出心裁的装饰也为送"福"添了几分真心与诚意。收到"福"卡的人的欣喜之情也让幼儿的心意得到了正向的回馈，从而获得心理上的幸福感与满足感。

六、故事反思

集"五福"既是一次顺应幼儿好奇心、满足幼儿求知欲的游戏，也是一次顺应时代潮流、跟随时代发展的活动。幼儿想要集"福"，就必须先认识"福"、设计"福"，之后制定集"福"规则、设置集"福"奖励、传递"福"卡等活动就会水到渠成。

在集"福"卡时，产生了幼儿私下交换"福"卡的问题，这样就与通过集"福"活动帮助幼儿养成某一良好习惯的初衷不匹配了。但在了解他们交换的原因后，教师可以适时增加活动内容，帮助幼儿通过正确的方式获得全部"福"卡。比如，我们可以加设一张"万能福"，"万能福"可以通过小组比赛的方式获得，哪个小组比赛赢了，对应小组的成员就可以每人获得一张"万能福"，从而去兑换自己想要的"福"卡。这样不仅能适当减少私下交换的行为，也能变个人游戏为部分集体游戏，加强幼儿之间的合作交流。

八、精彩剪影

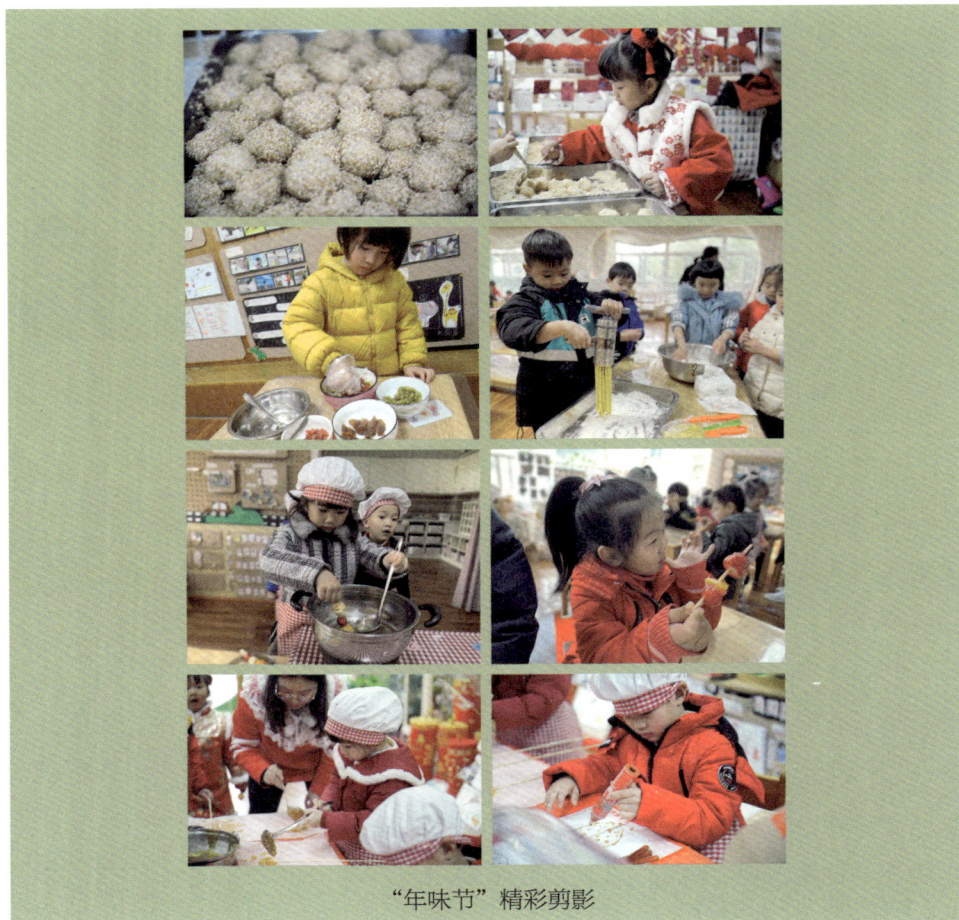

"年味节"精彩剪影

第四章

地域自然资源园本特色课程渐进开发模式

    本研究中的渐进式借鉴于课程决策中的渐进模式概念。模式（model），是一种概念性的架构或一种理论性的组织体系，具备表征性、整体性和逻辑性的特征，是以一种高度紧缩和示例性的方式去象征事件和事件间的互动关系。因而，模式的功能有简化、导向、统合与启发。本研究中，渐进式的主题开发即一种循序渐进的开发策略，统合主题开发中的各类关系，建构呈现一个主题开发的框架体系。相较于大破大立、自上而下引发的激进策略，渐进式更加强调量变，在主题开发中不断调整、修缮和提高的波浪式前进的量变。

    如果说整个园本课程是顶层设计，那么一个优质的园本主题开发就是将羽翼逐渐丰满强壮的过程。园本课程建设犹如一条进阶之路，如果直接飞越终点太困难，不妨稳扎稳打，从主题开发起始渐进前行。

本章参著者

周　丽　黄小莲　孙利琴　张国萍　赵婷婷　黄霜霜

陈晓华　孙丹萍　孙妍娥　周　玥

第一节

一个：地域自然资源主题开发的行动研究

我听过了，我就忘记了；

我看见了，我就记住了；

我做过了，我就理解了。

——蒙台梭利

班本主题以班级为基点，从本班幼儿和教师的现实出发，充分利用园内和班级的各种资源，密切关注班级生态，并以幼儿为主体、教师为主导主动建构

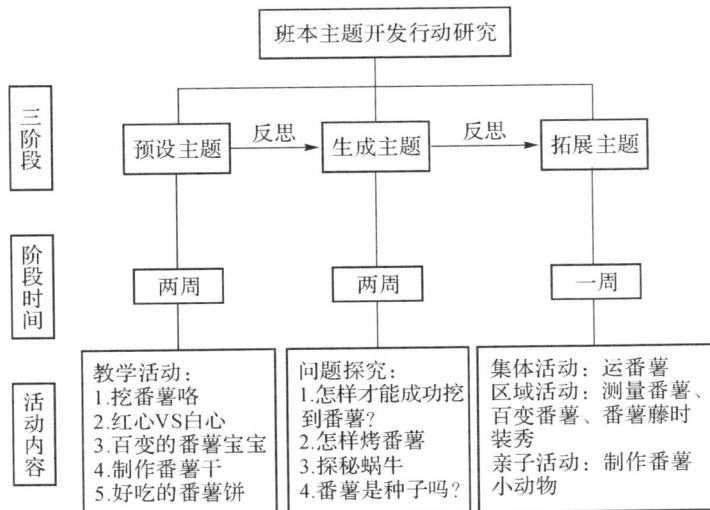

班本主题开发行动研究阶段划分及内容

科学、高效地彰显班级需要和特色的主题活动。历时5周，笔者进行了"奇异菜园"背景下的地域自然资源班本主题"薯·我知道"的开发研究。班本主题的开发遵循行动研究范式，分为三个阶段：第一阶段按教师预设路径，从观察番薯、玩转番薯到品尝番薯展开；第二阶段以幼儿实际问题为导向，生成探究式主题活动；第三阶段满足个体需求，丰富主题活动路径，多向度延伸主题。

一、班本主题开发预设阶段

（一）计划

1. 主题的确定

主题是贯穿整个主题活动的主线索。所有活动将围绕主题展开，教师需要按照主题内容制定活动计划。主题的确定一方面要考虑主题来源的适宜性，另一方面要对运用于主题的课程资源做出分析。

（1）主题来源的确定

第一，基于幼儿的兴趣需要。幼儿的兴趣需要往往是教师生成课程最好的契机，只有满足幼儿兴趣需要的主题才能使幼儿全身心投入，将主题中的经验与自身生活联系。幼儿的兴趣是复杂且多方面的，教师首先要善于观察幼儿、倾听幼儿、了解幼儿的需求。其次，在班级幼儿基数大的情况下，教师要对幼儿的兴趣或问题做出筛选，幼儿共同的兴趣点是什么，分析幼儿兴趣存在的教育价值，从而决定是否生成主题活动。

第二，基于幼儿的已有经验。幼儿的兴趣需要是生成主题的重要因素，但不能成为唯一衡量标准。例如，神秘的外太空对幼儿充满了吸引力，但这是动画片带给幼儿的直观视觉冲击，除此之外幼儿并无相关经验。实际上幼儿无法理解太空的概念，将想象与现实混淆，除了去天文馆走访参观，无法深入拓展主题。因为脱离幼儿的已有经验，致使主题活动搁浅。杜威认为，教育即经验的改组或改造，那么主题活动也应该基于幼儿的已有经验，通过活动丰富幼儿的相关经验，最后使幼儿获得新经验并得以迁移应用。实现"做中学"就需要幼儿接触第一手材料，在实践中探索，丰富直接经验，获得经验的提升。

第三，基于课程目标。主题开展的核心目的是促进幼儿的发展，所以来自于《纲要》《指南》的幼儿发展目标也是主题的重要来源。文件中提出的运动技能、前书写能力、科学探究、艺术表达等相关方面的目标需要教师有意识地整合到主题当中。课程目标也应根据幼儿的年龄特征做出分类。主题的选择要关注幼儿的年龄特征，不同年龄段的幼儿有不同的特点。比如，小班幼儿更需要情感上的呵护，从身边可感知、可触摸、熟悉的事物中更容易获得安全感；中班幼儿活泼好动，活动欲与探究欲更强，此时可以安排一些自然探究活动；大班幼儿认知水平、合作能力等有了进一步的提升，这个阶段可以发展其社会交往能力，活动场域延伸至社会。

（2）主题资源的确立

根据课程理论，课程资源至少要经过三个层面的检验，才能确定其是否具备开发价值。第一层是对教育哲学的考察，所开发的课程资源应该有助于幼儿园课程理念的实现，且与社会发展方向保持一致。第二层是学习理论的检验，课程资源应与幼儿的年龄特点相符，满足幼儿身心发展的需要和兴趣。第三层是教学理论的检验，遴选的课程资源应与教师的教育水平相对接、匹配。[①]

自然课程资源具有独特属性，有其地方性和季节性的鲜明特点。因此，综合本研究内容，班本主题的自然课程资源应满足以下几条原则。

第一，地域性。所谓地域性，是指幼儿园及周边场域内涵盖的自然资源。如果本土、乡土的内涵可以指向园所所在的城市、城区的话，那么"地域"则更加聚焦，可以指向一个小镇或一个村落。地域性的自然资源是本地最直观的地域性和气候性风貌的呈现。地域性的自然资源方便易得，也有助于幼儿家园认同意识的培养。

园内的自然资源具有地域性，让幼儿园的一草一木成为教育的因素才是课程的理想状态。我们不该拘泥于园内，周边资源也是园本课程建设的逻辑起点，园外地域自然资源的有效合理运用需要课程开发者们准确识别、评估。

同时，地域性并非强调人无我有的特殊性。地域自然资源并不等同于本地特色、特产资源，特色自然资源属于地域自然资源的子集。因此，地域性从其

---

① 吴刚平. 校本课程开发 [M]. 成都：四川教育出版社，2002：151.

地理范围来看更聚焦、更缩小；从属性内涵而言，地域性涉及的外延更广泛。

第二，适宜性。在选择自然课程资源前，对资源的适宜性做出价值判断是不可或缺的。适宜性一方面是对幼儿的适宜，所选用的自然资源应当是联系幼儿生活实际的、以幼儿直接经验为核心的、能够满足幼儿实际操作和亲身感知的；另一方面是对教师的适宜，贯穿运用于幼儿园一日生活的自然资源理应是教师可以把控的，且在教师教育教学能力范围内的。此外，安全也是需要被考虑的重要因素。比如，植物是否带有毒素、动物是否有攻击性、户外多变的天气等，教师需要做出预判，剔除不安全因素。

第三，整合性。自然课程资源不是搬来即用，在选择之前要做好设计与规划，让资源最大限度地发挥效益。在主题活动开展中，自然资源要与五大领域相整合。不仅如此，开发自然资源是要不断挖掘其内涵和外延，让幼儿不断探索出新、出奇（见表4-1-1）。

表4-1-1　S幼儿园地域自然资源调查

六园 所属地	幼儿园周边	幼儿园内
万象景园	生态园、天乐湖、四季花海、码头公园、蓝海小镇、杜家杨梅山、背街小巷、樱花园、金地农庄、梓童公园	茶果仙踪、花溪梯田、山水雅台、生态广场、亲亲农庄、藤蔓绿廊、水车方田、花池幽格、嬉乐沙海
葱茏草园	狗尾草、鱼腥草、狼其草、艾草、牛筋草、薄荷、发草、蒲公英、含羞草、爬山虎	狗尾草、三叶草、蒲公英、含羞草、狼其草、发草
生机茶园	茶树基地、茶山	茶树
温馨花园	桃花、樱花、茶花、杜鹃花、桂花、迎春花、石榴花、李子花	凤仙花、波斯菊、黑心菊、满天星、梅花、睡莲、油菜花
神农果园	杜家杨梅、桃子、梅子、桑葚、草莓、樱桃、石榴、蓝莓、板栗、葡萄	柿子、樱桃、杨梅、李子、柚子、甘蔗、草莓、桃子、西瓜、圣女果
奇异菜园	青菜、萝卜、番薯、笋、马兰头、红椒、茄子、芥菜、荠菜、甘蓝、花菜、荸荠、莲藕、洋葱、秋葵、玉米、蚕豆、芋艿、四季豆、土豆等	大白菜、茼蒿、白萝卜、胡萝卜、洋葱、番薯、生菜、油菜心、黄花菜、金秋红、玉米、茄子、番茄、葫芦、黄瓜、南瓜、菠菜等

园内拥有得天独厚的自然资源，而自然资源具有季节性，随四季变化而变化。运用于主题活动的自然资源应是当时当季的，这样一方面便于取材，另一方面也结合了幼儿当下的经验，具有最直观的感受。

本研究进行时正逢初秋，班本主题开发前，教师通过发放调查表，收集象征秋天的事物，许多家长带来了番薯。一时间，班级幼儿对番薯非常感兴趣，时不时跑去观察、触摸。幼儿园里也有好几块番薯地，由此，园所决定选择番薯作为"奇异菜园"的班本主题开发对象。

2. 主题目标初制定

主题目标的制定是主题活动开展的出发点和依据。主题目标的确定需要与《纲要》《指南》相对接，依循幼儿发展水平，对主题目标进行整体性思考。第一阶段关注多领域的整合，在目标制定上融合了科学、艺术、社会、语言等多个领域，增加幼儿对番薯的相关经验，实现较为均衡的主题开发（见表4-1-2）。

表4-1-2 第一阶段主题目标

领域	主题目标	关键经验
科学领域	观察番薯，比较不同品种的番薯在外形、口感上的区别，关注番薯的生长环境。	1. 用多种感官感知番薯。 2. 能够用图画、符号等表征方式记录挖番薯的过程。 3. 通过探究和语言，与同伴讨论不同品种的番薯的区别。 4. 用切、揉、捏等技巧制作番薯食品。
语言领域	能基本完整地讲述自己挖番薯的故事。	
艺术领域	大胆发挥想象，感受为番薯变身和艺术创作的快乐。	
社会领域	勇敢尝试制作番薯干、番薯饼，感受制作番薯食品的快乐，乐于和同伴分享。	
健康领域	健康饮食，关注食品制作的安全卫生问题。	

3. 主题网络设计

主题网络设计即为达成主题目标、完成主题活动师幼需要共同制定的蓝图设计。第一阶段以观察番薯、创意番薯、品尝番薯三个逻辑层次为主题网络的线索，预设了挖番薯咯（实践活动）、红心 VS 白心（科学活动）、百变的番薯宝宝（美术活动）、制作番薯干（实践活动）和好吃的番薯饼（社会活动）等活动。

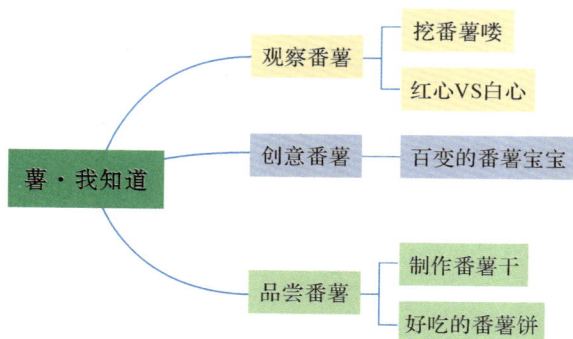

第一阶段主题网络

（二）行动

第一阶段主题活动拟定的行动时间为两周，笔者与合作教师一起，围绕秋天的果实——番薯，进行地域自然资源班本主题的开发，同时制定主题活动内容。在主题活动实施中，笔者及时做好观察记录，与合作教师交流沟通，对活动方案作出调整。在计划、行动、反思、再行动的螺旋式上升的行动研究中，逐渐优化班本主题。

1. 课程实例记录

实例一：挖番薯咯

活动目标：

1. 观察番薯的生长环境，知道番薯长在地底下。

2. 能够正确使用工具挖番薯。

3. 在挖番薯的过程中感受劳动的辛苦和收获的喜悦。

活动准备：

两只大篮子、小扁担、小铲子每人一把。

活动过程：

一、引导幼儿观察番薯及番薯的生长环境

（1）带领幼儿到农庄观察提前挖出来的番薯。

（2）引发幼儿思考番薯长在哪里。

二、观看挖番薯的全过程

1.请幼儿观看保安叔叔挖番薯的全过程，并请幼儿仔细观察番薯的可食用部分。

2.教师示范用铲子挖出一个完整的番薯的方法，注意细节的讲解。

三、幼儿尝试挖番薯

4个幼儿为1组，合作挖番薯。

……

活动反思：

在导入性的实践活动"挖番薯咯"中，教师直接将幼儿带到户外，在自然环境中观察番薯，动手挖番薯，在实践中体验劳动的快乐。但是在挖的过程中，幼儿遇到许多困难，最终只有个别小组独立挖出番薯，其他小组在教师帮助后才挖出番薯。

实例二：红心 VS 白心

活动目标：

1.通过看一看、摸一摸、切一切的操作，观察比较红心和白心番薯的区别。

2.运用多种感官进行体验，感受两种番薯生吃和熟吃的不同口感。

活动准备：

红心番薯和白心番薯

活动过程：

一、观察比较红心、白心番薯

二、品尝两种番薯生吃的口感

三、农庄小灶煮红白心两种番薯，幼儿品尝熟番薯后进行交流，说说感受

四、幼儿用绘画的形式选出最高得票的番薯

……

活动反思：

此活动重点在于运用多种感官观察比较不同品种的番薯，感受生吃与熟吃的区别。最后，用图画的形式进行记录，丰富幼儿的经验。

实例三：百变的番薯宝宝

活动目标：

1. 能够大胆发挥想象，想象番薯可以变成什么。

2. 能够用绘画的方式将自己的想象表现出来。

3. 感受为番薯变身和艺术创作的快乐。

活动准备：

画纸、彩笔每人一份

活动过程：

一、教师出示番薯，引导幼儿想象

1. 教师拿出实物番薯，引导幼儿观察。

2. 讲述番薯变身的故事，激发幼儿想象。

二、幼儿表达与创作

1. 幼儿表达自己的想象，说一说自己创作的番薯变身的故事。

2. 用彩笔将想象的故事画下来。

三、教师展示并评价幼儿作品

教师将幼儿完成的作品在集体面前展示，请幼儿描述自己的绘画作品，教师做出具体评价。

......

活动反思：

此活动在于发挥幼儿的想象力给番薯变身。在实施过程中，多数幼儿最终呈现的作品是用彩笔给番薯涂上不同的颜色，变成"彩虹番薯"。在此次艺术活动中，自然资源仅起到实物展示的作用，且绘画这一形式比较封闭，可以考虑提供多种材料，让幼儿直接在番薯上进行创作。

实例四：制作番薯干

活动目标：

1.知道番薯多种不同的食用方法。

2.通过活动学会制作番薯干、番薯片，发展动手能力和自主劳动意识。

3.能够健康饮食。

活动准备：

番薯、工具、调查表一张。

活动过程：

一、讨论番薯的各种吃法

1.教师出示番薯，请幼儿讨论怎样做番薯才会更美味？

2.教师在调查表上做好记录。

3.教师总结番薯的各种吃法和番薯的营养。

二、制作番薯干、番薯片

1.教师讲解制作过程。

2.幼儿分组合作，自选材料尝试制作番薯干、番薯片。

三、把切好的熟番薯放到太阳底下晒。

……

活动反思：

此次活动尊重幼儿的意愿，充分发挥幼儿的自主性，让幼儿在实践操作中学会番薯食品的制作方法。同时，该活动应向健康领域渗透，启发幼儿番薯怎样吃最有营养，如何健康饮食，以及番薯干制作过程中需要注意的卫生问题等。

实例五：好吃的番薯饼

活动目标：

1.了解制作番薯饼的方法，掌握揉、团、捏、印等制作技巧。

2.锻炼手部肌肉，大胆制作，发挥创造力。

3.在制作中感受秋天收获劳动果实、享用美味的快乐。

活动准备：

1.讨论番薯的不同吃法，讨论制作番薯饼还需要什么材料。

2.番薯、面粉、制作工具，音乐。

活动过程：

一、介绍材料，激发幼儿的制作兴趣

1.在讨论了番薯的吃法后，幼儿决定制作番薯饼。

2.介绍制作时需要的一些材料及工具。

二、家长示范制作番薯饼

观察家长制作番薯饼的全过程：先拿蒸熟的番薯，剥皮，捣碎；再加入牛奶，糖，糯米粉，混合在一起；然后加入淀粉揉成长条，用刀切成小段；最后取一小段，团成小圆球，压薄放上豆沙，沿皮的边缘包上、捏紧，再团成小球，将小球压薄或放入模型压印成好看的白饼状。

三、幼儿制作，教师巡回指导

1.幼儿自己制作，教师指导幼儿揉、团、压、捏、印等制作技能。

2.讨论番薯饼可以怎么吃。

……

活动反思：

此活动调动家长资源，将家长请到幼儿园协助活动的开展，实现了资源的有效整合。但从活动过程来看，本次活动利用了家长资源，却忽视了幼儿的社会性发展。如果在活动中增加幼儿合作制作番薯饼、分享番薯饼的部分，那么针对社会领域的指向性会更强些。

（三）反思

在本研究中，访谈法主要贯穿于班本主题的设计与实施。对主题活动目标的制定、活动内容的选择、活动的组织实施、活动的反思评价等环节都采用非正式访谈和研讨的形式对合作教师的看法和意见进行了解，以此不断调整优化主题活动。同时，在班本主题开发实施后，针对教师在主题开发中碰到的问题与困境进行半结构访谈。在征得同意的前提下，对访谈内容进行录音，以保证内容的真实性和有效性。访谈结束后，对访谈资料进行归纳整理，系统编码（见表4-1-3）。

第一轮"番薯"主题活动实施后,笔者与合作教师 T1、T2 就活动期间拍摄的照片、视频以及文本资料进行整理、反思,以下是就班本主题活动完成情况进行研讨的记录。

表4-1-3　资料编码一览表

编码方式代表意义	
N	表示笔者
S	表示样本幼儿园
T1	表示合作教师 1
T2	表示合作教师 2
J	表示教研主任
K	表示全体幼儿
K1	表示编号为 1 的幼儿
研 191011	表示 2019 年 10 月 11 日的研讨记录
研 191024	表示 2019 年 10 月 24 日的研讨记录
访 J2191220	表示 2019 年 12 月 20 日笔者与合作教师 2 的访谈记录

研讨记录

研 191011:

研讨地点:

教师办公室

研讨内容:

N:"就近期实施的第一阶段'番薯'主题活动,你们觉得完成得怎么样?有哪些需要调整的地方吗?"

T1:"这几节活动其实就是按照认识、感知番薯,艺术创作番薯,实践操作番薯的路线发展下来的,是比较常规和比较有逻辑的活动组织路线。但总体实施下来总感觉有些牵强。我在想是否可以不用过于强调领域的问题。"

T2:"这几个活动都比较侧重于实践,在实践中小朋友们的各方面其实都能获得发展,但一开始就定好了这是什么领域,那是什么领域,就让我有些放不开手脚去做。"

N:"没错,你们有没有发现这个主题活动里好多都是关于吃的吗?而且这一系列活动看下来，虽然小朋友们看似在实践，在操作，但教师还是有些高控。就像做番薯干、番薯饼，本来这是个可以让小朋友们自主探究的过程，但是因为我们需要成品展示，最后很多都是由老师、保育员包办了。"

T1："还有我发现小朋友们在这几个活动中遇到很多问题，比如一开始的挖番薯，我就看到好多小朋友没能挖出来，这是什么原因？我觉得这是他们可以再去探究的东西。"

N："是的，其实这才是最关键的东西。小朋友们本身的问题才是生成课程的起源。我们现在做的好像是在解决教师想象中的小朋友们会出现的问题。"

T1："那看来我们要商量一下从小朋友们的真实问题出发重新组织一次活动了。"

通过此次研讨，笔者和合作教师发现了第一阶段主题活动中存在的如下几个问题。

1. 教师预设多，生成少。活动方案是由教师提前制定的，且在活动过程中按部就班地实施，缺乏生成性的内容。

2. 忽视幼儿真实的问题诉求。教师为推进主题，想象幼儿各个阶段会出现的问题和困惑，然后组织活动来解决这个问题。幼儿缺乏真实的问题情境，对活动兴致缺缺。教师的课程观、儿童观没有转变。

3. 重结果，轻过程。在活动中教师一直以领域、目标、幼儿完成作品为参照，以此作为活动完成的评判标准，是典型的结果导向而非过程导向。

因此，笔者与合作教师决定耐心观察幼儿、倾听幼儿、发现幼儿的真实问题需要，以问题驱动主题活动的开展。同时也要发挥主题环境的重要作用，创设一个动态、互动的主题环境，推进主题发展。由此，进入班本主题开发行动研究的第二阶段。

二、班本主题开发生成阶段

（一）计划

第二次实施的"番薯"主题活动按照问题—猜想—验证—记录表征的路径开展，是在真实情境下以问题驱动和幼儿的主动探究推进主题生成。

1. 主题目标调整

问题探究式活动的开展更倾向于科学领域，虽说要注意领域均衡，但幼儿的发展是整个的、长期的，侧重的是从多种途径寻求不同知识的关联，而不可唯领域均衡论。

因此第二阶段的主题目标调整，是与《指南》中 4—5 岁中班幼儿科学领域的科学探究目标对接，与番薯这一主题对象相结合，更加关注幼儿与自然之间的情感联系，进而形成第二阶段主题活动目标（见表 4-1-4）。

表4-1-4　第二阶段主题目标

科学探究 发展目标	关键经验	原有经验	主题目标
1. 亲近自然，喜欢探究。	1. 好奇乐问。 2. 好探究。	对番薯长在地底下和番薯叶上的白色痕迹感到好奇。	能够主动观察番薯及番薯周边环境中的事物，感受探究自然的快乐。
2. 具有初步的探究能力。	1. 比较性观察。 2. 提出问题，作出假设。 3. 简单地实验，收集信息。 4. 动作记录，实物记录，绘画记录。	1. 知道番薯有红心、白心等不同品种。 2. 能够围绕问题提出解决办法，并展开验证。 3. 能用颜色、形状、线条对观察到的内容或自己的想法进行绘画表征。	能对自己发现的问题进行猜想，提出解决办法并进行验证。
3. 在探究中认识周围事物和现象。	1. 能感知和发现动植物的生长变化及基本条件。 2. 能感知和发现不同季节的特点，体验季节对动植物和人的影响。	1. 知道番薯的生长需要泥土、水和阳光。 2. 知道秋天是一个成熟、收获的季节。	对番薯的生长方式和条件进行探究，并能用多种方式记录。

2. 主题路径丰富

（1）主题环境创设

主题环境创设也是丰富主题活动路径的方法之一。哈佛大学心理学家怀特曾说过："促进幼儿早期教育最有效的途径是营造良好的环境。"① 主题的产生有赖于幼儿周边的环境，幼儿通过对环境的观察与探索，不仅能够发现有趣的现象，引发幼儿关注，还可以为自然地启动主题做铺垫。此外，环境也是拓展、延伸主题活动的源泉，有了环境的支持，主题活动才能深入开展。

---

① 李贞. 幼儿园环境创设 [M]. 镇江：江苏大学出版社，2013：126.

基于此，在"薯·我知道"主题背景下，园所创设了主题墙、自主性区域游戏等主题探究环境，将番薯元素渗透其中。例如，在主题墙上体现幼儿活动的痕迹，粘贴幼儿活动的照片，并适当留白以便补充新的内容；在美工区，投放树叶、番薯藤、番薯等自然物以及美工材料，方便幼儿进行创造性的表现。

（2）科学探究活动

"儿童的科学"是一种自我建构的过程，当直接、间接经验与幼儿已有认知不一致时，新旧经验之间的冲突、同化、整合就会导致幼儿认知的改变。第二阶段主题活动从幼儿的真实问题情景出发，引导幼儿提出问题—假设猜想—实践验证—记录表征，在亲身体验和实际操作中满足幼儿科学探究的需求，挖掘幼儿的探究潜能，促进科学素养的养成。

第二阶段主题活动实施前，笔者与合作教师对幼儿的实际问题进行调查、罗列，筛选出具有探究和发现意义的问题，这些问题就是第二阶段主题发展的脉络。

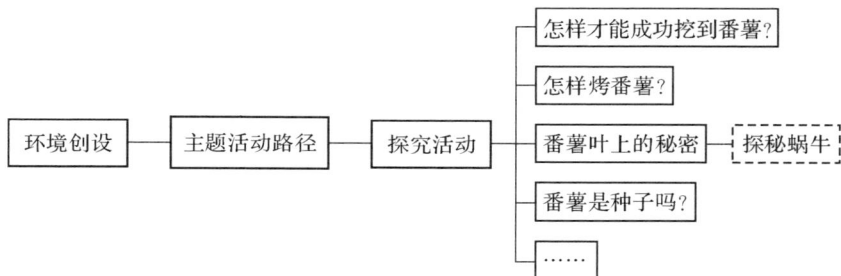

第二阶段主题发展脉络

（二）行动

实例一：怎样才能成功挖到番薯

第一次挖番薯时，幼儿遇到许多问题，以至于很多幼儿没有成功挖出番薯。因此针对这个问题，教师决定带领幼儿再挖一次番薯。这一次幼儿遇到了以下问题。

幼："这么多叶子，铲子好像被叶子缠住了？"

幼："泥土好硬啊，我好像挖不动？"

针对遇到的问题，教师带领幼儿集中讨论，大胆猜想怎样才能解决这些问题。

师："老师发现小朋友们遇到了一点困难，怎么解决呢？"

幼："先把密密麻麻的番薯叶拨到旁边，才能看清番薯藏在哪里。"

幼："有叶子的下面就有番薯，我要小心一点。"

幼："用锄头将下面的泥土铲松，这样就可以很快将番薯挖出来。"

幼："我觉得我可以用洒水壶将泥土弄湿变软。"

就这样，幼儿先把番薯叶子拨到旁边，然后小心地用铲子沿着番薯茎开挖。幼儿不断地变换挖番薯的方式，有的浇水松土，将泥土铲松；有的直接用手拔茎叶，终于成功挖出了番薯，猜想得到了验证。

活动反思：

幼儿有着与生俱来的好奇心和探究欲，挖番薯的过程就是幼儿实践探究解决问题的过程，也是幼儿经验提升的过程，这之中还体现了幼儿的合作意识，找到最省时省力的办法，感受劳动的乐趣和意义。

实例二：怎样烤番薯？

第一阶段主题活动时，针对番薯可以怎么吃的问题，有的幼儿提出可以烤

幼儿用工具挖番薯　　　　　　　　给番薯地浇水

着吃，得到大多数幼儿的赞同。但怎样才能烤番薯呢？这引发了"搭灶台"活动。

幼："我以前和爸爸妈妈看过用砖头搭的灶，我们可以试试。"

师："好，那我们去找砖头，然后一起搭灶台。"

很快，幼儿搭好了一个方形的封闭的灶台。

幼："不行，这样没法点火了。"

幼："应该拆掉一面的砖头。"

幼："那这样我的灶台就要倒啦！"

一时间，幼儿们意见纷纷，不知该听谁的好。第一次搭灶台失败。

师："小朋友们，老师这里有纸和笔，你们可以在这上面先设计一下。"

幼："你们说，我来画。"

幼："每一边都要搭两层，这样才不会倒。"

幼："我们下面还要留一个洞，等下点火的时候好用。"

……

就这样，幼儿在不断地讨论、设计、尝试中成功搭好了灶台，接下来用灶台烤番薯。

幼："终于要烤番薯了，我们要先点火才行。"

师："点火很危险，老师来帮你们点火，你们想想需要什么东西才能保证火不灭？"

幼："木头、木片，我们去找保安叔叔拿。"

……

活动反思：

搭灶台活动充分发挥了幼儿探究的自主性，鼓励幼儿按照自己的计划参与自主性游戏。这之中教师退后，让幼儿与同伴交流分享、总结经验，教师只在关键时刻启发幼儿并提供相应材料，使幼儿的深度学习持续化。

实例三：探秘蜗牛

幼儿在挖番薯时发现一些番薯叶上有一条条白白的线，感到很惊奇，于是决定对此展开探究。

师："好多小朋友发现番薯叶子上有一些长长的线，你们知道这是谁干的吗？"

幼："是蜗牛，我见到过。"

师："那你们知道为什么蜗牛会留下长长的线吗？有没有什么好办法可以观察到？"

幼："蜗牛爬的时候拿着放大镜看。"

第一次实验用放大镜观察蜗牛爬行，并不能清晰地观察到蜗牛的腹部。

幼："我们只看到蜗牛壳，看不到它的肚子。"

师："老师这里有一面玻璃，这样我们就能从玻璃下面看到蜗牛的肚子了。"

最终幼儿观察发现，蜗牛是一边爬一边不断流出黏液，那东西像胶水一样黏，把玻璃立起来，蜗牛也能顺利爬行。所以蜗牛虽小，但在各种地方都能爬。

幼："那我们的白菜也是被蜗牛吃掉的吗？"

幼："吃白菜的是菜虫，蜗牛没有牙齿的。"

幼："才不是，蜗牛有牙齿，没有牙齿它吃不了东西不就死掉了。"

幼："我在电视上看到过也有小动物不用牙齿也能吃东西。"

于是幼儿决定通过给蜗牛喂食来观察蜗牛有没有牙齿。

幼："看，蜗牛吃菜叶子啦。"

幼："让我用放大镜来看看它的牙齿。"

幼儿观察到蜗牛先尝试性地用触角碰菜叶，然后菜一点点消失了。但蜗牛实在太小了，幼儿很难用放大镜看清楚蜗牛的牙齿。最后也是查找资料和收集图片才知道蜗牛的牙齿并不是真的牙齿，而是和别的软体动物一样，属于齿舌。它们有 170 排，每排有 160 颗。

活动反思：

整个活动围绕幼儿的兴趣进行，根据幼儿发现和关注的问题层层展开，步步深入，鼓励幼儿大胆尝试，勇于表达。但是幼儿第一次观察蜗牛爬行失败时，教师立即提供了解决方案。

实例四：番薯是种子吗？

经过挖番薯等一系列活动，幼儿知道了番薯是长在地底下的，可食用的部分也是在地底下的？和一般的蔬菜不一样。

幼："为什么番薯长在地底下？它是怎么长出来的？"

幼："我觉得番薯的种子像青菜的种子一样，一颗颗黑色的，被埋进了泥土里，然后就长大了。"

幼："我也觉得应该是种子种到泥土里长大了变成番薯的。"

师："小朋友们都想知道番薯是怎么长出来的？它的种子是什么？我们保留这个问题，请小朋友们当一回小科学家，去调查一下，看看能不能找到答案。"

幼儿带着调查表回家，通过请教家长、查资料等方式进行调查，第二天来幼儿园交流。

幼："我奶奶说番薯的种子就是它自己。"

幼："那是不是把番薯种下去就能够长出新的番薯呢？"

师："那要不我们去试试吧！其实还有一种办法就是养在水里。"

幼："水里？好好玩哦！"

幼："莲藕也是长在水里的。"

师："是的，但是在水里种番薯和长在河里的莲藕还是有些不同的，我们等会就来观察一下有哪些不同。"

于是，幼儿把挖出来的番薯分成两批分别进行水培和土培。幼儿利用先前

土培番薯

水培番薯

种青菜和茼蒿的经验，顺利地将番薯种在了班级植物角，并持续观察记录。

活动反思：

探究番薯是不是种子的问题要等到长出新的小番薯才能得到明确的答案，这将是一个长期持续的过程，幼儿用各种表征方式记录番薯的生长过程。在幼儿观察番薯的过程中，当幼儿出现问题时，教师要学会适当让步，留给幼儿探究的空间。通过与同伴交流或自身的已有经验，有些问题能够得到解决。一些无法立刻得到答案的问题，要发挥幼儿的主动性，引导幼儿持续跟进。

（三）反思

第二阶段主题活动实施后，笔者与合作教师针对本阶段"番薯"主题活动进行研讨，以期新的思想碰撞。

研讨记录：

研191024

研讨地点：

教师办公室

研讨内容：

N："第二阶段'番薯'班本主题活动开展到现在，有什么不一样的感受吗？"

T1："我们这一次基本上都是从小朋友们的问题出发来开展活动的，确实比上一次更有探究意味了。"

T2："我是真的体验了一把什么叫做生成课程了，实在是太考验老师的智慧了。"

N："是的，开展这种生成性的主题活动会比预设的辛苦一些，而且还很考验老师的实践智慧。那你们觉得哪些地方还能再完善一下？"

T1："这几个活动机动性很强，有的时候老师准备不充分的话，很多点没办法触及，活动就显得有些单薄。"

N："我理解你的意思，你是觉得活动内容不能像预设的那么丰富，活动时没那么好把控，是吧。那用番薯还能再生成哪些活动呢？"

T2："像区域啊，之前放在区域里的番薯，小朋友们好像没有关注到。"

T1:"我突然想到,班里不是还有很多番薯嘛,平时也争来争去的,就让他们比比谁的番薯大。"

N:"这个想法好,主题活动路径还能再拓展一下的。"

通过创设一个与主题密切相关的主题环境,推动了主题的生发,并在主题墙上呈现了主题活动思路。一系列探究活动给予幼儿更多的探究空间,充分发挥了幼儿的主观能动性。同时,教师观察发现,前期投放在区域里的材料还未发挥作用,决定适时引导,促进区域活动生成,丰富"薯·我知道"班本主题活动路径。

三、班本主题开发拓展阶段

本阶段从丰富主题活动路径出发,实现"薯·我知道"班本主题的拓展,以整合的观点建构幼儿的经验。

(一)计划

1. 主题目标定位

第一阶段的目标是从五大领域切入逐条制定的,第二阶段则侧重科学探究领域,而第三阶段的主题活动目标(见表4-1-5)依据该阶段主题拓展内容和前期活动目标进行整合,因此更具有层次性和整合性。三个阶段的主题目标发展体现渐进过程。

表4-1-5 第三阶段主题活动目标

主题目标	
1	能够主动观察番薯及周边自然环境中的事物,运用多种感官感受不同品种的番薯在外形、口感上的区别,感受探究自然的快乐。
2	能对自己发现的关于番薯的问题进行猜想,提出解决办法并进行验证,并用多种方式记录。
3	大胆发挥想象,运用各种材料,感受为番薯变身和艺术创作的快乐,增进亲子感情。
4	团队接力运送番薯,掌握平衡和快跑能力,感受运动的快乐,初步萌生合作的意识。
5	能够认真观察和仔细倾听,实践制作番薯食品,乐于和他人分享自己的劳动成果。
6	关注番薯的生长条件与环境,能够持续观察记录,产生对自然生命的关爱之情。

2. 活动实施路径拓展

第二阶段是从集体探究活动和主题环境创设的路径来推进班本主题的，到了第三阶段，主题活动的拓展阶段，要形成一个融环境、日常活动、集体教学、区域游戏、家园互动于一体的主题活动路径。如此融合是因为一方面幼儿的发展是持续渐进的，具有阶段性特征，主题实施的路径需要逐渐延伸；另一方面从教师主题开发的角度来看，要实现主题活动的扩充，促使教师以全局性的眼光看待班本主题开发。

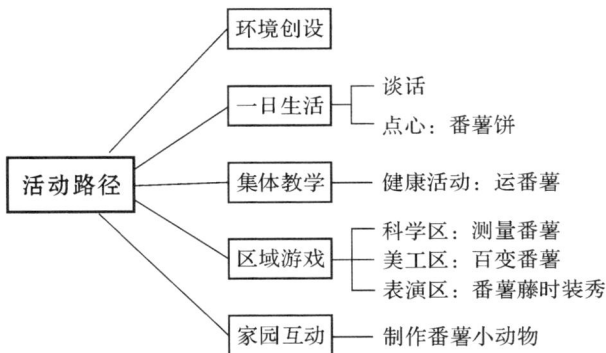

第三阶段主题活动拓展

在环境创设上，持续性跟进主题环境创设。班本主题环境创设除了要符合幼儿的年龄特点、兴趣爱好、审美需求，也要适合班本化的整体规划、动态发展，丰富主题环境，体现班级特色，实现幼儿多元参与。

在一日生活上，发挥其在主题活动中的教育作用。幼儿在生活中获得的有益经验就是课程，教师充分利用一日生活的真实情景，将它作为主题活动的延伸。

集体教学是幼儿园最集中的教学组织形式，通过集体教学帮助幼儿整理新旧经验，促进幼儿相互学习和分享经验。该阶段通过实施"运番薯"活动，让全体幼儿感受运动与合作的快乐。

加德纳的多元智能理论指出，幼儿的能力，尤其是优势能力往往各不相同，区域为幼儿个性化学习提供支持。第三阶段，在科学区、美工区和娃娃家投放主题材料，生成了"测量番薯""百变番薯""番薯藤时装秀"等游戏活动。

在阅读区投放"番薯"主题相关绘本《好大好大的红薯》《7只老鼠挖红薯》《老鼠、鼹鼠挖红薯》等。

家园互动是实现幼儿园和家庭教育沟通的重要形式。家庭教育具备长期性和针对性，满足幼儿特殊发展的需要。家长参与到主题活动中来，一方面充分调动了主题资源，实现家园沟通，形成教育合力，另一方面也促进亲子感情的提升。

（二）行动

1. 集体活动

实例：运番薯

活动目标：

1. 能用小推车接力快跑运送番薯，并且保持平衡。

2. 有合作的意识，感受运动的快乐。

活动准备：

1. 小推车 4 个、番薯若干。

2. 幼儿分成 4 组。

活动过程：

一、教师讲解示范

1. 一人拿一个番薯放到小推车，将番薯运到终点拿出来放下再返回换下一位幼儿。

2. 小推车中途倒地要回到起点重新出发。

二、幼儿第一次比赛运番薯

1. 幼儿分组比赛。

2. 总结成功或失败的经验教训。

三、第二次运番薯比赛

四、幼儿交流，教师总结

……

在该活动中，幼儿能够基本理解活动规则，按顺序依次出发，保持小推车平衡的同时将番薯运送到目的地。过程中中班幼儿规则意识比较弱，需要继续培养。与此同时，出现失败的队伍集体怪罪失误幼儿的情况，如何引导幼儿正确看待输赢和团队合作也是教师应该思考的问题。

2.区域活动

科学区——测量番薯

科学区里有一些番薯，幼儿对到底哪个番薯才是最大的进行了一番争辩。

幼："我觉得这个最大。"

师："哦？为什么觉得它最大？"

幼："我觉得是这个（指向另外一个）。"

幼："我看出来的，它的肚子圆圆的，最大！"

师："小朋友们有不同意见了，你们为什么觉得是它呢？"

幼："因为它长长的，比其他番薯宝宝都高。"

师："原来，小朋友们都是用眼睛看出来的。老师给你们带了一些丝带和吸管，看看你们能不能用这些工具和你的好朋友比一比谁手里的番薯更大。"

幼儿用丝带测量番薯的身体，用吸管测量番薯的身高。最后知道用的丝带越长，番薯越胖；用的吸管段数越多，番薯越高。

师："小朋友们，你们找到番薯王了吗？"

幼："老师，我的番薯比较胖，但是他的比较高，我们谁才是最大的啊？"

幼儿在测量番薯时遇到新的问题了，最胖的和最高的两个番薯又该如何评选出谁更大呢？

幼："可以给它们称称体重，重的那个就是番薯王。"

师："真是个好主意，那我们下次就来给番薯称称体重，找出我们的番薯王，好不好？"

给番薯测量是科学探究，教师先从幼儿经验出发，让幼儿目测，然后提供丝带、吸管等工具，让幼儿学会测量。其渐进过程符合中班幼儿的年龄特征和能力水平。同时，科学活动应当注重科学性，当出现两种测量工具时，测量标准应该区分，不可混为一谈。最后当幼儿提出最胖的番薯和最高的番薯谁才是番薯王的问题时，引发了新一轮给番薯称重的探究。

美工区——百变番薯

第一阶段的活动中，教师让幼儿在美工区投放了自己设计的番薯造型，到了本阶段，教师在美工区投放番薯和多种材料，让幼儿直接在番薯上做艺术加工。

幼："老师，我可以做一个番薯宝宝吗？"

幼："我也想做一个，我可以拿一个'小眼睛'用吗？"

师："美工区的材料都可以用，最后放回去就行。"

幼："我要做一个番薯战士，会变身的那种。"

师："小朋友们可以先在纸上设计，然后再给番薯变身。"

此活动实质上是对前期美术活动"百变的番薯宝宝"的改进和延伸。幼儿不仅利用多种感官探索番薯，同时也体验了动手操作的乐趣，感受了合作的快乐和成功的喜悦。先设计，然后直接在番薯上进行创作，这种直接感知、实际操作、亲身体验后获得的经验才是真经验！

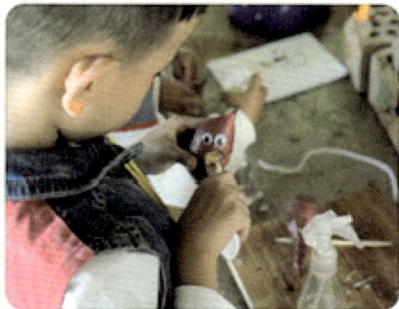

幼儿给番薯做造型

表演区——番薯藤时装秀

挖番薯时有一位幼儿将番薯藤缠在手指上，说是要送给妈妈当戒指，引发其他幼儿的兴趣。于是，幼儿针对番薯藤能怎么玩进行了讨论。

幼："番薯藤长长的可以用来跳绳。"

幼："我可以用它做一个戒指。"

幼："还能做耳环、项链、草帽。"

幼："我想做衣服，像草裙一样的。"

经过讨论，园所决定用番薯藤举办一场小小的时装秀。幼儿用番薯藤编草帽，做项链，用番薯叶做耳环，最后在表演区以走秀的形式上演了番薯时装秀。

此活动是在追随幼儿兴趣的基础上生成的。实际上，番薯藤还具有食用和药用价值。后期可根据幼儿的经验和需要决定是否继续对番薯藤进行主题开发。

（三）反思

1.班本主题网络梳理

三个阶段的主题开发与实施，班本主题活动内容比较完善，于是笔者将主题活动进行汇总、梳理，形成一张较为全面的主题网络。经幼儿讨论、商议、投票，赋予班本主题名称为"薯·我知道"。

主题网络重在整合，以逻辑线索将活动联结起来，而不是活动的堆砌。经过对三个阶段主题活动的回顾与反思，通过对活动的分类，形成以"挖薯乐""揭薯秘""玩薯趣"和"品薯味"为线索的活动展开式的主题网络。

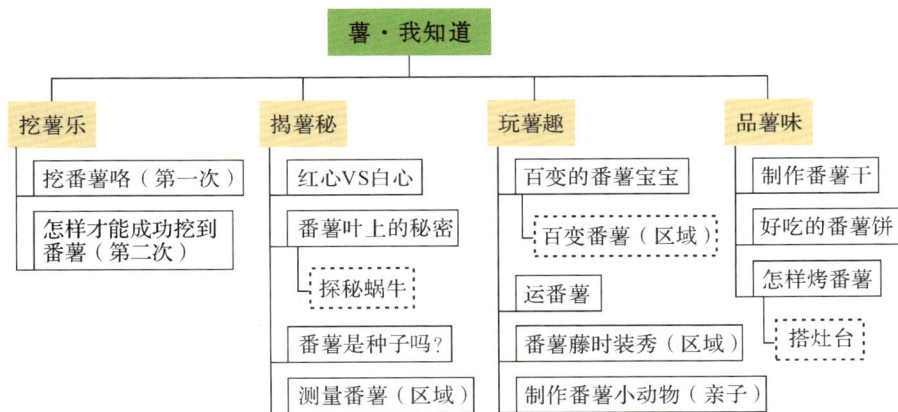

薯·我知道			
挖薯乐	揭薯秘	玩薯趣	品薯味
挖番薯咯（第一次）	红心VS白心	百变的番薯宝宝	制作番薯干
怎样才能成功挖到番薯（第二次）	番薯叶上的秘密	百变番薯（区域）	好吃的番薯饼
	探秘蜗牛	运番薯	怎样烤番薯
	番薯是种子吗？	番薯藤时装秀（区域）	搭灶台
	测量番薯（区域）	制作番薯小动物（亲子）	

"薯·我知道"主题网络

2. 班本主题开发反思

"薯·我知道"班本主题经历三个阶段，经此次行动研究的计划、行动、反思、再循环步骤，逐步改进行动方案，从而解决关键问题。第一阶段，教师制定目标，预设主题活动；第二阶段，聚焦幼儿问题，生成主题活动；第三阶段，丰富主题活动路径，拓展主题活动内容。我们可以发现班本主题就是在不断地设计、调整、聚焦、整合的过程中渐进开发出来的。

（1）营造自然、现场的主题环境

环境，常被称为"不说话的老师"，默默发挥着潜在的教育作用。教师一方面要将良好的环境引入幼儿园，创设一个真实的、开阔的、开放的自然活动环境，构建具有趣味性和吸引力的探究空间，以此激发幼儿探索的热情；另一方面，教师要有驾驭、把控环境的能力。环境构成因素是复杂多变的，面对纷繁的环境要素，选择何种环境要素、以何种方式运用于教育之中，教师的取舍很关键。

真实的情境来源于渗透幼儿真实生活的真情实感。自然现场的活动具有动态性、变化性，会出现新的挑战、新的探究。例如，"薯·我知道"主题活动中，幼儿在挖番薯时观察到了番薯叶子上有白色的长长的痕迹，由此引发了幼儿对蜗牛的探究。"番薯"主题就不仅仅局限于番薯本身，更融合了生命科学的内容。

（2）预设与生成之"结"与"解"

长期以来，预设课程在我国幼儿教育中占据主导地位。预设活动囊括了明确的目标、内容以及过程，即幼儿在预设好的框架下掌握教师准备好的固定内容，教育目标较易落实，且能保证幼儿的基本发展。尽管教师在制定与实施活动时将幼儿的兴趣和需要考虑其中，但在实际实施中，教师仍会拘泥于预定目标，有"走教案"之嫌。而生成课程是教师通过对幼儿的观察，发现和跟随他们的兴趣需要，充分利用课程资源，调动和激发每位幼儿的潜能，使活动不断发生和发展，促进幼儿进行动态学习和多元化发展。《纲要》中也指出"关注幼儿在活动中的表现和反应，敏感地察觉他们的需要，及时以适当的方式应答，形成合作探究式的师幼互动"。

然而，在幼儿教育实践中存在预设与生成之"结"。其症结在于幼儿的高需求与教师能力有限之间的矛盾。生成课程进入学前教育视野以来，受到教师们的青睐，纷纷开始生成活动的尝试。美国学者苏珊·史黛丝将生成课程定义为一个循环过程，这个循环包括：用心观察和聆听幼儿，与他人一起反思并讨论所发生的事情，以支持幼儿想法、疑问和思考的方式作出回应。[①] 然而，有时教师捕捉不到活动中有价值的事件；有时教师察觉到事件或问题的价值，却止步于深入挖掘；也有的尝试引导，却囿于知识储备与专业水平。一言以蔽之，教师没有驾驭生成课程的素质与能力，最终只能转生成为预设，或开发一些流于形式的伪生成活动。

那么，预设与生成何"解"？在笔者看来，首先要正确解读生成课程。教师热衷生成课程是因为它提供教师更多创造性的选择，但也正是因为创造性，使得教师有了畏难情绪。"项目"与"探究"是生成课程的核心关键词。项目是指一个长期的幼儿感兴趣的主题活动，通过与幼儿的合作或鹰架他们的学习，使项目深入下去，而非停留在表面。探究是生成课程另一个有关联的概念，它也是一个连续循环的过程，深度学习由此发生。把握这两个概念是前提和关键。其次，要转变看待预设与生成的视角，两者不是完全对立的，其之间不存在无法攻破的壁垒。预设与生成没有正误、对错之分，两者都有存在的必要性和合理性。因此，盲目追求生成而摒弃预设在实践中不具备可操作性，甚至会导致基础教育偏离轨道。最适宜的情况是建立一座桥梁，将预设和生成打通，可进可退，在保证幼儿基本发展的前提下收获额外的惊喜。

（3）引导幼儿发现式科学探究

"薯·我知道"班本主题活动的落脚点更多地在幼儿的科学探究上。朴素理论认为，幼儿有自己的一套科学理论。当幼儿收集到的信息之间存在缺口时，他们会用自己的想象去修补这些缺口，甚至将相互矛盾的信息加以修改，形成个人理论。[②] 如果他们没有在多种情境中遭遇对以往错误概念的挑战，他们会倾向于用个人理论来解释新经验，并拒绝接受与自我概念相矛盾的解释。[③] 此

① 苏珊·史黛丝. 即兴课堂 [M]. 万斌，译. 南京：南京师范大学出版社，2018：6-8.

② Gardner, Howard. Changing minds: The art and science of changing our own and other people's minds. Boston, MA: Harvard Business School Press, 2004：56.

③ Donovan M S, Bransford J. How students learn: History, mathematics, and science in the classroom[M]. Washington, DC: National Academies Press, 2005：425.

时，教师一方面要尊重幼儿的朴素概念，保护幼儿用朴素概念来认知世界所付出的努力，另一方面教师也应该利用发现性的活动向幼儿揭示真正的科学，让幼儿认知世界的方式在系统、完整的活动中得以澄清与重组。

引导发现式科学探究重视幼儿的好奇心，并将其视为有效的学习工具。鼓励幼儿在解决问题的过程中发挥个性和创造性。在幼儿自发的体验、触摸与尝试的基础上，获得第一手信息，并以此逐渐转变幼儿对未知世界的直觉性解释。

四、形成一个主题开发行动框架

头脑风暴（brainstorming）即无限制地自由联想和讨论，从而产生新的观点和解决策略。它是美国创造学之父 A·F·奥斯本于 1953 年正式提出的一种激励性思维办法。基于班本主题开发行动研究的三个阶段，经问题聚焦、具体呈现和头脑风暴，笔者与合作教师初步拟定一个地域自然资源班本主题开发、实施、调整的方式，形成一个主题开发行动框架。

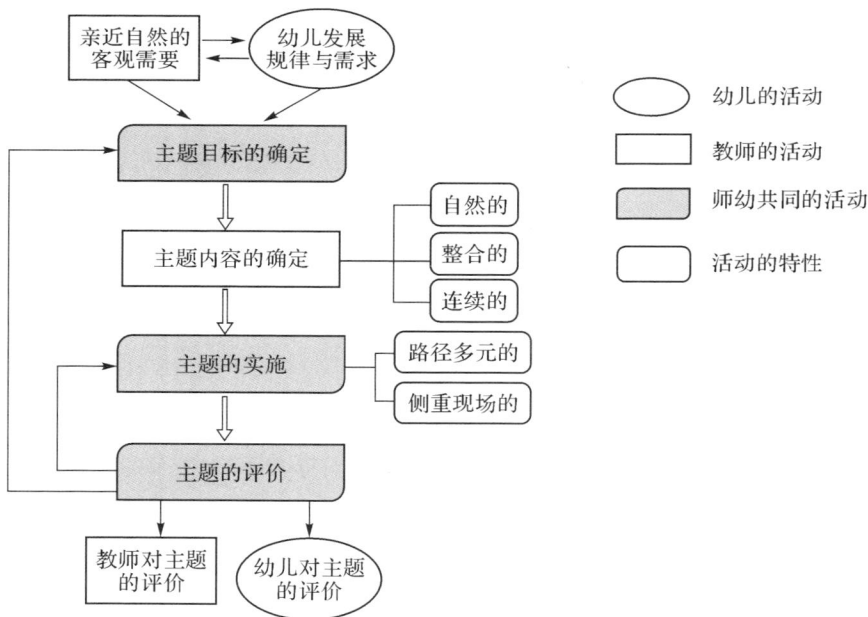

地域自然资源主题开发行动框架

　　主题的开发就是课程开发的一个缩影，因此课程开发的目标、内容、实施和评价这四要素也应该在主题开发中得以体现。

　　第一步，在主题开发前期，教师关注幼儿的需求与兴奋点，将幼儿放在课程中央。同时也要综合考虑社会要求和学科要求，以此来确定主题发展目标。地域自然资源的主题开发就应将幼儿亲近自然、热爱自然的目标和幼儿身心发展阶段的目标有机结合起来。

　　第二步，确立开发的主题内容。首先，依据地域自然资源主题的特性，主题内容应该是彰显自然韵味、引领幼儿认识感受地域自然风情的。其次，主题内容应该具备整合性。一方面是整合主题内容，另一方面要注重幼儿经验的整合，美国实用主义教育家杜威认为经验具有连续性且经验是交互作用的，教育是经验的不断改造或改组。[①] 因此，主题内容也要具备连续性，供幼儿持续不断地深度学习。

　　第三步，主题实施是将一个主题活动从静态文本转变为动态实践的重要步骤。凡是主题的实施都讲究以多元路径来丰富拓展主题，除了常规的教学活动外，还要融合亲子活动、项目活动等多种路径。地域自然资源主题实施的特别之处在于更注重现场感，即多多发挥户外活动、户外教学的特殊功用，以填补幼儿与自然疏离的缝隙。

　　第四步，不可或缺的主题评价。教师要以反省思维思考整个活动流程，抓取活动中出现的问题进行交流、反馈，以改进活动或者重新梳理目标生成新的活动。另外，幼儿也是主题评价的主体。要充分聆听幼儿对主题活动的想法，或用绘画等表征形式记录幼儿对地域自然资源主题的印象，以此解读幼儿的想法，通过评价来实现主题开发的反思调整和问题解决。

　　总而言之，教师需要以计划—实施—反思—再计划的行动思维组织主题活动，在实践、诊断、反馈和改进中提升自身地域自然资源主题开发的能力。

---

① 约翰·杜威.我们怎样思维·经验与教育[M].姜文闵，译.北京：人民教育出版社，2018：11-19.

第二节
一群：地域自然资源主题群建设

穷则变，变则通，通则久。

——《周易·系辞下》

一、主题审议——"奇异菜园"主题群内容确定

"薯·我知道"是幼儿园特色课程内容"奇异菜园"里的一项地域自然资源开发主题。"奇异菜园"里自然资源丰富多样，且有明显的季节属性，所以一年四季可开发的主题均不相同。"番薯"主题的开发给教师们提供一个模板样式，就"奇异菜园"背景下，还能开发哪些主题进行了年级组内的主题审议。这些后期开发的地域自然资源主题将与"番薯"主题一起共同建构"奇异菜园"主题群。

审议（deliberate），源于拉丁词"librare"，意指"衡量"。从词源来看，审议就是对问题情境进行反复讨论权衡，从而对情境获得一致性的解释。课程审议指课程主体采用平等对话、协商的方式，以达成"视域融合"为目的，对特定的课程现象进行观察、研讨，最终作出相应判断与决策的过程。[①]幼儿园主题审议是审议主体针对幼儿园主题设计、实施、评价中的问题进行观察、讨论、协商，从而对主题相关的目标、内容、实施路径和策略做出判断选择的过

---

① 张家军.论幼儿园课程审议的内涵、价值取向与过程 [J]. 课程·教材·教法，2012（6）：18–20.

程。主题审议包含个人审议和集体审议两种类型。一般个人审议发生在教学前（preactive），教学中（interactive），和教学后反省（postactive）三个阶段，是个人向内的行为。而集体审议是多方面的人员共同合作的审议活动，是团体向外的行为。在课程开发中，"学科领域的专家是无法单独胜任的，单凭教师也是不行的，因此，有必要集合代表该领域的集体小组共商合作"[①]。主题群的审议具有明显的群体性，是通过团体的互动协作进行的活动，是聚集全园智慧的活动。此阶段的主题审议从地域自然资源的选择、幼儿经验的连续性增长以及主题脉络的展开三个层次衡量"奇异菜园"主题群的设计。

（一）审资源——地域自然资源的筛选

依据季节。园内"奇异菜园"的地域自然资源因时因季不断变化，明确资源时要根据季节、时令有针对性地选择符合幼儿直接感知经验的当季蔬菜，只需在正确的时令里引导幼儿播种，做好观察记录，形成系列探究活动。

依据蔬菜种类。蔬菜的品种繁多，按照植物学科目分，常见的蔬菜有十字花科、伞形科、茄科、葫芦科等八大科。考虑到幼儿的认知特点，以及教师相关科学知识的缺乏，采用植物学分类不具备可操作性。因此，根据蔬菜可食用部分，采用食用器官分类法，将蔬菜分为根菜类、茎菜类、叶菜类、花菜类和果菜类。这种分类方法较为简单明了，开展主题活动时不必向幼儿灌输植物学的相关概念，而是在探究中以品尝等形式无形地增长幼儿关于蔬菜的相关知识，凸显蔬菜最大的价值是食用。

综合资源的运用。综合资源是一种资源合力，是以幼儿生活世界为基点外散的资源的整合。"奇异菜园"主题群既要考虑园内的自然资源，也要找寻园外的自然资源；既要衡量自然资源，也要充分融合其他资源。

（二）审儿童——基于幼儿经验的连续性

幼儿的经验是连续且具有交互作用的。既然幼儿的学习即经验连续性地生长，那么主题活动就应属于幼儿的经验，回归幼儿的生活。经验的交互作用还体现在前一个活动为后一个活动奠定经验基础，后一个活动是前一个活动的经验提升，在活动中经验交融，实现螺旋式上升。

---

① 施良方.课程理论：课程的基础、原理与问题 [M].北京：教育科学出版社，1996：205.

基于此，"奇异菜园"主题群的创设就应基于幼儿的前期经验，营造真实的自然空间，激发幼儿的兴趣点，善用提问与猜测唤起幼儿经验的连接点。同时，运用实验探究活动，架构幼儿经验的关键点，在探索、体验、交往的联动中学习。在此连续性的经验增长过程中，深度学习由此发生。

从幼儿经验的视角看主题群建设，"薯·我知道"主题的开发给幼儿积攒了番薯的相关经验，那么"奇异菜园"主题群的开发就可以基于幼儿已有经验，结合适宜的地域自然资源，逐步实现多种类的蔬菜主题开发。

（三）审活动——主题脉络的设计

构建一个主题群需要从设计一个主题开始。主题的设计需要清晰的主题脉络，只有清晰明确的发展脉络才是主题开发的行进线。主题脉络的设计需要幼儿园主题审议的把关，以确保主题开发的方向。经验的分享和思维的碰撞有助于进行价值定位和判断，筛选出适宜的主题，梳理主题，并促进教师多维思考。在主题活动目标的层级结构上要注重层次性和递进性，判断不同年龄段幼儿的能力在哪里，需求在哪里。在活动内容的选择和编排上也需要教师的判断，以保证让一个静态的知识型主题演变成一个动态的活动性主题。主题脉络的展开方式有几种，教师结合实际有选择地运用。例如，"薯·我知道"班本主题的脉络展开方式为问题探究式，即在教师的支持引导下，围绕幼儿共同感兴趣的某些问题进行深入地探究活动，在调查、讨论、实验、总结等活动中逐步推进，形成探究式主题活动网络。除去问题探究式，主题脉络的设计还有要素展开式、活动展开式和情景分析式等。要素展开式，是对主题核心要素进行分析，这类主题网络涵盖的内容较为有限，但凸显了主题核心。活动展开式即对主题网络中囊括的重要活动按照一定的逻辑顺序排列，突出先做什么，其次做什么，最后做什么的次序感，以活动为主题展开线索，且每一个大活动均可细化为更加详细的小活动。情景分析式即根据主题网络涉及的关键情景为线索展开主题，有特定的空间与时间关系，比如"找秋天"的主题活动，可以在"幼儿园的秋天""公园的秋天""郊外的秋天"三个情景中展开，不同的情景衍生不同的活动。

二、"奇异菜园"主题群开发

依循主题审议内容，教师通过走访、调查，在"番薯"主题之后，又相继开发出油菜、水培蔬菜和番茄等"奇异菜园"主题内容。

（一）香香的油菜

"香香的油菜"主题活动起源于幼儿对油菜种植的兴趣。希望通过观察、种植、养护、采摘、收籽、榨油等活动，帮助幼儿认识油菜的营养价值。幼儿运用多种感官感知油菜的颜色、形状、味道，记录其生长过程。

主题活动目标：

1. 能够用语言表达种植油菜的流程，乐于交流、分享种植活动的经验，了解油菜的主要特征和生长变化。

2. 有关心、照顾油菜的意识，尝试运用几种比较常见的方法对油菜进行养护，获得相关养护经验。

3. 知道油菜的价值，乐于运用各种小工具参加收获油菜的活动，积累收获的经验，体验丰收的喜悦。

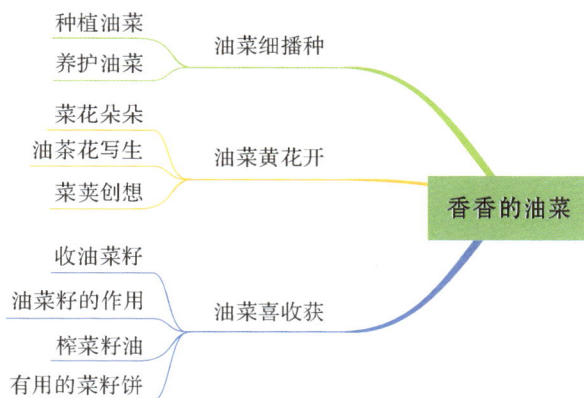

"香香的油菜"主题网络

（二）水培蔬菜

在"番薯"主题活动中，幼儿初步了解了植物的水培方式。同时结合园所周边可开拓的现代农业资源，发现幼儿对水培蔬菜产生了浓厚的兴趣和探究欲望。于是，园所决定开展"水培蔬菜"主题活动。

主题活动目标：

1. 乐于了解现代农业技术，能主动观察、探索蔬菜不同的栽培方式，感受科学技术给蔬菜种植带来的影响。

2. 通过调查、采访和实践等方式，多渠道、多方式地获取水培的知识和经验，运用图像、符号、简单的文字等方式记录种植、养护水培蔬菜的经验。

3. 有一定的责任感，能主动关心、照顾蔬菜，并能够持久地参与水培种植活动。

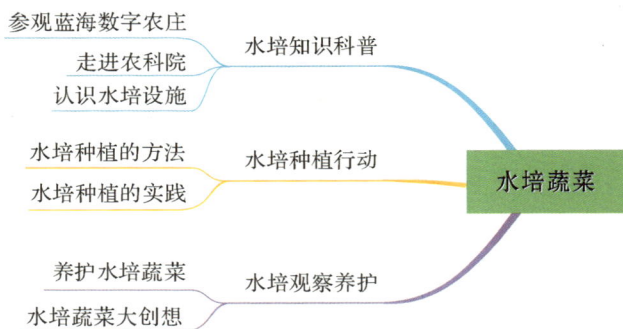

"水培蔬菜"主题网络

（三）水灵灵的番茄

幼儿经历了番茄种子的播种，共同见证番茄的成长过程。在番茄成熟后，厨师利用园内种植的番茄为幼儿制作了一顿番茄大餐。但在用餐过程中，教师发现有些幼儿不爱吃番茄。针对这些问题，园所开展了"水灵灵的番茄"主题活动，与幼儿一起深入认识番茄的营养价值，学习番茄种植嫁接技术，研究番茄的美味吃法。

主题活动目标：

1. 亲近自然，能根据种植、养护番茄的流程，通过查阅、探索、求助成人的方式，有目的地获取种植经验。

2. 感知番茄的生长变化，尝试运用各种方法进行养护，了解番茄的营养价值，愿意探索番茄的美味吃法。

3. 乐于和同伴合作，共同分享种植、养护、品尝番茄的感受。

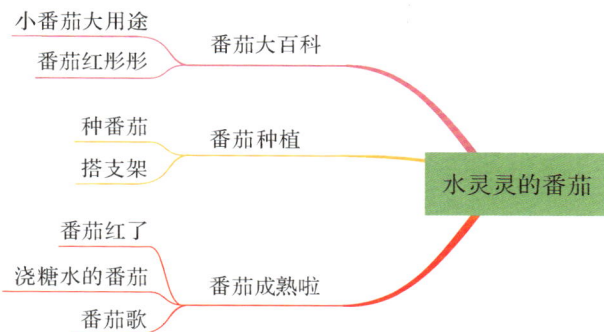

"水灵灵的番茄"主题网络

三、"奇异菜园"主题群梳理

（一）构建主题群网络

至此，"奇异菜园"主题群初步成型，虽然现阶段仅有番薯、油菜、水培蔬菜和番茄四种地域自然资源的开发主题，但依循渐进的步调，未来"奇异菜园"主题群还将逐步扩展，更加充实。笔者将开发完成的"薯·我知道""香香的油菜""水培蔬菜"和"水灵灵的番茄"主题进行整合，梳理形成"奇异菜园"的主题群网络。

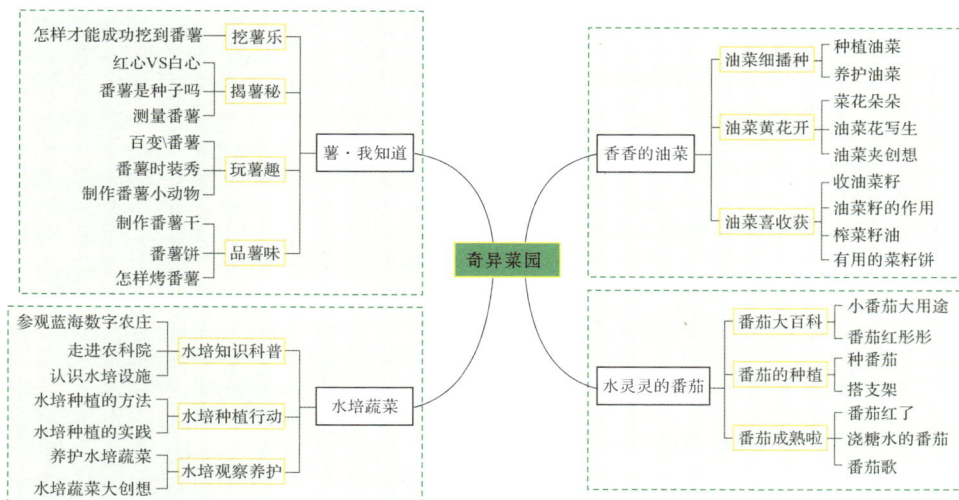

"奇异菜园"主题群网络

（二）建立主题资源库

以往的幼儿园主题研究重视主题的实施，却缺少了对主题资源库的关注，导致幼儿园在主题资源的开发、使用与管理上存在一些问题。比如，按领域收集主题资源导致与幼儿园综合课程组织形式相脱节；教师在主题实践中积累的创新成果由于教师群体的流动变化存在不衔接的现象，教师往往花费大量时间重复劳动。这些问题都在一定程度上影响了主题实施的进程与主题开发的效果。

主题资源库就是一个适应主题活动需求的有准备的资源储备，是主题开发的后备军。"奇异菜园"主题群在开发、实施与改进中日臻丰富，其中透析出的"优"与"劣""问题"与"对策"都是实践中的真实收获，对之后的主题开发与实施具有借鉴作用。主题资源库的建立就在于将开发的主题进行梳理、分类、汇总，其内容囊括了主题实施资料、教师反思、教研记录等。主题资源库一般包括三个方面的内容：（1）条件性资源，包括主题活动设计与发展背景、基本信息等；（2）素材性资源，包括主题活动目标、内容、环节设计、环境创设、材料投放等；（3）反思性资源，包括主题活动成果汇报、教师反思日记等。主题资源库是实现教师共享和共赢的有效平台，加强了教师群体的互动与对话，为教师研究性学习和自主性学习创造条件。

在"奇异菜园"主题群背景下，中班段生成的"薯·我知道""水灵灵的番茄"等主题是主题资源库的一部分，并以课程故事的形式推送至网络平台。这些主题以地域自然资源为切入点，以幼儿的问题生发为实施导向，以问题、猜想、实践、验证的路径推进，让幼儿在真实、自然的环境中自在探究，为"奇异菜园"主题群后续开发以及其他"五园"主题群的开发实施打下坚实的基础。

四、形成主题群建设的理论框架

"奇异菜园"主题群的建设是一个摸着石头过河的探索阶段，其中获得的经验、教训、模式都为其他主题群的开发提供了参照样式。因此，对已有成果所蕴含的内在逻辑、经验进行回顾、汇总、梳理、提炼、总结就显得尤为重要。

回顾"奇异菜园"主题群开发过程，可以总结出以下步骤。第一，审议先行，主题审议是主题开发的先驱环节，且贯穿主题始终。审议的核心对象有三，分别为资源、儿童和活动。基于幼儿的兴趣与需求，挖掘可能的潜在资源，然后以此来设计、开展有逻辑性主题脉络的活动。第二，多方考量进行主题的实践工作，实现基于幼儿经验的主题的开发与实施。在此过程中，以幼儿的兴致需要为关切，密切关注幼儿的发展状况，适时调整活动，避免单一线性的活动开发。第三，聚沙成塔，主题汇总，通过构建主题群网络和主题群资源库实现最终的主题群建设。

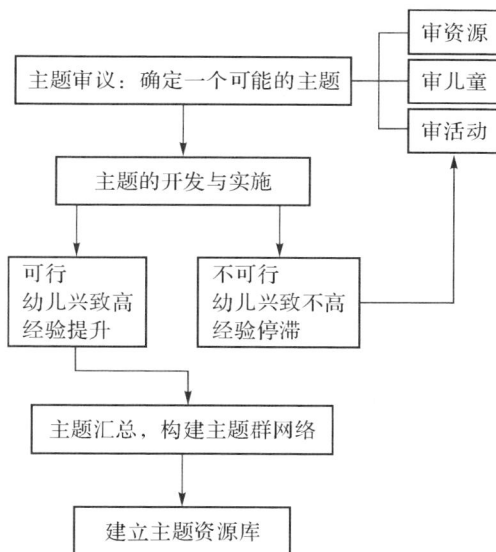

主题群开发的理论框架

主题群开发的理论框架深刻体现了渐进式主题开发的内涵，它既高于一个班本主题的开发，又基于一个个小的班本主题。在反思、修正、打磨的渐进式发展中，呈现一个优质的、符合幼儿发展需要的主题群网络。

地域自然资源主题群的开发是地域自然资源园本主题开发的第二步，相较于班本主题，主题群的开发与建构有了一定量的积累，但尚不足以成为完善、丰富的园本主题。因此，接下来将步入渐进式开发的第三阶段，即地域自然资源园本特色主题板块的形成。

第三节
一系列：地域自然资源园本特色课程的形成

合抱之木，生于毫末；

九层之台，起于累土；

千里之行，始于足下。

——老子

园本主题统整成型是地域自然资源园本主题开发渐进模式的第三阶段，这一阶段是对前期班本主题、主题群开发工作的检验审视，也是对课程价值理性思考的规整，更是从量到质的飞跃期。

这一阶段，放眼全局，完成了"六园"一系列主题群的开发，统整成为地域自然资源园本特色主题板块。同时，从原先线性的主题开发，转型为巢状的多维联动，拓展多种路径，实现地域自然资源园本主题向"亲自然"园本课程的跨越。

一、精致园本特色课程网络

从地域自然资源班本主题到主题群的开发更像是一个自下而上的草根式实践摸索，主题群汇集主题研究成果，但它仍然是粗糙、零散的，需要将园本主题精致化，将"六园"主题活动以一定的逻辑统整，使其成为一个清晰的、凸显地域自然资源特性的主题板块体系。

下图即为整理的地域自然资源系列主题网络。该系列主题相对成熟，但尚未成型，或许不应该以成型来定义，因为它是生长式的，随着时令更迭和幼儿喜好兴趣的转移，教师将顺势而为，必将生成更多地域自然资源主题，不断丰富"六园"系列，逐步迈向"亲自然"园本课程。

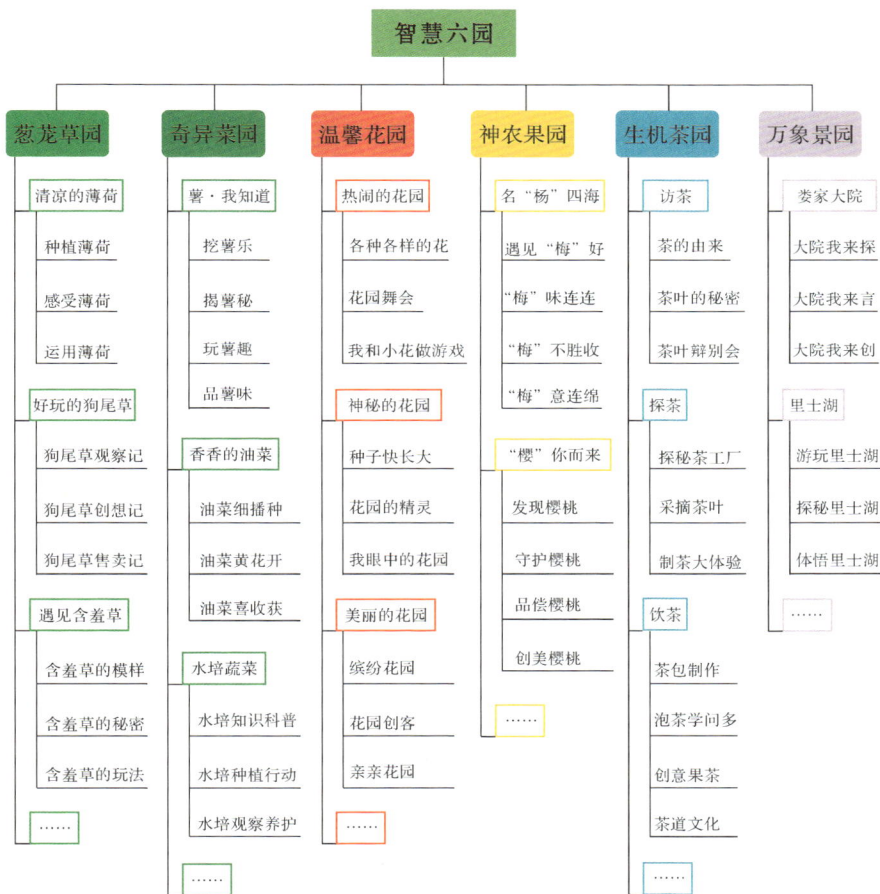

"六园"系列特色主题

二、园本课程实施路径的突破

自然课程的开发有时会拘泥于自然物利用的表面，流于形式。地域自然资源背后根植着幼儿的家园文化，自然环境与人文环境密不可分，两者融合凝练着的是属于亲历者的深厚乡情。因此，地域自然资源园本主题的开发不可缺失文化因素，不可使自然与文化割裂，只有充分发挥地域独特的自然资源和人文传统，返璞归真，才是实现顺应自然规律的绿色生态教育的可行路径。

除了"亲自然"主题活动的开展外，园本课程突破园内园外空间的藩篱，冲破自然空间与文化间的壁垒，以多元路径拓展"亲自然"教育的形式，使乡情根植于幼儿，为地域自然资源园本主题走向"亲自然"园本课程的桥梁铸造坚实的基础。基于此，可以通过游戏—体验—探访—浸润的实践路径，引导幼儿从直接感知、亲身体验，到实践探究、表达表现，感受家乡美，萌发对自然、对家乡的爱。其主要路径如下图所示。

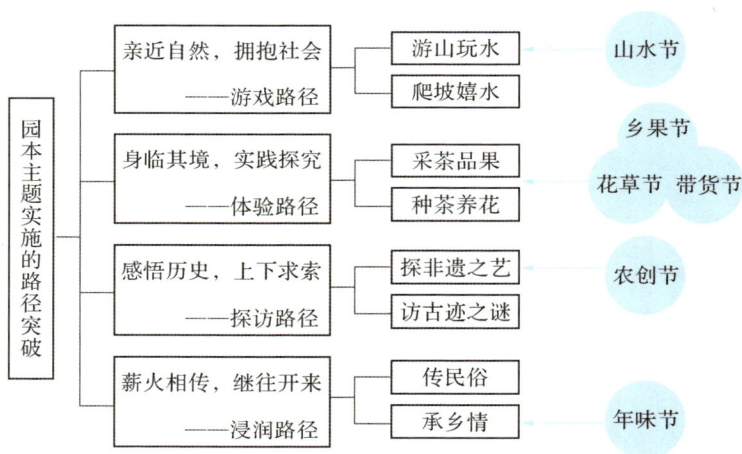

园本特色课程实施路径的突破

（一）游戏路径

游戏路径是指以走出幼儿园、亲近自然和社会为游历形式，以本土青山、河流、湖泊、泉井等特色为主要内容，通过游历、走访、查询等形式在游玩中学习，获得成长的实施模式。该模式成为幼儿户外拓展、开阔视野、增长见识、家园认同的最贴近的载体。

1. 游山玩水

在幼儿园外带领幼儿一同翻越家乡的山脉，用摄影、绘画、游戏等方式将家乡的山水刻在幼儿的印象里。利用山水节这一园本节日，进行系统的策划准备。

2. 爬坡嬉水

充分利用园内为幼儿打造的小溪江流、茶果仙踪、花溪梯田、山水雅台、生态广场、亲亲农庄等仿乡环境，让幼儿时刻身处自然，嬉戏其中。

（二）体验路径

体验路径是以本地茶果资源为内容，带领幼儿走近茶农、果农，参与社会实践活动。让幼儿参与家乡的重大社会活动，亲身感受果农丰收的欢乐和生活的辛劳，激发幼儿对家乡人的热爱，尤其是对故土、对家园、对生我养我的这片土地的人们产生一种发自内心的认同感。

1. 采茶品果

所前镇茶叶有两季，分别是清明前后和中秋前后。水果也分两季，春季4—6月杨梅、樱桃、桑葚、桃子、李子、枇杷等，秋季10—11月柿子、石榴等。届时，园所组织幼儿上山采茶收果，通过采、做、尝等活动感受茶农、果农收获的辛苦和喜悦，加深幼儿对家乡人的喜爱，以及对家乡土特产的印象。这一部分也可与"创客六节"中的乡果节、带货节联动整合。

2. 种菜养花

除了茶果，园所所在地域还有丰富的蔬菜和花卉资源。幼儿园开辟农庄田园，为幼儿提供种植蔬菜瓜果和花卉的场地，让幼儿主动探究植物与植物、植物与动物以及植物与自然之间的关系，为幼儿开展自然探究提供了条件。

体验路径以项目活动为主导，项目活动内容框架来源于幼儿，体现生成基础上的预设，即通过讨论、分享、调查，教师梳理幼儿的问题，嫁接幼儿的经验，确定具体的活动目标，从而预设项目活动的内容框架，形成完整的项目活动生态链。

（三）探访路径

探访路径是以对S镇文化、古迹和历史走访为内容，通过创设一定的情境，让幼儿在观察、访问和倾听的过程中，了解家乡的各种文化。S镇拥有非遗珠绣文化和人文古迹（如蔡××故居、朱××墓、娄××古宅、××寺等），其中隐藏着的一段段不寻常且不该忘记的历史，能够促进幼儿深入了解家乡的发展史，给幼儿带来文化的冲击和全新的体验。

1. 探非遗之艺

充分利用珠绣和木纳这两项非遗文化，通过走出去和请进来的方式，让幼儿观赏、了解、尝试这两项非遗文化。走出去，到非遗文化馆接受文化艺术的熏陶，发现和体验民间文化创造的美；请进来，邀请非遗继承人来园指导幼儿进行简单的民间艺术创作。

2. 寻古迹之谜

古镇的建筑富有独特的韵味，带领幼儿走进古镇，感受古色古香的建筑，同时聆听只在家乡流传的故事，从故事中了解家乡的发展历程。

（四）浸润路径

浸润路径是以了解、体验民俗风情和传承民俗文化为内容，本着幼儿教育的传承使命，组织幼儿参与民俗文化活动，从中了解民俗历史和风情。

1. 传民俗

清明、中秋、春节等是我国特有的民俗节日，这些民俗节日的形成或纪念一些特殊的日子，或一些特殊的人。然而，这些节日由于西方文化的渗透，年轻人盲目推崇洋节，对传统节日的概念和意义的认识逐渐淡化。传民俗是引导幼儿通过了解历史，深入探究这些民俗背后的意义，让幼儿将这些民俗传承下去。

2. 承乡情

除了民俗节日外，本地还拥有独特的水果节，比如杨梅节、樱桃节、桑葚节等。这些水果的季节性较强，届时园所将组织幼儿出园参与社会实践活动。在园内，种植的果树也将收获果子，通过让幼儿自主策划、自主操作实践的方式组织节日活动。例如，园本的年味节可以让幼儿将家乡的味道铭记在心，在童年就烙下乡情。

三、形成园本特色课程开发框架

我们知道园本主题开发并非一蹴而就，而是需要循序渐进，故而总结园本主题板块开发框架时需要自下而上，从根源处考虑，将一个主题的开发和主题群的建设都囊括进园本主题板块开发的体系之内。

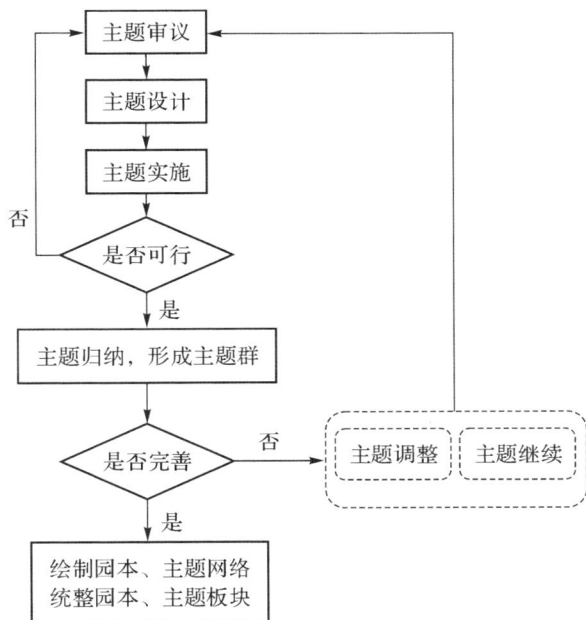

园本特色课程开发步骤

以上为园本特色课程开发的步骤图。主题群开发的理论模型在上文已有阐述，这也是园本特色课程开发的一部分，出于绘图时排版的需要，将其呈现形式稍加简化和改变，其实质内涵与上文并无出入，因此不再赘述。

需要阐述的是主题群开发之后的部分。将开发的主题归纳后，形成主题群，并不代表将各类主题群汇总、堆砌于一体就完成了园本特色课程的开发。实质上，开发后的主题群并不是一个静置摆放的成果，它需要教师进一步思考、评价主题群是否完善的问题。另外，园本特色课程的内容包括但不限于主题群的汇总，例如，游戏—体验—探访—浸润等园本主题旁生内容也应一并涵盖其中，真正实现从线性的主题开发到巢状的多维联动的特色园本主题板块。

第四节
研究讨论与建议

你的孩子，其实不是你的孩子，

他们是生命对自身渴望而诞生的孩子。

你可以拼尽全力变得像他们一样，

却不要让他们变得像你一样。

——纪伯伦

本研究沿袭渐进路线，以地域自然资源为载体，从一个班本主题开发的行动研究起始，再到一群主题开发的梳理，最后形成系列园本特色课程，整个过程在实践的摸索与修正中进行。整个研究历程深刻揭示了园本主题开发并非一蹴而就，而是需教师整合各方资源，小步调、深思考、活运用，循序渐进地实现园本主题蓝图的勾画。

结合笔者实践的所思所得，对地域自然资源园本主题开发全过程中透析的价值基点问题进行讨论，从自然资源、教师、园本主题三个向度分析，完成园本主题开发的渐进模型。同时，针对教师在主题开发中遇到的实际问题，从多方面提出建议。

一、研究讨论

（一）主题开发的价值基点探讨

地域自然资源园本主题开发的内在价值立场值得探讨。从字面上将其拆解来看，与其他类型园本主题区别的是，该园本主题是对自然资源进行开发，且强调的是地域自然资源的开发。因而，主题开发的价值基点在于，首先要解蔽并澄明"亲自然"课程、"亲自然"教育的本质所在，实现自然资源基于适宜幼儿发展的多维的主题运用，同时兼收地域文化的浸润，培养幼儿家园认同感。

地域自然资源园本主题开发可以认为是"亲自然"教育的实现形式之一，因此，该主题开发的价值立场必须归于"亲自然"教育的本质内涵。有研究者提出，"自然"本身的内涵表现为两层意思：其一，"自然"有其实物性的一面，即"自然"作为具体的"自然物"的直观呈现；其二，"自然"必然要从"自然物"中抽离出来，"自然"是所有自然物的本质属性，是其本性，亦是其"原本如此"的样子，自在给定性和天然如是性是它的突出特征。[①] 所以说，除去入世的实用价值，从深层次而言，自然与人性紧密相关。

基于此，地域自然资源园本主题也就涵盖了两方面的含义：其一，要亲近物质的、实体的自然，加强幼儿与自然的联系，紧密人与自然的关系，友好互动，建立亲密热爱的情感；其二，"亲自然"囊括了回归本性的意义，通过与自然的相处，激发人的自然性和内在本质。因此，在开发与实施地域自然资源园本主题时，不能仅仅简单狭隘地让幼儿与自然资源感知接触或者将活动空间自然化，而更应顺应幼儿的内部自然，遵循人的内在天性和自然发展规律，衡量教育对象的年龄特点、身心发展规律，使幼儿的"自然性"与物的"自然性"相融共生。[②]

其次，之所以强调地域自然资源，是为了在主题活动中促进幼儿与家乡自然关系的提炼升华，幼儿欣赏地域的自然风光，感受地域的人文情怀，品味地域的家乡风味，对大自然的赞叹，对家乡的热爱自然滋长起来。家园认同的内

---

① 王登峰，王华婷. 儿童"亲自然"教育实践的若干思考 [J]. 荆楚学刊，2015(6)：86–89.
② 周丽，黄小莲，孙利琴. 解蔽与澄明：走进自然的儿童学习生态 [J]. 早期教育，2019(11)：48–51.

涵是文化认同，因此，开发地域自然资源园本主题时要考虑地域文化元素。在实践活动中、在与自然的接触劳动中，幼儿对于传统地域文化有了一番新的体验与感想。

综上，地域自然资源园本主题开发的价值基点是幼儿，地域自然资源是其开发的切入点，重点是在遵循幼儿内部发展规律的基础上使幼儿与自然亲密互动，在活动中逐步滋长亲近自然与家园认同感。

（二）渐进式园本主题开发三向度探讨

新一轮课程改革建立起了一套以建构主义知识观和学习观为基础的课程体系，积极促进课程与课程实施时代的变革，从传统的以教师"教"为中心转向以幼儿为本，从过分注重课前预设到充分关注教学过程中的动态生成，从单一的知识技能目标评价课堂，转向以三维目标为一体的综合评价，教师的课程开发能力面临空前挑战。

班本主题因其能够凸显班级的主体，凸显幼儿发展的主动性而被广大教师们认可，其存在也是课改的必然趋势。班本主题是幼儿园课程园本化的重要途径，是教师基于本班幼儿兴趣、需要、已有经验等进行开发的。然而从目前班本主题开发的效果来看，教师们往往是为了开发而开发，其活动内容、形式等未从真正适宜于幼儿发展的角度出发。新课程改革至今，理念的认同已不是问题，但理念与行动无法对接，教师在班本主题开发过程中对主题教育资源的认识有待加强，对班本主题教学的支持服务有待优化，对学习内容的建构有待完善，对班本主题实践的实证研究有待深入，因此教师的课程开发力亟待提升。

纵观整个研究过程，主题内容的确定在于教材的规定、自然资源的可收集性和使用性，但教师在主题开发初期较为盲目、随机，且在主题开发的动机上，无明确的价值取向。在主题实施上，基本以五大领域为基准，只求有所涉及，不求精心的设计与组织。随着主题开发的深入，教师能够较为灵活地根据幼儿的实际情况对主题活动内容进行调整或生成，依据幼儿兴趣、问题衍生活动，但教师所能想到的都是生成新的课程内容，另起炉灶，而非在实施过程中及时调试。在本研究中，主题的开发是渐进的，笔者认为教师的主题开发能力也是沿着按部就班—随机应变—融会贯通的渐进路线发展，而要想达到融会贯通之境，还需教师以研究的精神付出不懈的努力。

回归本研究"自然资源"主题开发的特殊性，对于自然资源的开发和利用也有其渐进路线。自然资源开发的渐进路线的实现，也有赖于教师的主题开发能力。第一阶段，对于自然资源的开发停留在表面，着重于对自然资源本身的了解认识。第二阶段，创造性地运用、改编自然资源，生成更多满足幼儿需要的主题内容。第三阶段，将自然资源与其他教育资源整合，发挥教育效益最优化，实现整体、全面的提升。

结合自然资源、教师、园本主题三个向度，得出以下园本主题渐进式开发路线。

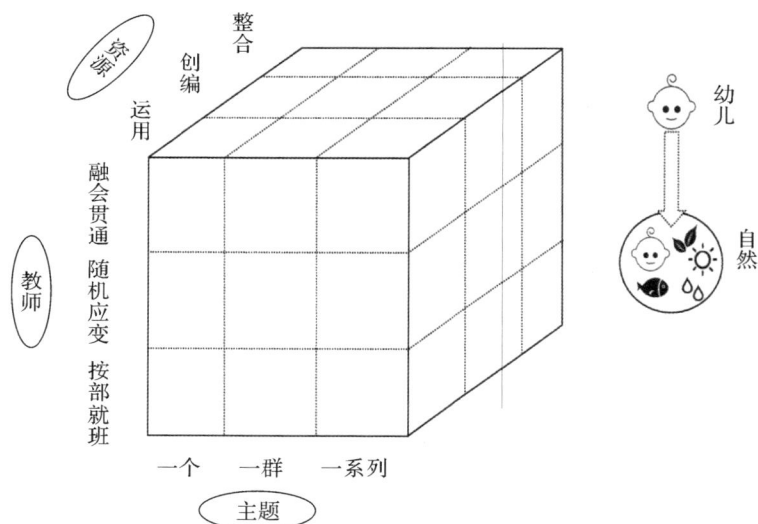

地域自然资源园本主题开发渐进路线

本研究的理论与实践价值，在于解决幼儿与自然疏离的实际问题，因而园本主题开发渐进模式的意义也在于在具体操作中不断弥补自然与幼儿的疏离。人与自然和谐相处的法则在于人处于自然之中，人是自然的一员，而不应自恃为宇宙中独立的存在。园本主题开发的渐进模式就是秉持这样的初心，从多方面为自然的教育、自然的成长渐进调适，以达到终极目标。

本研究归纳形成的渐进模型，虽对幼儿园各类型主题开发均有一定程度的适用意义，但实质上并非放之四海而皆准的。任何主题开发的内核皆有差异，而本研究渐进模式的核心在于通过教师、幼儿园主题开发能力的渐进提升而达成幼儿与自然关系的渐进亲密。

二、研究建议

（一）以"回归自然"的理念为主题开发价值立场

"回归自然"是我国传统文化的显著特征，讲究天、地、人的融合。从园本主题开发的视角来看，应以"回归自然"为价值立场，一为回归真实、实体的自然，二为回归幼儿的内在本真。

1. 回归自然——幼儿的内部自然是主题开发尺度

教育的对象是幼儿，教育的目的是使幼儿全面和谐地发展，那么幼儿应成为园本主题开发的重要尺度。以幼儿为尺度，需要做到以下几个回归。

第一，回归幼儿发展规律。主题的设计与开发应立足于幼儿的年龄特点与发展规律，万不可拔苗助长。教师具备了一定的相关意识，但在实际操作中却不自觉地拔高活动内容，形成暗伤。如何规避此类情况？此时需要第二种回归。

第二，回归幼儿的生活。英国著名哲学家、教育理论家埃尔弗雷德·诺思·怀特海在其教育名著《教育的目的》一书中提出了为人所推崇的著名论断："教育只有一个主题——那就是多姿多彩的生活。"[1]杜威也提出了"教育是生活的需要"[2]。教育的目的是更好地生活，那么教育也该以幼儿的生活为起点。主题开发中，回归幼儿生活即关注幼儿现实经验，以幼儿的已有经验为基点，有效解决教师无法判断主题内容是否拔高的问题。

第三，回归幼儿的兴趣。对幼儿而言，兴趣是他们关注未知事物的重要原因，也是促成幼儿持续探究的先决条件。主题开发要回归幼儿的兴趣需要，前提是教师要敏感地观察、发现幼儿的兴趣需要，并以此不断生发新的内容，达

① 怀特海.教育的目的[M].庄链平，等译.上海：文汇出版社，2012：11.
② Dewey J. Democracy and education: An introduction to the philosophy of education[M]. New York：Free Press, 1916：3.

成深度学习。

2. 回归自然——善用真实的自然课程资源

遵从幼儿的内部自然是主题开发的重中之重，但回归自然少不了与实体自然的交流碰撞。现如今，人们越来越重视自然资源在教育中的运用。其他类型的主题、项目等教育活动也充分纳入自然的元素，更不用说以自然资源为根本载体的主题开发了。

课程资源是课程实施的直接素材，其范围极其之广，课程资源的丰富与否影响课程实施的范围与水平。本研究的自然课程资源在幼儿园教育中以两种形式存在，这里将其定义为请进来型与走出去型。请进来型包括幼儿园创设的自然活动空间以及走进教学活动的各类实体自然物，走出去型包括拥抱真实山水的远足、亲子活动等。因此，越是丰富的自然空间，越具有丰富的可供性。在自然资源园本主题开发过程中，教师要综合运用请进来型与走出去型的自然资源，创设丰富的自然课程空间与场域，以自然因素的可供性辐射幼儿，尊重规律，达到内外部的和谐与回归。

教师应意识到课程资源并非拿来即用的，它需要一个深加工的过程，自然课程资源同样如此。在对自然资源开发利用前，教师要先进行基础的价值判断与筛选。

第一，要判断是否是幼儿立场上的资源开发。现实中往往有从教师立场思考课程的目标追求、开发实施的难易程度、资源的转化形式等，幼儿却逐渐在课程开发中被边缘化，成为被忽视的局外人。主题、课程的价值主体是幼儿，那么幼儿园也该多向度地以富有幼儿性的方式去采撷、选择、整合、呈现自然课程资源。

第二，要判断以何种脉络串联课程资源。实践中，资源堆砌的现象并不少见，究其原因，在于缺乏清晰的主题脉络。主题是课程推进的脚手架，只有清晰明确的主题发展脉络，才是课程发展的行进线。若主题定位摇摆，脉络发展模糊，导致什么资源都想要，营造一种貌似内容充实的假象，实则生硬拼凑。

最后，回归自然的前提建立在对自然的尊重上，只有敬畏自然，遵循自然规律，才能达到人与自然相融共生。因此，要将尊重自然、保护自然环境、珍惜生态资源的教育贯穿于主题活动的始终。

（二）以"行远自迩"的方法为主题开发调适载体

《礼记·中庸》中记载"辟如行远必自迩，辟如登高必自卑"。走远路必须从近处迈出第一步，做事都得由小到大，由浅入深，循序渐进。因此，"行远自迩"不是一个具体的方法论，它强调教师、园长在园本主题的开发行径中，不断调整、吸纳、优化，坚定"亲自然"课程信念，创设"亲自然"课程环境，学习"亲自然"课程知识，调适"亲自然"课程实施方法，精进管理。在渐进式的发展中，推进地域自然资源园本主题的丰富，乃至推进园本课程的落实。

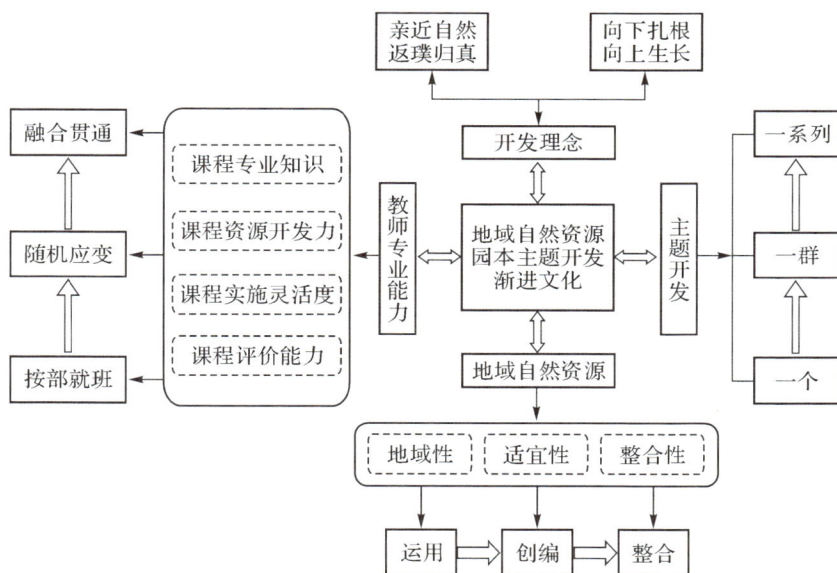

地域自然资源园本特色课程的渐进文化图谱

1. 行远自迩——教师个体内生的专业成长

笔者就在主题开发过程中遇到的实际困难和阻碍与教师们进行访谈，各班教师针对实际情况发表了自己的观点。最终结果还是指向教师对幼儿的专业支持能力问题，专业支持缺乏的表现有以下几点。

第一，缺乏对主题"由头"的捕捉能力。班本主题多以生成主题为主，考验教师对幼儿兴趣点、谈论话题等具有教育价值的问题的捕捉能力，即发现一个启动主题的适宜的"由头"。

第二，疏于对主题"节点"的转型把握。"节点"指主题实施中引导活动深入发展的契机。主题活动的目的是促进幼儿经验的提升，而不是停留在原有经验水平上，维果斯基的"最近发展区"理论和时下热门的"深度学习""成长型思维的培养"皆是佐证。

第三，陷于对课程资源筛选应用的困境。课程资源的筛选应用问题是主题开发中的通病，教师更多关注的是主题内容的推进，相比之下，忽视了主题开发前期资源的判断与选择。而对于资源的深入探究与应用，教师也缺乏清晰的逻辑与灵活的应变能力。在访谈中了解到，教师 J2 关注到在一次活动中使用了采摘的蔬果等自然资源，但后续就被放置一旁，任其逐渐霉变乃至腐烂，J2 认为这是主题开发中较为浪费的行为。可以说，教师对主题开发、资源利用有了一定的观察与思考，但仍停留在现象的表面，还未生成将剩余蔬果二次利用的课程意识（访 J2191220）。

提出问题方能分析问题、解决问题。教师专业支持能力的不足要从多方面补给，从理论支持的搜寻、经验支持的提供、表象的深度剖析等方式入手，行远自迩，发展自身专业能力，给幼儿持续、深入的支持。针对教师专业支持缺乏的表现，可以从以下几个方面精进专业支持能力。

首先，夯实专业课程知识。教师的专业知识是主题开发、课程发展的根基源泉，且对于研究型教师来说，专业知识结构又有新的要求。教师的专业知识是能够自如驾驭课程的动态发展。教师的专业知识包括两个方面：一是深厚的科学素养，具备相关领域广博的知识和跨学科的结合力，满足幼儿的求知欲；二要具备动态实施课程的意识和知识，以幼儿的经验基础与生活背景为课程基础，真实地追随幼儿的兴趣与经验，并结合外部已有条件，进行班本化的创生与调整。

其次，发展课程资源开发能力是关键。从资源起始的课程开发相当于从无到有，就像从新鲜食材开始料理，精心烹饪，最后做出一桌丰盛的大餐一样。这餐是粗茶淡饭还是饕餮盛宴，取决于教师的课程资源开发能力。要想提高课程资源开发能力，教师首先要对幼儿园及周边人、事、物保持高度的敏感性，敏锐地抓取自然资源、社会资源为课程所用，把它们合理规划设计到课程内容中去，规避简单堆砌。总之，主题开发要以资源为起点，而不应该先设计主题再匆忙找资源。依据主题活动目标，绘制好资源地图，组织、整合各类资源，有效运用课程资源是成为研究型教师的必备能力之一。

再次，要提升课程实施灵活性。主题的开发是依据实施的效果来不断调整的，因而在实施过程中，教师要灵活转变，不能墨守成规。就对上文提及的教师对主题"由头"的捕捉、对主题"节点"的转型难以把握等问题，教师应转换思维，善于反思，在实践中总结经验。"由头"的来源是多种多样的，它可以是幼儿偶然的邂逅、生活中的突发事件，也可以是环境背景中的细微改变。对主题"节点"的准确把握来源于教师的深入观察和自我反思。观察幼儿在活动中的情况、发展水平、经验提升、兴趣改变等，反思该活动对幼儿是否具有挑战性，是否能引发幼儿的认知冲突，是否具有适宜性，如何将幼儿的学习可视化等。

最后，教师的课程评价能力是把握课程走向的重要命脉。整个园本主题的架构与实施都有评价贯穿其中，主题开发的过程就是依据评价调整的过程。因而，教师要具备在主题开发实施过程中渗透课程评价知识的能力，认识到评价主体多元化，重视幼儿对主题的评价，采用个体内差异评价，以为幼儿搭建下一阶段发展的支架为主要评价目标。

"顾忌与大胆、恐惧与勇敢、绝望与希望都是相伴而生的，但是它们的混合比例取决于个人所掌握的资源。拥有强大坚固的船只且技术娴熟的航海家视大海为充满征服和冒险的好地方；那些不得不乘坐脆弱危险的一叶扁舟的弱者则会瑟缩在桨后，一想到海上航行便会惊恐万状"[1]。不积跬步，无以至千里，在实践中不断提高、发展自身专业水平的教师，将成为课程开发大海中勇气与智慧并存的航海家。

2. 行远自迩——幼儿园专业引领的外部支持

园本主题的开发不单单是散落在每一位教师身上的挑战，更应该是幼儿园

① 齐格蒙特·鲍曼.个体化社会[M].范祥涛，译.上海：上海三联书店，2002：178.

齐心铸合力的修炼。教师发展的大多是缄默的实践智慧，而幼儿园更应提供外部环境的支持与保障。理论支撑实践，实践升华理论，实现教师个体与幼儿园的共赢。幼儿园应提供的技术、文化层面的支持如下。

第一，构建研究型学习共同体，形成渐进式的研究型组织文化。课程的开发实施是一个夹杂创新、变化的历程，人们对于创新、变化的事物常常抱着期待又害怕的心态。一旦认为自身对新事物的产生和变化没有招架之力时，人们往往选择安于现状或故步自封。一个研究型学习共同体的建立，能改变教师在主题开发中孤立无援的状态，在合作学习中有效提高课程开发能力和反思意识。构建研究型学习共同体的途径是多样的，园本教研、专题研讨、教学反思活动等均是有效的形式。以园本教研来说，学习共同体立足于园本实际，聚焦本园主题开发中急需解决的热点、难点问题，众人分享观点、交流看法，实现多元观点的碰撞，提高解决问题的效率。另外，可以利用邀请专家教授讲座等方式，进行教育理论的集体学习。幼儿园构建学习共同体的外部支持与教师个体内生的专业发展相互呼应，在循序渐进中精进教师关于主题开发的专业能力，从而逐步培育出优良的园本课程。

第二，创建渐进发展的课程管理范式，发挥管理者的领导作用。主题开发与实施质量的高低，也有相当一部分取决于课程管理的质量。幼儿园课程管理流程是否科学、合理、有效，直接体现在教师的课程实施能力与幼儿的发展质量上。实现课程管理的美好愿景，幼儿园要树立理解、顺应和统一的课程管理理念。理解课程实际发展之势，把握活动方向，架构主题脉络；顺应幼儿本土之学，解读幼儿的语言、行为，顺应幼儿的学习需要，顺应本土理念，让幼儿烙下乡情；统一课程方向，调整行进步调，统一课程人员管理，统一资源管理，形成课程资源库。另外，园长是课程建设中的灵魂人物，在课程管理中也发挥着重要的推手作用。因此，园长要充分发挥核心领导力，合理激发教师的学习发展动力，增进教师主人翁意识，从精神层面逐渐发展幼儿园主题开发和课程建设的热情与动力。

第三，幼儿园牵动家庭、社区，渐进形成家、园、社区交互发展模式。家庭、社区拥有丰富的课程资源，可以为幼儿园所用，幼儿园创造的课程成果也可以造福于家庭与社区。例如在本研究中，社区、家庭中的长辈对地域自然资源有更深的认识和了解，能够成为园本主题开发的强力外援，而通过地域自然资源园本主题的开发也增进了幼儿的家园认同，一定程度上推动了乡村建设。因而，幼儿园要主动联系家庭、社区，发挥好辐射作用，通过三个主体的交互作用，建立对话、互助的合作平台，相互促进、互为补充。

行远自迩、循序渐进的智慧适用于园本主题开发的每一环节，这个道理告诫幼儿园教师在园本主题开发过程中警惕急于求成的激进主义，但也要防范畏首畏尾的保守主义。只有在实践中前进，逐步推进主题开发、提升教师专业能力，方能稳扎稳打地实现园本课程开发的最终目标。

后 记

2022 年 3 月 7 日，此刻键下生辉，内心丰盈。

耳闻窗外师幼互动的喧闹，那是我们的老师和孩子们在园内室外生态区域"山水儿童小镇"开展 2022 年春季"花草节"系列活动，一个野趣畅游的节日。节日中孩子们可以捕捉春天自然的灵动，可以表达活动设想，可以对自然物进行创作，可以在班级的"种植基地"播种并体验新的栽培技术，探究植物的生长秘密，可以和爸爸妈妈一起探寻"美丽乡村"的里士湖、生态园、蓝海小镇、杜家杨梅山以及考察娄家大院、萧山区青运馆、蔡东藩故居、天乐湖、非遗珠绣所……

那么，其他季节园所的节日活动呢？与"生态家乡"链接的"儿童节日"，四季皆鲜活。夏天，孩子们畅快地在幼儿园"山水儿童小镇"110 米的"快乐小河"中捉鱼捕虾和嬉水，玩水节常常让孩子们乐此不疲；5 月前后家乡的春茶、樱桃、桑葚、杨梅、葡萄、蓝莓等农产品让孩子们体验采摘、分享与创作的乐趣；秋天，孩子们会在老师的带领下一起到所前的生态实景——自然中感受收获的喜悦、科技的新奇、自然的奥秘与生命的色彩，分享带货趣事；而冬天，孩子们在年味节中体验冬藏和迎新文化，感受传统的"年"的味道……家乡，它给予孩子们成长的意义。

说说孩子们的家乡吧。它在萧山区所前镇，一个山水秀美、人杰地灵、茶果飘香的千年生态文化"山水古镇"，拥有得天独厚的自然资源。因为这份独特的幼儿园生态教育资源，自 2017 年 1 月 3 日所前镇中心幼儿园开园，作为从城区主动投身所前镇农村幼教的我在这里工作已有五年。在对所前镇生态人文风貌初步了解的基础上，我带领园所的老师们一起种下一颗"山水幼儿文化"的幸福种子，期待以"亲自然教育理念"的实践构建具有"自然特质"的所前镇中心幼儿园园本课程。基于课程建设的视角开发和架构课程场域空间，整合领域目标、活动内容、资源类型以及场地布局，将其规划为五大游戏场即亲耕场、亲博场、亲味场、亲绘场和亲剧场，成为"亲自然"特色活动的实施亮点。2018 年所前镇中心幼儿园顺利成为萧山区幼儿园课程先导园之一，搭上了萧山区幼儿园课改探索的列车，园所开始了探寻园本课程的实践之路。

园本课程的开发需要理念认知、实践转化，这一路充满艰辛但也极具挑战。作为园长，为了进一步增强课程实践方面的领导能力，需要在更专业的课程结构认知与课程实施力上下功夫。于是，2017 年 10 月下旬我参加了杭州师范大学"提升幼儿园园长课程领导力"培训班。记得 10 月 29 日那天清早，我捧着幼儿园以"亲自然"特色活动为研究切入点的课题研究初报告兴冲冲地步入电梯，一位温婉知性的女士也走了进来，和蔼微笑并主动对我说："你好，你是园长班学员吗？"我微笑回应："嗯嗯，是的，老师。"殊不知，她便是我关于特色课程的课题指导教授——杭州师范大学黄小莲教授。课上我大胆阐述了所前镇中心幼儿园"亲自然"特色课程的园情学情等实践情况，黄教授就此做了非常深入的审视和分析，于是自然而然地留下了联系方式。这次遇见，给所前镇中心幼儿园的发展带来了幸福和美好。

一份希望开始，一份诉求有未来。因我的多次邀约，忙碌的黄教授终于在 2017 年 11 月 7 日来园实地了解幼儿园园本化课程以及特色建设的实际情况，同时也对园所教师团队梳理的丰富的"亲自然"实践素材及成果感到惊喜。2018 年 11 月 8 日是非常幸福的一天，黄教授终于和园所签订了园本课程构建指导合作书。那天，对于幼儿园来说意义深远，它让我们意识到幼儿园的课程改革有望，发展有路！在此，深深感谢课程导师黄教授！

2018年11月8日黄小莲教授成为幼儿园特色课程指导签约专家

园所团队非常珍惜此次机会，我和骨干教师组成的课程核心小组带领老师们每周、每月扎实研修实践，积累有关课程目标的研究素材。黄教授每月来园指导，给我们带来追寻园本课程的理念、方法与智慧，由浅入深地让我们知道"课程为谁？""培育怎样的儿童？"她提出依托所前镇特有的自然资源和地域文化资源，打造具有所前特色的、架构培养既指向当下也面向未来的"亲力、亲智、亲善、亲艺"的"乡·亲"特色课程。黄教授总会带着多维视角把课程前沿理念传递给我们，强调在特色课程的内容设计中要以基础性教材为课程园本化"拐杖"，实施内容必须承载课程目标，体现园本特质；黄教授指导我们在后疫情时代以疫情下的反思、后疫情的科学经验探新以及后疫情的科学教育改革新思路给予现实之下儿童科学经验教育的新观点和新导向；黄教授还经常走进课堂以及游戏场，告诉老师们生成教学的目标设定、环节设计要基于生活化、可视化、探究性，游戏组织要体现自主、开放与尊重的原则；黄教授开设的"幼儿园课程评价之马赛克方法"等培训课程，使我们的老师在学习，实践、创新中不断收获与成长。2020年包含课程理念、目标、内容、管理、评价等的"乡·亲"特色课程总体架构终于初步成型，"乡·亲"特色课程挖掘了所前镇的乡土资源，顺应天性、遵从本性，将陈鹤琴"活教育"思想运用于"亲自然"本真的课程建设中，形成回归自然灵性的"乡·亲"课程，达成并推动幼儿园美好教育的高质量发展，让幼儿园的孩子们在互生互长的多个生态关联系统中获得身心的健康发展。在高质量建设美好教育推动共同富裕的教育生态背景下，幼儿园课程开发显得特别有价值。

黄小莲教授指导课程活动现场

在课程指导的四年时间里，回想黄教授一次次风雨无阻地奔赴幼儿园，倾情给予我们专业上的指导，这一份课程成长的精神深深打动着我和园所全体老师。四年多来，幼儿园的课程发展留下了黄教授的身影。五年课改，收获了400多项专业成果，幼儿园"小小农创客——萧山区所前镇中心幼儿园'乡·亲'园本特色课程"最终成为萧山区第三届幼儿园精品课程、杭州市第三届精品课程和浙江省幼儿园第三届精品课程，此书也就水到渠成地诞生了。

前不久，黄教授委婉地提到待幼儿园课程理论与实践的书籍出版发行后，将结束和幼儿园的课程合约，我万分不舍也不愿表态，只因为这份引领的力量推动了我们幼儿园的发展，提升了我和园所老师们的课程力，也积蓄了彼此的友情，我将永生难忘，铭刻在心！此刻，内心柔软，感慨万千，眼眶湿润。幼儿园的教育生命成长之路与黄教授割舍不断，这一段领衔指引已然成为它生命的最重要的部分。

2022年6月2日黄小莲教授及其导师浙大刘力教授指导课程

在感谢黄教授以身示范和专业引领之外，还要感谢黄教授的导师浙江大学刘力教授来园指导课程；感谢幼儿园全体老师的辛苦付出和对课程发展之路的认同与实践，正因为他们的努力开创了幼儿园诸多专业硕果；感谢萧山区所前镇党委和政府重视幼儿园教育事业，在幼儿园课程相关实施经费上给予大力支持；感谢萧山区教育局学前教育科、教科所、教研室给予幼儿园的专业支持与引领。当然，还有许多区内外幼儿园同行及专家在幼儿园课程实践的整个过程中给予我们的诸多帮助。写到这里，我的内心充满了感激与感恩。

这是我和园所老师们第一次将课程实践研究的资料整理成书，旨在给那些一线幼儿教育工作者一些借鉴与参考，此书必有不当之处，还望批评指正。

限于篇幅，部分班级案例未能收录，敬请见谅。

孙利琴

2022 年 3 月 7 日于萧山所前